中國高等教育評論

庆贺著名高等教育学家潘懋元先生百岁寿诞专辑

CHINA HIGHER EDUCATION REVIEW

厦门大学高等教育发展研究中心资助

厦门大学出版社 XIAMEN UNIVERSITY PRESS | 国家一级出版社 全国百佳图书出版单位

图书在版编目(CIP)数据

中国高等教育评论.第12卷/王洪才主编.—厦门:厦门大学出版社,2020.7
ISBN 978-7-5615-6589-6

Ⅰ.①中…　Ⅱ.①王…　Ⅲ.①高等教育—研究—中国　Ⅳ.①G649.2

中国版本图书馆CIP数据核字(2020)第112323号

出 版 人　郑文礼
责任编辑　曾妍妍

出版发行　厦门大学出版社
社　　址　厦门市软件园二期望海路39号
邮政编码　361008
总　　机　0592-2181111　0592-2181406(传真)
营销中心　0592-2184458　0592-2181365
网　　址　http://www.xmupress.com
邮　　箱　xmup@xmupress.com
印　　刷　厦门市金凯龙印刷有限公司

开本　787 mm×1 092 mm　1/16
印张　12.25
字数　214千字
版次　2020年7月第1版
印次　2020年7月第1次印刷
定价　48.00元

本书如有印装质量问题请直接寄承印厂调换

厦门大学出版社
微信二维码

厦门大学出版社
微博二维码

目录

CATALOG

特稿

大师风范

百岁教育家潘懋元的精神世界

杨德广*

摘 要: 潘懋元教授是我十分敬佩的老教育家,在他百岁寿辰庆贺之际,我们教育学人很有必要探索他的精神世界,以从中体察他高尚的人格、大师的风范。潘先生领导创建了我国高等教育学学科,把毕生精力奉献给教育事业和人才培养,至今没有停息,是我国教育领域的"不老松""常青树"。他的精神世界可概括为四条:创建新学科、奋斗不息的精神;勇立潮头、与时俱进的精神;把事业当生命、无私奉献的精神;以学生为本、大爱无疆的精神。

关键词: 潘懋元;精神世界;精神动力

一、潘懋元先生是我敬佩的老教育家

潘懋元先生长我 20 岁。今年正值他百岁华诞。我十分敬佩这位老教育家,他迄今仍在带研究生、在上课,在从事高等教育研究,在为我国教育事业的发展、人才的培养,辛勤耕耘,从未停息。今年 2 月 10 日上午,我从上海家中打电话给家居厦门的潘先生,向他致以期颐之年的祝福。我还没报名字,他就知道我是谁,而且他声音洪亮,思维敏捷,向我问好后立即嘱咐我,"现在是非常时期,不要出门,注意安全……",他总是时刻在关心他人。当我得悉他每天还在忙于审读研究生论文,还在看书学习时,感动不已,我无语了,眼睛湿润了!一位百岁老人,至今还在默默地工作、学习、奉献。这是一种什么精神?是什么力量在支撑着他?我一直在思索,在探索他的精神世界、精神动力。

* 作者简介:杨德广(1940—),男,江苏江宁人,上海师范大学原校长、教授、博士生导师,从事高等教育管理研究。

我认识潘先生已整整40年了，从20世纪80年代初，我就跟随他开展高等教育研究，参加他编写的中国第一部《高等教育学》，参与中国高等教育学会筹建工作，参与创建全国高等教育学研究会工作。后来我又受聘为国家人文社科重点研究基地厦门大学高等教育发展研究中心学术委员会委员，几乎每年都有机会和潘先生一起参加学术研讨会和研究生论文答辩会，经常聆听他思想深邃、观点新颖的讲座、报告，亲眼看见、亲身感受他高尚的人格、大师的风范。

2008年，我写过一篇文章:《潘懋元教授与我国第一本〈高等教育学〉》。我在文中写道:“潘懋元教授是我步入高等教育研究领域的引领人，是我从事高等教育研究的导师。他为人正直，一身正气，豁达谦逊，待人热忱，思维敏捷，教育观念超前，一直激励着我，是我学习的楷模。”[①]当时潘先生是88岁高龄，12年过去了，这位“中国奇人、世界达人”仍然健康地、满腔热情地坚守在高等教育第一线。我深感12年前我对潘先生的评价不足以表达他的为人为学，不足以表达我对他的崇敬之情。所以，在潘先生百岁华诞庆贺之际，我很想写一篇《潘先生的精神世界》。但我深感没有深厚的功底和能力写好这篇文章，我想起了“借东风”的典故，即可以借用他人的智慧来撰写这篇文章。数十年来，潘先生培养了200多名博士生，师从潘先生的“高足”就更多了。我先后请教和咨询了教育部原副部长林惠菁，教育部高教司司长吴岩，厦门大学原副校长邬大光，临沂大学原校长韩延明，汕头大学原副校长王伟廉，深圳市教育局副局长许建领，厦门大学教育研究院原院长刘海峰、现任院长别敦荣，著名学者张应强、周川、胡建华、卢晓中、余晓波、田建荣、王洪才等，建立了一个此文的雄厚实力的“后援团”，每遇到什么问题就向他们求教。我向他们请教了同一个问题:请谈谈“我心目中的潘先生”，并用最简练的语言表述出来，不超过100字。

潘先生的弟子们热情洋溢、发自内心的肺腑之言，深深感动了我，教育了我，不仅丰富了这篇文章的内容，而且还让我进一步了解到百岁老人潘先生的精神世界。正是潘先生的为人为学，才博得了每一个学生以及教育界同仁、社会各界人士、外国友人的至诚敬仰、高度评价。下面，就让我首先引用他的几位“高足”对潘先生的评价证明这一点:

林蕙菁说:“师从潘先生使我终身受益，他是我做人做事做学问的楷模。”吴岩用三句话评价潘先生:“对国家来讲，他是一位杰出的当代社会科学家;对教育来讲，他是一位享誉世界的当代教育家;对我本人来讲，他是影响我一生的经师

① 杨德广.潘懋元教授与我国第一本《高等教育学》[J].高等教育研究，2008(4):14-16.

人师恩师！”韩延明说：“潘先生是当之无愧的中国高教泰斗，是一位贡献卓著的人民教育家，他用热血浇铸文字，用心雨滋养学生，他心心念念的都是教育，他是一座奇崛的高等教育研究巅峰。”许建领说：“潘先生是大家、楷模，令人高山仰止。先生之学问、品性和精神，如高远明灯，引我辈前行，潘先生在每一位弟子心中，是神一般的存在，尤其对我来说，是影响我一生的大师，做先生的学生，受益终生。”

我仔细琢磨这些话语后，最终将潘先生的精神世界概括为四条：创建新学科、奋斗不息的精神；勇立潮头、与时俱进的精神；把事业当生命、无私奉献的精神；以学生为本、大爱无疆的精神。

二、创建新学科、奋斗不息的精神

潘先生是国内公认的也是国际公认的中国高等教育学学科的奠基者和创始人，毕生致力于高等教育学学科建设，为建立中国特色高等教育学孜孜不倦，锲而不舍，奉献出毕生精力。早在20世纪50年代，潘先生就开始从事高等教育的教学和理论研究，编写了《高等学校教育学讲义》。他亲自授课，在教学中，不断充实教材内容，丰富教学理念，为高等教育学学科形成奠定了基础。但在当时的环境下，该学科没有发展的空间。1978年改革开放后，潘先生敏锐地看到教育的春天来了，当年5月，他在《厦门大学学报》发表了《必须开展高等教育的理论研究——建立高等教育学科刍议》一文。同年11月，《光明日报》摘要刊登了这篇文章，在高教界引起了热烈反响。从此便在中国拉开了系统地进行高等教育研究的序幕，潘先生的名字也随之被高教界所熟知。

学科是相对独立的知识体系。如何通过高等教育理论研究推动高等教育学科建设，形成一门独立学科，并非一件轻而易举的事，而是相当艰难的。学科的社会创建，除了要有系统的理论建构外，还必须具备五个条件：一是有学会组织，二是有专门研究机构，三是有大学的学系，四是有图书资料中心，五是有专门出版社。但潘先生不怕困难，迎难而上。对此，王洪才谈道：“潘先生是勇者，勇者不惧，他敢于担当大任。”他运筹帷幄，精心设计，一方面潜心研究高等教育理论，从1981年就编写了我国第一本《高等教育学》大纲，组织了编写团队；另一方面积极筹建专门机构、学会和学系。1978年5月，他在厦门大学创建了我国第一个高等教育研究机构，接着又马不停蹄地帮助上海、北京、湖北、江苏等地高校建立了高等教育研究机构。1980年，由他发起并与华东师大校长刘佛年、上海市高教局副局长余力共同提出创建中国高等教育学会。经过三年努力，于1983年5月，中国高等教育学会正式成立。当时我代表上海市高教局参加了筹建工作，见证了潘先生作为中国高等教育学会的发起人和实际操作者，从学会筹建计划书到制定章程、大会报告，都是他组织起草的。他为了建立更多的高等教育研究机构和学会，到处奔走，投入了大量精力和时间。他说："一花独放不是春，百花齐放春满园。"正是他具有这种战略眼光，以及辛勤的付出，在短短的十多年里，中国高等教育研究机构、高等教育学会(分会)、高等教育学专业，像雨后春笋一样破土而出，茁壮成长，为高等教育学学科建设铺平了道路，奠定了坚实基础。1992年中国高教学会有团体会员70多个，专业委员会32个，到2009年团体会员达到700多个，专业委员会50多个。如果没有这些铺垫工程，建立高等教育学学科是不可能的。

创建高等教育学科，最重要的是要有系统的、独立的理论体系，潘先生为此做了艰苦探索。首先，体现在他主持编写了我国第一本《高等教育学》。我有幸参加了这本书的编写工作，亲身体会到潘先生付出的艰辛劳动，以及他的博大胸怀和渊博知识。这本书从开始编写就遇到了阻力，如教育界有人认为没有必要建立高等教育学，完全可以由教育学代替，这反映出当时"门户之见""文人相轻"很严重。潘先生以他多年来对高等教育研究的成果以及深厚的理论功底，据理力争，深刻分析了高等教育与普通教育的区别："高等教育是教育的一个特殊组成部分，具有矛盾的特殊性、特殊规律，比普通教育更复杂，不是普通教育一般原理所能直接解决的。"[①]他列举了高等学校面临的10大问题，包括"高等教育事业与国民经济建设的关系、社会结构与高等教育事业发展的关系"[②]等，他说这些问题是我国高等教育大发展、大提高后必然产生的，这就必须通过建立高等教育学学科来研究、探索和解决，普通教育学回答和解决不了这些问题。该书的初稿完成后，于1983年11月在华中工学院(现华中科技大学)召开了审稿会，由该校党委书记、著名教育家朱九思主持。潘先生吸取了专家们的修改意见，又着重阐述了几个重要问题，如高等教育学的研究范围、高等教育学的体系、高等教育学的内部规律与外部规律问题等。潘先生主编的中国第一本《高等教育学》的问世，

---

① 潘懋元.必须开展高等教育的理论研究[M]//潘懋元高等教育文集.北京：新华出版社，1991:18.

② 潘懋元.必须开展高等教育的理论研究[M]//潘懋元高等教育文集.北京：新华出版社，1991:18.

标志着中国高等教育学理论体系的建立、高等教育学学科地位的确立。在潘先生殚精竭虑的努力下,1983 年国务院学位委员会正式把高等教育学列为教育学的二级学科。从此,高等教育学学科在中国诞生了,这不仅在中国教育史上而且在世界教育史上也是第一个。

潘先生此时已经 63 岁,到了退休年龄了,但他没有退休,而是继续为高等教育学学科发展倾尽全力,不断前行,帮助其他地区、其他高校建立和发展高等教育研究机构和高等教育学学科。1993 年他又创建了中国高教学会高等教育学专业委员会,担任了两任理事长,第三、四届理事长由我担任,第五、六届理事长由张应强教授担任。每年都召开一次研讨会,讨论和研究高等教育学相关问题,潘先生每次都参加,每次都发言,做主题报告,从 60 多岁到 90 多岁从未间断。凡是各地、各高校对高等教育研究、对高教改革发展中的相关问题,要请教潘先生的,他总是有求必应,亲历其境,悉心指导。他的足迹踏遍了中国大陆 31 个省市(自治区)和港澳台地区,他还应邀访问过欧美、亚太地区 10 多个国家,将中国高等教育研究成果向国外推广,促进了中外高等教育学术交流。别敦荣说:“潘先生用毕生精力致力于建立高等教育学这门新学科,把高等教育学看作自己的生命,他是用生命在推动高等教育学的发展,维护高等教育学的地位。”邬大光说:“潘先生似乎就是一个为高等教育学而生的学者,在创建学科的进程中,他始终坚信学科的存在价值和生命力,他用自己的生命在维护和拯救高等教育学的生命。”

40 多年来,潘先生这棵我国高等教育学学科建设的常青树,绽放出艳丽奇葩,结出了丰硕成果,对推动我国高等教育事业的发展、对高等教育人才的培养彰显出了强大的生命力。这是潘先生用自己的生命力推动高等教育学的生命力。正如周川所说:“就我师从潘先生三十多年的记忆所及,中国高等教育改革发展历程中的每一重要篇章,几乎都留下他思考的记录,留下他思考的成果。他实际上是把这样一种持之以恒的理论思考,当作自己的生活方式,也当作自己的生命方式和生命的组成部分,因而他能永葆学术青春而不知老之将至。潘先生用旺盛的生命力助长了高等教育学科的生命力,旺盛的学科生命力又助长了潘先生的生命力。”

陶行知先生说过:“人生天地间,各自有禀赋,为一大事来,做一大事去。”潘先生的最大禀赋就是创建中国的高等教育学科,他就是为这一大事而来,为此终生奋斗不止。潘先生的生命如同高等教育学科一样青春常在,熠熠生辉。

三、勇立潮头、与时俱进的精神

潘先生是棵老而不老的"不老松"。"老"是指他的年龄老了,早就超过了古稀之年、耄耋之年,已进入期颐之年。但是他的头脑未老,心理未老,精神未老,他至今还精神矍铄,思想深邃,思维敏捷。直到 2017 年 7 月,97 岁高龄的潘先生还到北京参加中国高等教育学会学术年会暨高等教育国际论坛,并在会上做了精彩演讲。

40 多年来,他在高等教育理论方面,一直勇立潮头,以超前的思想起着引领作用,建立了中国特色高等教育理论体系。他系统地论述了高等教育学的历史、内容、原理、教学、科研、教师、学生。在中国高等教育研究方面,我可以罗列出许多新的理念观点,都是潘先生最先提出来的。他最早提出高等教育的外部和内部规律,最早提出高等教育要主动迎接高新技术的冲击,最早提出高等教育要主动适应商品(市场)经济的冲击,最早提出中国高等教育大众化要"适度超前",以及最早提出高等教育多学科研究方法论,高等教育要走多样化的发展道路,要加强高等教育法制建设、重视高等教育公平发展,要大力发展和保护精英教育,要大力发展民办高等教育和应用型本科院校等等。潘先生在高等教育理论研究方面的新颖观念及丰硕成果,有力地推动了我国高等教育的改革和发展,反过来又促进了高等教育理论的发展,同时也为教育主管部门制定教育规划、重大决策政策,发挥了重要的智囊作用。

老人,往往给人的印象是年迈、落后、保守,但是在高教界提到"潘老",总是给人以"有新思想、新见解、新观念的大师"的感受。每次召开全国性的高等教育研讨会、论坛,许多人都是冲着潘先生去的,只要听说潘先生到会,很多人都专门赶来,去聆听他的报告。因为都有新的收获,都能从他那里寻找新的理念、新的研究成果来指导工作。对此,别敦荣说:"潘先生年龄虽大,但始终站在教育最前沿思考问题,有新观念、新思想,从不保守,每次开会、报告、讲话,都有新的内容、新的理念,给人以启迪和教育。"

在这方面我有切身的体会,我就是潘先生新教育理念的受益者。我先后在 5 所高校工作过,担任了 10 多年的行政管理工作。我就是经常从潘先生的教育理念中寻找答案,排除疑难,开展工作。印象最深的是,20 世纪 90 年代中期,我在上海师大担任校长期间,当时教育经费不足,学校办学十分困难,教师待遇不高,人心不稳。我根据潘先生提出高等教育外部规律,即"教育必须与社会发展相适应”,“一方面教育要受一定社会的经济、政治、文化科学所制约;另一方面教育必须为一定社会的经济、政治、文化科学(的发展)服务”,[①]积极主张高校要在为社会服务中发展自己,要发展教育产业、建立教育市场。但正当我开始大力发展教育产业时,教育界刮起了一股“教育人本论”的片面观点。有人认为,教育是为培养人服务的,不是为社会服务的,“教育就是教育”,教育必须与社会保持张力,保持距离,他们打着教育不能成为政治工具、经济工具的口号,反对教育为社会服务。我当时写了好几篇文章,如《关于建立教育市场的思考》《高等学校要走进市场才能走出困境》等,就受到不少人的批评,压力很大,难道我错了吗?我又认真学习了潘先生的教育理念。潘先生说:“在市场经济条件下,必须运用市场这个手段。”[②]1993年潘先生在《求是》杂志上发文提出的“高等教育必须主动适应市场经济”,解除了我的疑虑。我还当面向潘先生请教过,潘先生说:“高等教育不适应市场经济,难道还要适应计划经济吗?”这句话坚定了我“发展教育产业、建立教育市场”的信心。后来,我根据上海基础教育和人才市场的需求,充分利用学校丰富的教育资源,拓展中、小、幼师资培训市场,开发成人教育市场,发展大专自学考试辅导班,开设非学历大专课程班和研究生课程班,创办老年大学等,并运用市场机制、利用社会资源开发新校区,扩大办学规模,提高办学效益。当时,上海师大每年发展教育产业的收入有2亿元,接近政府一年给我校的教育拨款。经过7年的努力,学校办学条件改善了,教职工住房改善了,教师待遇提高了,队伍稳定了。1995年全校在校大学生为8200人,研究生170人,夜大学生950人,外国留学生150人,到2003年分别发展到了2.3万人、1500人、1.5万人、500人,本科招生人数每年从1000多人发展到6000多人。7年时间里校园建筑面积也从20万平方米,发展到50万平方米,1000多户教职工搬进了新房。

以上这一事例也表明,理论一旦被掌握并应用到实践之中,便会产生巨大的物质力量,这些成果的取得,与潘先生先进的教育理念的影响和指导是分不开的。

之所以说潘先生是一棵老而不老的“不老松”,是指他一直在思考问题、研究问题,而且观点超前。周川说:“潘先生给我印象最深刻的,就是有非凡的思考力,这是一种始终旺盛而敏锐的理论思考力,这种思考力来自他渊博的知识、扎

① 潘懋元.教育外部关系规律辨析[M]//潘懋元论高等教育.福州:福建教育出版社,2000:128.

② 潘懋元.中国当代教育文存·潘懋元卷[M].上海:华东师范大学出版社,2006:7.

实的理论功底。”

潘先生这棵勇立潮头的“不老松”，不仅体现在理论观点上，而且运用于实践之中，解决现实问题。下面举一例证明。高等职业教育的快速发展，是我国高等教育发展和经济大发展的必然产物，但社会认可度不高。原因之一是教育主管部门把高职院校定位于专科层次，把高职与专科画等号，断绝了高职学生升本的梦想。于是不少学校用“专升本”的方式或“立交桥”的方式，虽然满足一些学生升本愿望，但也冲击了高等职业教育，使其难以办出特色，也不能稳定人心。针对这一严重的状况，潘先生于2005年提出高等职业教育“类型论”的观念，批评了高等教育“立交桥”方式并非高等教育大众化的最佳选择。他明确提出高等职业教育不是一种教育层次，而是教育类型，应建立高等职业教育体系。高职也应该有专科、本科、研究生教育，潘先生的高等教育“类型论”，对稳定和推动高等职业教育起了重要作用。

对此，别敦荣说：“潘先生在中国高等教育学科发展的40多年里，一直勇立潮头、率领学界同仁闯出一片广阔的天地，为高等教育屹立于世立下了不朽的功勋。”肖海涛说：“潘先生性格坚强、乐观、敢为天下先，闯出了一条高等教育研究新路，闯出一条‘中国制造’新的高等教育学科。”

40多年来，潘先生在高等教育研究领域，始终是勇立潮头，与时俱进，这源于他刻苦学习的精神。王伟廉说：“潘先生理念新颖、观点超前，来自他坚持不懈，持之以恒的学习、学习、再学习。”他从不落后，总是与时偕行，站立于时代前沿发表自己的真知灼见。我这里再举一个我亲历的例子。我们生活在信息化时代和高科技时代，“互联网＋”渗透到各个领域，智能机器人不仅广泛运用在工业、农业、国防等各个领域，而且运用到教育部门、中小学和高等学校。正当人们忙碌于智能化教学，推进教育现代化时，潘先生却站在时代前沿，发表自己与众不同的独特见解，引领我们前行。2017年在厦门大学高等教育发展研究中心举办的研讨会上，潘先生在主旨报告中提出一个震撼全场的新观念。他提出，高等教育既要培养自然人，还要培养机器人，使之成为专门人才，首次提出“机器人伦理学”观念。他说：“机器人向智能方面发展需要伦理的制约，机器人的培养要用法律控制，要有伦理的制约。机器人同自然人共同生存在新的社会中，如何和谐相处还必须具有新的伦理道德以及生活能力。这需要通过设计者对‘机器人’进行道德教育、情感教育、美育等，使之与自然人和谐共处，共同推动未来社会的发展。”他强调指出，如何把机器人培养为未来人才，将是高等教育所面临的艰巨任务，但也开辟了广阔发展空间，需要各方面专家通力合作。这是一个全新领域，也是一个新问题。[①]

潘先生就是这样一位理念新颖、观念超前的教育学家，他将我国高等教育引向一个又一个新的领域。他活到老学到老，100 岁仍坚持学习，因而始终能勇立潮头，与时俱进。

四、把事业当生命、无私奉献的精神

潘先生一生最大的理想是做一名教师，最喜欢的职业是做教师。他从 15 岁当小学教师起，做了一辈子教师，成为一名优秀的教师、杰出的教师、全国教师楷模。他之所以如此出色，并取得巨大成功，是因为他不仅把教师当作一般的工作、一般的职业，还把它当作一生追求的事业、当作自己生命的组成部分。习近平总书记说："好教师心中要有国家和民族，要明确意识到肩负的国家使命和社会责任，而不能把教育岗位仅仅作为一个养家糊口的职业。有了为事业奋斗的志向，才能在老师这个岗位上，干得有滋味，干出好成绩。"[②]潘先生就是有为国家、为民族、为社会的发展、为教育事业的发展而奋斗的志向。

数十年来，潘先生一直把教师职业当作事业，当作生命。他把全部精力、整个生命都献给了教育事业，正是他毫不利己、专门利人的无私奉献精神，导致他崇高的人格，成就他丰硕的成果。

其一，职业是有特定任务的。作为教师，完成教学、科研任务，上好课，教育好学生，承担一定的科研项目，担当一定的社会兼职，完成领导交办的事情，经考核合格，组织满意，学生满意就很好了，就是一名称职的教师了。但事业却不局限于这些分内工作的完成，而是从国家利益、人民利益出发，从教育事业的改革和发展的高度出发，主动地去关注、担当，去努力学习，艰苦探索。长期以来，潘先生所从事的工作远远地超出了自己承担的任务，大多数是分外之事。例如他创建中国特色高等教育学学科，建立高等教育学研究基地以及硕士点、博士点，创建中国高等教育学会、高等教育学研究会；他花了大量精力，付出了艰辛劳动，探索高等教育大众化途径，他关注和探索高等教育与政治经济、文化的关系，高等教育的体制建设、质量保障，关注和探索中国民办教育的发展、高等职业教育

---

① 潘懋元.主动适应新时代新形势　发展高等教育中国学派——在厦门大学教育研究院 40 周年庆祝大会上的讲话[J].高等教育研究，2018(6)：1-2.

② 习近平.在北京师范大学师生代表座谈会上的讲话[N].人民日报，2014-09-10(1).

的发展、中国高考制度的改革等。如果仅把工作当职业，完成分内之事就满足了，万事大吉了。若遇到困难曲折就绕道而行，或一推了之，但要把工作当作事业，就必须迎难而上，披荆斩棘，完成使命。正因为他把教育工作当作党和国家的事业，因此就把办好教育、育好人才这一党之大计、国之大计，看成是一个老共产党员、老教育工作者分内之事，是自己的使命和责任所在，必须倾其全力，为之奋斗。

其二，职业是有特定空间的。教师职业的空间在学校、院系、教研室(所)，在这特定的教育空间里，完成特定的任务就可以了，而事业不局限于某一特定的空间。潘先生作为厦门大学副校长、教育研究所所长，本可以在厦门大学、在高教所完成本职工作就很好了，但他的足迹却踏遍了31个省(市、自治区)和港澳台地区，以及一些国家。因为高等教育事业是跨越学校、地域，跨越国家的，不是局限于一所学校或一个地区所能完成的。比如创建高等教育学科，必须有一个团队，要在多所高校试点，要建立全国性的学会。又如，高等教育的改革和发展，需要调研、交流、合作，那就不能局限在狭小的空间里。潘先生从黑龙江的黑河到海南岛的三亚，从长三角到珠三角，从云贵高原到青藏高原，从重点大学到地方高校和民办高校。凡是哪个地区、哪所学校需要，他都义不容辞去指导工作，贡献出自己的智慧。潘先生96岁的高龄时，他应邀到我们上海师范大学讲学，研究生们近距离地与这位仰慕已久的、学富五车、幽默睿智的高教泰斗在一起，欢声笑语，深受教育和鼓舞。潘先生数十年来，扎根中国大地，走遍大江南北，不辞辛苦，到处奔波，就是为事业在奋斗，发挥无私奉献精神。

其三，职业是有特定时间的。职业有固定的上下班时间，有固定的节假日，教师还有固定的寒暑假，而事业不局限于一定的时间。对于把事业当生命的潘先生来说，他工作的时间大大超越了规定的时间。数十年来，他只有上班时间，没有下班时间，没有节假日、双休日，他像珍惜生命一样珍惜时间，几乎把所有生命时间都用于教学、科研、培养学生和参加社会活动之中。他从20多岁一直奋斗到100岁，生命不息，奋斗不止。他珍惜时间就像珍惜生命一样，他从不把时间用于个人享乐上，而是花在他钟爱的教育事业上。他站在国家教育事业发展的战略高度，为国家培养优秀人才的高度，奉献出自己最宝贵的财富——时间。生命是用时间计量的，时间就是生命，他一心一意地把生命献给了党和国家的教育事业。如果把工作仅当作职业，斤斤计较上下班时间、退休的时间，那么到时间就下班，到年龄就退休，就可以回家休息、回家安度晚年了。而潘先生从青壮年到古稀之年、到耄耋之年都没有休息，直到100岁还坚持上班，坚持工作，以伟大的家国情怀、无私奉献的精神投身于教育事业。对此，胡建华说："潘先生精神具体表现在崇高的事业心和强烈的责任心，潘先生不仅把职业当作工作，还把它看作毕生奋斗的事业，为之奋斗。"

潘先生的责任心、事业心，不仅体现在创建高等教育学学科上、高等教育研究上，而且具体体现在努力上好每一节课上，体现在他对工作的高度热忱、高度负责。对此，朱乐平举了两个例子，我听后很感动。2016 年 9 月，厦门遭强台风肆虐，厦大校园一片狼藉，车辆不通，学生们劝潘先生不要来上课了。潘先生说："不能耽误学生的学习，已经商定好的上课时间、地点，不得改动，必须按照原计划进行。"当他艰难地迈着蹒跚的步履准时到达教室时，在场学生无不动容，响起热烈掌声。他就是这样把事业放在第一位，把工作放在第一位，把学生放在第一位。2018 年夏天，潘先生 98 岁，因患病住院，并动了手术，家人和学生们非常担忧，他却很淡定，很坚强，只要身体稍有好转，就抓紧时间学习工作。一般常人，包括年轻人，住院打点滴、动手术、做放疗等，情绪会十分沮丧、消沉，而这位"奔百"老人，在病榻上仍然阅读教育方面的文章，审读教育部征询他意见的文件。每一个到医院去探望他的学生，看到这位身体瘦弱的导师，如此坚强的毅力和高度的社会责任感，都深受感动，不禁潸然泪下。

潘先生总是把握时局潮流，时刻关注我国高等教育政策的变化，体现一位老教育家高度的使命感和事业心。当他发现教育主管部门出现偏差或有不同看法时，总是仗义执言，挺身而出，拨正方向。正如王洪才所说："他是勇者，勇者不惧，他敢于担当，敢为天下先，敢于主持正义。"卢晓中也说："潘先生的高度责任感和事业心，不仅体现在他对高等教育学科的创建和发展，而且体现在对国家高等教育重大政策的建言献策上。"

此外，潘先生还总是用事实说话，体现出他对我国教育事业高度的事业心和责任感，体现出他高瞻远瞩的战略眼光。例如，教育部在继 1995 年提出"211"工程、1999 年提出"985"工程以后，2017 年又提出加强"双一流"建设方案。全国有 137 所高校进入"重点高校""重点学科"建设的行列，这对于推动高等教育的发展起到了一定的激励作用，但也产生不同的影响和后果。被列入"双一流"的学校欢喜鼓舞；没有列入"双一流"的高校，有的"烧钱"花巨资"买人才""买学科"，拼一流；有些没有希望进入"双一流"的高校，悲观失望，丧失信心；还有的学校内部相互指责，埋怨校领导无能。针对这一现状，潘先生从全国高等教育发展战略的高度出发，深刻地指出，我国目前有 2000 多所高等学校，每所院校都应有其自身的特点和各自需要承担的任务，不应为了追求排名或头衔就放弃自己的特色，向统一的衡量标准看齐。他强烈呼吁应将“双一流”精神泛化到各类高校，让其各自争取属于自己的一流，从而达到高校多元化发展的目的，避免高校被逐渐“同化”，丢失原本的特色。潘先生的这一呼吁，犹如给所有高校注射了“强心剂”，激励每所高校从本校实际出发，从本地实际出发，创办自己的一流，发展自己的特色。潘先生就是这样一位对党对国家和人民赤胆忠心，把职业作为终生奋斗事业的人。虽然他并不在位，但始终在关注教育的变革和发展，始终在贡献自己的智慧。正是这种无私奉献精神，他博得了学界和社会的高度赞扬，在人们心中享有崇高威望。

五、以生为本、大爱无疆的精神

潘先生用他毕生精力创建中国特色高等教育学，投身于高等教育研究和实践，勇立潮头，与时俱进，把职业当事业、当生命，毫不为己，无私奉献，充分体现他爱党、爱国、爱人民、爱教育的家国情怀，他不忘初心和使命，为实现理想信念，奋斗不息，矢志不移。正是这种大爱精神，潘先生赢得了教育界和全社会的崇高敬意。

潘先生的大爱精神还体现在他对学生的爱，对教师的爱，对周围所有人的爱，他是一位大爱无疆的人。对此，韩延明说：“潘先生的教育理念是以生为本，他热爱学生、心系学生、潜心培育学生，育学生成长和成熟，授学生知识和智慧，教学生成长和成人，引学生创业和创新。”他爱院如家，爱生如子。王伟廉对此谈道：“潘先生爱院胜于爱家，爱生胜于爱子。”刘海峰也说：“潘先生十分关爱学生，关心研究生的学习，对学生的作业或期末小论文都是一丝不苟地加以批改。”潘先生积极为学生创造良好的学术环境，每周六晚上在他家举行周末沙龙，20 多年从没有间断，让学生在轻松的氛围中获得各种信息。此外，他还创办了每周学术例会制度，即每周一上午不排课，留给学生、教师做学术报告，开展学术讨论，让学生在其中深受熏陶。

在撰写此文前我打电话给别敦荣，请他谈谈“你心目中的潘先生”。他脱口就说：“潘先生对人太好了、太好了，不管什么人，只要找到他，有求必应，无论是不是他的学生，无论认识还是不认识，无论是硕士生还是博士生，都关爱备至。”对此，吴岩说：“先生从教 85 年，教过的学生成千上万，每一位学生都从心底崇敬他、敬仰他，除了学问、学术外，更多的是朝夕相处的日子里，先生的人格和精神的光辉深深地感染着每一个人，感动着每一个人，也潜移默化地改变着每一个人。”卢晓中也说：“潘先生的大爱包括对人，尤其是对学生的爱，不仅是生活上的关心，还是对人生的方方面面的关爱。每一个学生对潘先生都是有口皆碑，赞不绝口。”

潘先生对学生的爱可以从一些研究生的口述中得到证明。例如西南交大的闫月勤说：“在我心目中，潘先生是一位全方位育人的典范，他不仅是课堂育人，传播知识育人，以身作则，高风亮节，而且在日常生活中，对研究生高标准、严要求，随时纠正我们身上的不足和偏差。当年，我在厦门大学做博士论文时，工作量大，很艰苦，我就自费住在招待所里。先生知道以后，批评我不该搞特殊化，坚持要我搬到校外租房，并发动师弟师妹帮我租到房子，他亲自帮我准备好生活用品，严慈有加，我感动不已，深受教育。”从东北黑河市来厦门大学攻读博士的青年教师宋丽丽也感慨地说：“我虽然不是潘先生直接指导的博士生，但潘先生是爱生如子、最温暖的人。先生听说我来自东北黑河，关怀备至，问我生活习惯吗?表扬我跨越千里来南方求学不容易，嘱咐我南北温差大，要照顾好自己。先生在我心中，一直是教科书上才能看到的泰斗级人物，此刻对我如此关爱，句句话语暖入心扉。”宋丽丽回忆潘先生家周末沙龙，激动不已，她滔滔不绝道：“先生家的沙龙活动，特色而温馨，每周六晚上七点半开始，师生间漫谈，遨游在学术前沿。我们在享受学术大餐的同时，还有各种特色美食品尝。先生总是让大家吃完再走，吃不完就让大家打包带走，还不忘叮咛我们一句：年轻人肚子饿得快，要多吃一些！每次都是饱享脑福和口福，依依不舍地离开先生家。参加先生家的沙龙成为我每周最幸福的事儿。”每年春节，潘先生都邀请留校学生到他家吃饭，共度除夕之夜，让大家感受家的温暖。他的学生们说：“先生家的晚餐是世界上最美味的食物，有家的味道。”

潘先生关爱学生的事例不胜枚举，去年我亲身经历了一件事。我熟悉的一位青年教师罗志敏博士，写了一本关于大学校友问题的专著，要我请潘先生给他写序。他说，让潘先生给他写序不好意思，为了减轻潘先生的负担，他起草了一个初稿，请潘先生修改后签上字。我抱着试试看的心理，把书稿和序的草稿，一并托人交给了潘先生。让我意想不到的是，潘先生不仅欣然答应，而且没有用那篇帮他拟好的草稿，亲自为罗博士的专著写了序。罗博士对此很激动：“潘先生这种对学界后辈的提携和关爱之情，让我感慨万分，终生难忘。不仅帮我的书稿写好了序，更重要的是教会了我做人做事的道理。”

潘先生大爱无疆的精神，感动了每一个人，感染了每一个人，温暖了每一个人。在厦门大学教育研究院形成了一个十分温馨、团结和谐、积极向上的集体，激励每一个人奋发努力，成才成人，并且带到各自的工作岗位上，在全国各地开花结果。凡是潘先生弟子所在的地方，都折射出一种潘先生精神。对此，田建荣说："潘先生把教书育人作为自己全部的生活，在他的启示下，形成了一个和谐融洽、师生有爱、互动频繁、教学相长、开拓进取的学术共同体。无论在教育教学、学术研究，还是日常生活中，潘先生始终是我们的学术灵魂，教育教学的伟大导师和日常生活最贴心的知心人。"他还说："在厦门大学高教所，潘先生就像一个大家长一样，关心、呵护、指导、体恤每一个学生，在潘先生的影响下，厦大高教研究所形成的独特的氛围，是一种让人有归属感，永远不愿离去的家的味道，是许多毕业生已经离别多年后，却永远牵挂着的第二故乡的情怀。"

潘先生的大爱精神，还体现在他慷慨解囊，创建了潘先生高等教育基金会，以激励师生们在高教研究方面取得更多更好的成果。潘先生把他在汕头大学兼职和在日本广岛大学合作研究所得的酬金全部拿出来，后来不断注入，个人的捐款达 60 多万元，共筹集有 200 多万元的基金。每年发放一次"懋元奖"奖教奖学金，旨在激励高等教育研究者秉承厦门大学"自强不息，止于至善"的校训精神，秉承潘先生几十年来积极倡导并率先垂范的"板凳甘做十年冷，文章不写半句空"的学术精神和"敢为天下先"的创新精神。截至目前，已有 120 多位优秀师生获此殊荣。对此别敦荣谈道："潘先生贡献突出，得到各种奖励无数。每获大奖，他总是把奖金全部拿出来给全院教职工，或捐给潘先生奖教基金。他平时过着俭朴的生活，把节省下来的钱帮助贫困学生，奖励优秀学生。"

六、未竟的结语

以上四个方面的精神，并不足以反映潘先生整个精神世界，只能说反映他一部分精神世界。潘先生数十年来，直到期颐百岁，始终在学习、研究、工作。他的生命一直在绽放光和热，这与他的纯洁的、崇高的精神世界在支撑着他密切相关。然而，精神再崇高，如果没有健康的身体，手不能写，脚不能走，整天躺在病床上，则不可能释放精神的能量。潘先生的精神世界之所以能大放光彩，与他有一个健康的身体密切相关。潘先生健康长寿的秘诀是什么？这也是我探索的内容。

科学证明，人的健康长寿，取决于三大因素：一是遗传基因，二是坚持锻炼，三是良好的心态。潘先生遗传基因我没有考证过，但后两条我亲有所见，亲有所闻。我每次跟他外出开会，都可以看到他早晨起床后坚持打太极拳，中午都有休息片刻的习惯，从不暴饮暴食，起居很有规律。前几年，我请教过潘先生长寿诀窍是什么？他回答我两个字：动脑。我也请教过他的多位高足，潘先生健康长寿的秘诀在哪里？张艳辉总结道："潘先生健康长寿有两大因素：一是多动脑。潘先生认为身体是受大脑指挥的，大脑运动比身体运动更重要。二是开朗的心态。潘先生有过坎坷曲折，如夫人长期生病、'文革'期间下放劳动、工作中的压力、学科建设遇到的阻力，但他始终开朗乐观，以坚忍不拔的精神面对现实，克服困难，从不消极忧愁。"肖海涛总结了潘先生健康长寿的因素有五条："一是精神开拓赤诚守望的事业；二是持之以恒受益终身的锻炼；三是立足理论关照现实的思考；四是乐观平易开放通达的心态；五是热爱祖国积极进取的精神。"张应强也说："潘先生是一位视学术为生命的人，学术就是他的生命本质，不断开拓创新，学术常青，生命常青，这是他永葆青春的奥秘。"

美国科学家跟踪研究了1500多位高寿者的秘诀，结论是"拥有良好的心态"。精神的力量和物质的力量是相辅相成的，相互转换的。潘先生强大的精神力量，浩瀚的精神世界，促成他成为健康的百岁老人，而健康的身体又促进他的精神世界得以绽放出灿烂的光芒。

On Pro. Pan Maoyuan's Spiritual World

Yang Deguang

Abstract: Pro. Pan Maoyuan is a famous and respected educator whom I respect very much. On the occasion of his 100th birthday celebration, it is necessary for us to explore his spiritual world in order to appreciate his noble personality and master's style. Mr. Pan led the creation of the discipline of higher education in China, devoting his whole life to education and personnel training. So far, he has not stopped. It is "a green tree" in the field of education in China. His spiritual world can be summarized into four points: (1) creation of a new discipline, the spirit of endless struggle; (2)the spirit of bravely standing the tide and advancing with the times; (3)the spirit of taking career as his life and selfless dedication; (4)the spirit of caring for students and others .

Key words: Pro. Pan Maoyuan; spiritual world; mental power

总论

学科创建

论高等教育学创始人潘懋元的贡献与意义*

李　均**
（深圳大学　高等教育研究所，广东　深圳　518060）

摘　要： 潘懋元先生是中国高等教育学学科创建人，他对高等教育学学科的贡献是系统和持久的：作为高等教育学学科的首创者，他第一个提出建立高等教育学，并主编了中国乃至世界第一部高等教育学专著；作为高等教育学系统的设计师，他对高等教育学的体系、内容乃至制度进行了系统设计和规划；作为高等教育学理论的播种机，他几十年不遗余力地宣传、推广高等教育学，为这门新学科奔走呐喊；作为高等教育学发展的领航人，他在各个时期高等教育学学科建设和问题研究的各个领域都发挥了引领和推动作用；作为高等教育学地位的捍卫者，他以一个教育家的战略眼光，理性面对危机、主动化解危机，坚守和捍卫了高等教育学的相对独立地位。无论对中国高等教育研究，还是对世界高等教育研究而言，高等教育学的意义都是毋庸置疑的。只有深刻理解和认识高等教育学的意义，才可能深刻理解和认识潘懋元在中国乃至整个世界高等教育研究史的地位和意义。

关键词： 潘懋元；高等教育学；贡献；意义

潘懋元先生是中国当代著名的教育家，高等教育学的学科创始人。他创建的高等教育学学科经过30多年的发展已经成长为拥有数十个分支学科的巨型学科群，以高等教育学为依托的中国高等教育研究也已经壮大为一项庞大的事业，研究机构、人员、刊物、成果等数量跃居世界第一，对高等教育实践的服务力不断提升，对高等教育政策的影响力逐渐加强。

饮水思源。在潘懋元先生即将迎来百岁华诞之际，系统梳理和总结他对高

* 基金项目：国家社会科学基金（教育学）一般课题“中华人民共和国高等教育学史”（BIA190190）。

** 作者简介：李均（1968—　），男，江苏武进人，教育学博士，深圳大学师范学院副院长、高等教育研究所所长、教授、博士生导师，从事高等教育理论与历史研究。

等教育学学科的重大贡献，分析他创建高等教育学学科的重大意义，学习他“敢为天下先”的创新精神，以表达对这位高等教育学创始人的崇高敬意。

一、高等教育学学科的首创者

放眼世界，西方的高等教育研究至少有200年的历史，但从未形成专门的、独立的学科。中国的高等教育研究，虽起步很晚，却在建立高等教育学学科方面后来居上。

20世纪50年代中期的厦门大学，刚刚经历院系调整的洗礼，这所本来以文理科和师范科起家的综合性大学，撤销了30年的教育系，只是为了培养大学师资的需要保留一个教育学教研组，年轻的潘懋元被任命为教研组主任。

1956年，我党召开了第八次全国代表大会。这次大会的召开，标志着我国社会主义改造基本完成，开始进入全面的、大规模建设社会主义的新时期。同时，我党领导全国人民开始踏上了摆脱苏联模式、独立探索建设社会主义国家新的伟大征程。

在这种背景下，中央提出要探索中国自己的高等教育发展道路，高校的干部要成为高等教育管理的内行。为落实中央精神，厦门大学领导要求教育学教研组的教师为学校干部开设教育学讲座。由于从来没有针对高等学校的教育学，潘懋元一开始只能搬用主要以中小学为研究对象的普通教育学，所讲的理论不符合大学的实际情况，因此教学效果不佳，干部们听了很不满意。这次“失败”的经历使潘懋元第一次意识到高等教育的特殊性和研究高等教育的必要性，萌发了写一本高等学校教育学的想法。

1957年，潘懋元在厦门大学《学术论坛》(1957年第3期)发表论文《高等专业教育问题在教育学上的重要地位》。在这篇论文中，潘懋元批评了“只要研究普通教育学，即能解决专业教育问题”的错误观点，提出高等学校教育的两个特点，并首次倡议“逐步地建立一门称为‘高等专业教育学’或‘高等学校教育学’的教育科学”①。该文是第一篇倡导建立高等教育学学科的论文。在当时西方和苏联都没有高等教育学学科的情况下，潘懋元提出建立这样一门崭新的学科无疑需要巨大的理论勇气和高度的创造性。

同年，在厦门大学教育学教研组三位教师的共同努力下，《高等学校教育学

① 潘懋元.高等专业教育问题在教育学上的重要地位[J].学术论坛，1957(3)：35-39.

讲义》初稿完成，由厦门大学教务处教材科印刷成册，并作为校际交流讲义，分送全国综合性大学和师范院校进行交流。

正当潘懋元踌躇满志地将建立高等教育学学科的工作大踏步向前推进时，一场政治风暴席卷中国，建立高等教育学学科的探索被迫中断。但建立高等教育学学科的愿望在潘懋元心中始终没有泯灭。“板凳甘坐十年冷”是潘懋元坚守的信条。为了建立高等教育学科，他整整坐了 20 年的冷板凳。

机遇总是留给那些有准备的头脑。1976 年 10 月，十年“文化大革命”的动乱局面终于结束。动乱过后的中国，百废待兴。作为“文化大革命”重灾区的高等教育事业满目疮痍，迫切需要通过拨乱反正，走上全面复兴之路。科学的春天来了！等待了 20 年的潘懋元敏锐地抓住机遇，大力倡导高等教育科学研究、建立高等教育学。

1978 年，潘懋元被任命为厦门大学副校长，分管教学工作。同年 5 月 17 日，在潘先生的建议下，中国第一个高等教育研究机构——厦门大学高等教育科学教育研究室成立，潘懋元担任主任。这是中国第一个高等教育科学研究专门机构，它的成立标志着中国高等教育研究正式成为一个专门的研究领域。

厦门大学高等教育科学研究室建立之后，作为研究室主任的潘懋元提出把重新编写《高等教育学》作为研究室的主要任务之一。这一建议得到研究室几位教师的赞同，并着手开始相关的研究工作。1982 年 1 月，在征得有关单位的同意后，潘懋元邀请了上海市高教局杨德广、华东师范大学薛天祥、河北大学汪培栋、北京工业大学张树森等四位学者参加本书部分章节的编写。连同厦大高等教育科学研究室的潘懋元、王增炳、吴丽卿、王仁欣、罗杞秀，该书的作者一共有九位。全书由潘懋元担任主编。

在主编潘懋元的指导和带动下，各位作者在写作过程中非常仔细认真，“每章一般都经过两三次修改，有的修改了四次”[①]。由于书中涉及的很多问题都是高等教育理论上的新问题，参考资料严重缺乏，写作难度是今天的研究者难以想象的。但参加编写的各位作者不畏艰难，本着严谨的治学态度，一字一句地斟酌，一稿一稿地修改，克服了种种困惑和重重困难，经过一年多的努力，终于完成了初稿的撰写工作。

1982 年底到 1983 年初，《高等教育学》(征求意见稿)陆续打印完毕，分为四册，分别寄发有关单位和专家，广泛征求意见，得到了多方面的热情支持和帮助。

---

① 潘懋元.潘懋元文集：卷二·理论研究(上)[M]. 广州：广东高等教育出版社，2010：413.

1983年，国务院学位委员会公布的学科专业目录，将高等教育学正式列为教育学的二级学科。经过潘懋元等学者多年的奔走呐喊，高等教育学终于被政府承认为一门正式的学科。同年8月，根据潘懋元在全国各地做的高等教育学专题报告汇编而成的《高等教育学讲座》由人民教育出版社出版。尽管该书不是一部系统性专著，但为第一部《高等教育学》的编写打下了重要基础，成为高等教育学学科建立的先声。同年11月，在教育部的支持下，《高等教育学》教材听取意见座谈会在华中工学院召开。会议代表听取了“征求意见稿”各篇内容的意见并进行热烈讨论，他们对该书给予高度评价的同时，也对该书的修改提出了不少意见和希望。①

1984年7月，由潘懋元主编的中国第一部《高等教育学》上册终于由人民教育出版社、福建教育出版社联合出版，下册于次年问世。华中工学院院长朱九思为本书作序。

第一部《高等教育学》的出版是中国高等教育研究史上具有里程碑意义的重要事件，作为中国乃至世界高等教育研究史上第一部具有相对完整体系的高等教育学专著，它的出版标志着中国高等教育学学科的正式建立。

今天，我们都认同高等教育学学科是一门在中国土生土长的学科，它与中国绝大多数社会科学新学科从西方引进不同，走的是一条独立、自主的道路，这是中国高等教育研究得以繁荣发展的重要因素，但我们也应该意识到这条道路的起点，正是改革开放之初潘懋元创建高等教育学的伟大探索，更可追溯到60多年前，潘懋元向学术界第一个发出的关于建立高等教育学学科那充满创意和灵感的呼吁。

二、高等教育学系统的设计师

潘懋元不仅第一个提出了高等教育学的概念，更是对这门学科的体系、内容乃至制度进行了全面、深入而系统的设计与规划。

在1957年的《高等专业教育问题在教育学上的重要地位》一文中，潘懋元根据高等学校教育的特点，对高等学校智育、德育、体育、美育、综合技术教育、教学内容、教学方法等各部分与普通学校的区别逐一进行了阐述，这足以看出他对高

① 《高等教育学》教材听取意见座谈会纪要[Z].1983-11-19.

等学校教育学内容和框架的整体思考。[①] 该文与潘懋元撰写的《高等学校教育学讲义》前言及第一章都是为高等学校教育学定“调子”和绘“图纸”。所谓“调子”就是这门新学科是高等学校的“教育学”，而非普通教育学；所谓“图纸”就是根据高等学校教育的特点，对高等学校教育学的必要性、研究对象、内容体系和核心概念等做出整体安排。

1978 年厦门大学高等教育科学研究室成立后，潘懋元带领他的团队围绕编写《高等教育学》的任务，开始广泛搜集国内外有关资料，进行若干专题研究。1979 年 3 月，研究室编印了《高等教育科学研究参考选题》，共 72 个专题，其中相当一部分专题是为编写《高等教育学》做准备的。例如“高等教育科学研究的对象、任务与方法”“教学过程中的循序渐进”“高等教育的职能与综合大学的培养目标”“高等学校的课程设置与教学大纲”“论德、智、体育的相互关系”“教师在教学中的主导作用”等。在这些专题研究的基础上，1980 年 5 月，潘懋元完成了《高等教育学》编写大纲的初稿，并在研究室的学术会议上进行了讨论。此后，潘懋元对大纲又进行了多次修改，形成了一个初步的提纲。这个提纲包括五个部分十七章内容：第一部分总论，第二部分教学论，第三部分德育、体育、劳动教育，第四部分关于教育工作者自身和学校体制、领导、管理的问题，第五部分结论。大纲设计主要参考普通教育学的体系，并结合了中国高等教育的实际。[②] 9 月 15 日，研究室初步确定了编写《高等教育学》人员和各自的分工。

1980 年 11 月，潘懋元应一机部教育局之邀，到湖南大学为一机部所属院校领导干部教育科学研究班作了题为《高等教育学及教育规律问题》的报告。在报告中，潘懋元不仅讲述了高等教育学的研究对象和内容，而且第一次提出了教育内外部关系规律学说。该学说为《高等教育学》的编写奠定了一个重要的理论基础。

1981 年 2 月，潘懋元拟定的《高等教育学大纲》（讨论稿）（以下简称《大纲》）经过研究室内部的多次讨论修改后铅印 600 份，寄发全国有关单位和专家，广泛征求意见。

潘懋元对《大纲》做了几点说明：“考虑到高等教育学的学习对象，未必已学习过普通教育学，所以普通教育学的重要的一般理论，仍然作为高等教育学大纲的内容。至于某些标题与纲要，虽然同普通教育学大纲相同或相似，但不言而

① 潘懋元.高等专业教育问题在教育学上的重要地位[J].学术论坛，1957：(3)：36-38.

② 潘懋元.高等教育学及教育规律问题[M].长沙：湖南大学教务处编印，1980：33-38.

喻，内容应自高等教育选材，而不是以中、小学教育为教材内容”，“大纲的标题与纲要，都是正面的理论与叙述，关于对错误理论的批判，特别是对于资产阶级和‘四人帮’的教育理论的批判，在相应部分，应当展开”，“发展史和研究方法，一般教学大纲，往往排列在课程的首篇。我们认为，在学习者未掌握学科的基本内容之前，这些问题过于抽象，不易理解。从教学法考虑，我们把它排列在课程的结尾，一方面有利于总结学科知识，另一方面也有利于启发深造”。①

《大纲》虽然只是《高等教育学》的一个详细提纲，但它意味着《高等教育学》专著的雏形和框架在1981年初已经基本形成。《大纲》是潘懋元高等教育思想第一次系统的阐述，其中对各章内容的介绍实际成为后来成书各章的内容提要，为各章作者的写作提供了一个详细思路。

1981年4月，在福州召开的全国第二次教育学研究会年会专门组织了对《大纲》的专场讨论。不久，潘懋元责成吴丽卿对来自各方面的意见和建议进行了整理归纳，这些意见对《大纲》的修改起到一定的参考作用。

从以上论述看，在《高等教育学》正式编写之前，潘懋元已经对高等教育学的体系和内容进行了多年的思考和探索，设计了非常详细的编写思路与框架，这为后来《高等教育学》的编写提供了蓝图。

1984年，潘懋元主编的第一部《高等教育学》出版，该书被认为是中国高等教育学创建的标志，不仅因为它以“高等教育学”作为书名，更主要的是该书已经初步形成了高等教育学的学科体系，为高等教育学的学科建设确定了一个基本的框架。

潘懋元在书中对高等教育学的基本体系和研究内容提出了自己的观点：“高等教育学的基本体系首先应当论述高等专业教育在社会主义物质文明和精神文明的建设中、在社会生活中的地位与作用，专业设置原则和专业培养目标，受教育对象的大学生的生理和心理的基本特征和教育者的职责任务；其次，应当论述全面发展教育的各个组成部分在高等学校实施中的任务、过程、内容、方法、形式等等；再次，论述高等教育工作的组织制度、领导、管理及其方法”，“对教育学来说，高等教育学是一门分支学科，它所研究的是高等教育方面的特殊问题，揭示高等教育活动的特殊规律；同时，高等教育学对于次一层次的分支学科……它所研究的是高等教育这一领域中的一般的、共同的规律”。②

---

① 潘懋元.高等教育学大纲(讨论稿)[M].厦门：厦门大学高等教育科学室，1981：2.

② 潘懋元.高等教育学：上册[M].北京：人民教育出版社；福州：福建教育出版社，1984：6.

可见，潘懋元主编的《高等教育学》体现了上述设计思路，即虽然运用了普通教育学科范式，参考了普通教育学的理论和体系，但与传统的普通教育学有较大不同。它突破或拓展了一般的教育范畴，使高等教育学的学科体系和研究内容有了自己鲜明的特色。因为高等教育的本质是高等专业教育，它与社会政治、经济、文化、科技的关系比普通教育更为密切和复杂，因此，研究高等教育必须运用教育的内外部关系规律，从宏观和微观的视角来进行。第一部《高等教育学》分为总论、分论、体制以及历史与方法四大块，传统的普通教育学也是四大块，但这四块分别是总论（概论）、教学论、德育论和学校管理。前者的处理兼顾教育的宏观和微观，显得更为合理；把教学论和德育论合并成为分论，并把体育和卫生纳入其中，体现了全面发展教育的整体性，这一处理显然更符合人才培养的规律；把学校管理部分拓展为体制，其中的大学招生制度、成人高等教育、研究生教育、科学研究等都为高等教育学所独有，具有独创性；把高等教育发展史和研究方法放在最后，也是一种合理的教材编排方式。

潘懋元对高等教育学的设计，不仅体现在对高等教育学这门主干学科的设计上，还体现对整个高等教育科学学科群的设计上。在第一部《高等教育学》前言中就提到，高等教育学作为综合性学科，它的下面还有次一层次的分支学科，如高等教育经济学、高等教育管理学、大学生心理学、大学各科教学法、高等教育发展史、比较高等教育学等。①后来，潘懋元又进一步提出"高等教育科学学科群"的概念，并把高等教育科学学科群的分支学科分为三类：第一类是从高等教育学这门基本学科分化出来的分支学科，第二类是高等教育学与其他学科结合产生的交叉学科，第三类是运用高等教育学理论以研究不同类型不同层次高等教育所构成的学科。②

在高等教育学外部建制（学科制度建设）方面，潘懋元也进行了一个全方位的设计与规划。潘懋元创造的几个第一就直观地反映了他对高等教育学学科制度的系统性贡献（建立第一个研究机构、第一个提出并筹建中国高教学会、招收第一个高等教育学研究生等）。同时，他还积极支持各类高等教育研究学术会议和各类高等教育研究刊物。

所以，潘懋元对高等教育学的设计和规划涵盖高等教育学学科建设各个层

① 潘懋元.高等教育学：上册[M]. 北京：人民教育出版社；福州：福建教育出版社，1984：6.

② 潘懋元.潘懋元文集：卷二·理论研究（上）[M]. 广州：广东高等教育出版社，2010：186-187.

面，称其为中国高等教育学的总设计师是恰如其分的。

三、高等教育学理论的播种机

一门新学科要从一个胚胎或概念走向真正独立形态，就必须让更多的人明白它的意义，必须发动更多的人来参与这个学科的研究，形成一个以学科为依托的学术共同体。从这个意义说，一门新学科与其说是由一部专著创生的，不如说是一大群志同道合的学者不断聚合而成的。

1978 年 5 月厦门大学高等教育科学研究室成立后，潘懋元没有把眼光局限于一个研究室的发展上。他深知仅在少数学校搞高等教育研究是远远不够的，必须在全国范围内广泛地开展高等教育研究，使之为更多的教师干部所理解和重视，只有这样才能使高等教育工作逐渐在教育规律和科学理论的指导下进行。本着这一愿望，1978 年底，潘懋元在《光明日报》和《厦门大学学报》发表了《开展高等教育理论的研究》和《必须开展高等教育的理论研究——建立高等教育学科刍议》两篇著名的论文，时隔 20 年后又一次不失时机地发出了开展高等教育科学研究、创建高等教育学学科的呼吁。

在这两篇文章中，潘懋元提出了当前开展高等教育理论研究的两个方面的重要意义：

一方面加强高等教育理论研究，对解决高等教育事业发展中的若干问题有重要的实践意义。我国高等教育正处在一个大发展大提高的重要历史阶段，有一连串的问题，有待于从理论与实践的结合上加以解决，而这些问题用普通教育学理论，是不可能给予恰当解决的，必须加强高等教育理论研究。

另一方面加强高等教育理论研究，对于丰富整个教育科学的研究内容，促进教育科学的发展与提高，也具有深刻的意义。高等教育理论是教育学的重要组成部分，但至今一般的教育学，仅仅以普通中小学作为它的研究对象，它的理论往往只是从普通中小学的教育实践总结出来的，因而只能以之指导普通中小学的教育、教学实践，不适用或不完全适用于指导高等学校的工作，必须加强高等教育理论研究，丰富教育科学的理论。加强高等教育理论研究可以帮助我们完整地、准确地理解毛泽东教育思想；在高等教育领域拨乱反正，肃清“四人帮”的流毒；总结中华人民共和国成立后高等教育领域正反两个方面的经验；批判地吸收国外教育科学的新成就,使之“洋为中用”。①

潘懋元在阐述高等教育理论研究重要意义的同时,还提出要建立一门高等教育学,即“必须像‘学前教育学’那样,逐步地建立一门以研究高等专业教育为对象的‘高等教育学’,作为整个教育科学的一个分支学科”。②

潘懋元所倡导的高等教育理论研究,是运用科学方法揭示高等教育本质、探索高等教育规律的科学研究,是教育科学研究的一个重要组成部分,实际上就是通常所说的“高等教育科学研究”。因而,这两篇文章的发表揭开了中国高等教育科学研究的序幕,对中国高等教育科学研究的开展具有极为重要的启蒙作用和指导意义。

在 20 世纪 70 年代末和 80 年代初,潘懋元不仅通过写文章的形式倡导高等教育科学研究,而且充分利用出席全国性学术会议和在各地做专题报告的机会不遗余力地为之摇旗呐喊。他先后在十几个省市做了近百场高等教育理论问题的报告,报告的内容有 10 个左右的专题,每个报告无一例外地对高等教育科学研究的意义首先进行阐述。潘懋元 15 岁就登上讲台,40 多年的教学和担任高校领导干部的经历,练就他相当出色的讲演能力。他的报告深入浅出、生动活泼、理论联系实际,具有很强的感染力。这一时期的潘懋元虽年届花甲,却像一部不辞辛劳的播种机,在全国各地为高等教育科学研究奔波呐喊。他通过自己的辛勤努力,带动了一大批教师和干部加入到这个队伍中,成为中国第一批高等教育研究工作者。今天,不少在高等教育研究领域的著名学者在回忆当时自己是怎样选择这条道路的时候,不约而同地提到了潘懋元。

除了为高等教育学奔走呐喊外,潘懋元对高等教育学理论的推广和宣传还体现在以下三个方面:一是培养高等教育学学科研究生。从 1981 年招收第一个高等教育学研究生至今,潘懋元已经培养了数以百计的高等教育学硕士和博士研究生,其中相当一部分已经成为全国各大高等教育研究机构和高等教育学学位点的骨干力量。二是扶持全国其他院校的高等教育研究机构和高等教育学学位点。“一花独放不是春,百花齐放春满园”;“争做第一,不做唯一”。这是潘懋元经常说的话。基于这样的胸怀和境界,潘懋元几十年来不遗余力地支持全国

① 潘懋元.开展高等教育理论的研究[N].光明日报,1978-12-07;必须开展高等教育的理论研究——建立高等教育学科刍议[J].厦门大学学报,1978(4).

② 潘懋元.必须开展高等教育的理论研究——建立高等教育学科刍议[J].厦门大学学报,1978(4).

各高校的高等教育研究力量,在学位点建设、研究机构建设和人才建设等方面提供大力的指导和帮助,推动高等教育学在全国各地得到推广和壮大。三是筹备和创建全国性高等教育研究组织。1979 年 7 月,潘懋元就第一个提出创建一个全国性的高等教育研究组织。此建议得到教育部、中国教育学会及各高校的大力支持,筹备组就设在厦门大学高等教育科学研究室。经过三年多艰苦的筹备工作,1983 年 5 月 28 日,中国高等教育学会终于在北京成立。这一历时三年多的筹备工作,实际上是中国高等教育研究史,乃至世界高等教育研究史上涉及面广泛、参加人数众多的一场高等教育科学研究的宣传、启蒙和普及运动。这场运动促进了中国高等教育研究机构的广泛建立,培养了一大批热心高等教育研究的积极分子,极大地推动了中国高等教育研究的发展。

由此可见,潘懋元既是高等教育学学科的创始人,也是这个学科的播种机、传播者、推广家和启蒙老师。有外国学者称潘懋元为“高等教育学之父”①,其内涵就有播种机与启蒙者之义。

四、高等教育学发展的领航人

高等教育学学科建立后,中国高等教育研究沿着两条平行而又相互交叉的轨道运行:一条是高等教育学学科建设,另一条是高等教育问题研究。潘懋元凭借一个教育家的战略眼光、对中国高等教育改革与发展大势的敏锐观察力以及在高等教育研究界的崇高威望,在这两条轨道的研究上都发挥了至关重要的引领作用。

在高等教育学学科建设方面,学科建立初期的 10 年间,潘懋元积极倡导开展对高等教育学学科基本理论的研究,重点是对高等教育学学科性质、体系、对象和方法等理论问题的探讨。在他的建议下,全国高等教育学研究会的前三次年会都是以学科建设为主题,取得许多重要成果,特别是对高等教育学学科理论体系的建构一度成为热点。20 世纪 90 年代中后期,潘懋元意识到“如果老是围绕一个方面即高等教育学的学科建设问题讨论下去,故步自封,不去接触火热的高等教育实践,就会由于钻牛角尖走到死胡同”;“‘坐而论道’实际上既无助于理论联系实际,也无助于高等教育学的学科建设”。于是,他在 1997 年全国高等教育

① Arild Tjeidvoll,Pan Maoyuan—A Founding Father of Chinese Higher Education Research [M]. NTNU,2005.

学研究会第四次年会上，与研究会的一些同志商量后，建议“把高等教育学学科理论体系问题的探讨暂时放一放，希望大家都来关注‘高等教育理论研究如何更好地为高等教育改革与发展实践服务’的问题”。[①]这次会议后，高等教育学学科建设实现了从专门构建“学科体系”到理论与实践有机结合的战略转型，这在很大程度上深化了对高等教育学学科的认识，加大了对高等教育实践的服务力度，使高等教育学学科向成熟方向迈出了关键一步。

在高等教育问题研究方面，潘懋元更是许多重大课题最早或较早的倡导者、探索者，如民办高等教育、高等教育与市场经济的关系、高等教育与文化的关系、高等教育与知识经济的关系、高等教育可持续发展、高等教育大众化、金融危机与高等教育、高等学校分类与应用型本科建设、世界一流大学建设等。在这些重大问题上，他或率先提出问题，或发表重要观点，或组织他的学生展开讨论，不少都成为高等教育研究界的热点问题，有的还对当时的政府决策产生了积极影响。近年来，潘懋元特别强调不能仅仅关注高等教育宏观问题，还要重视微观的教学过程研究。他说：“所有的宏观的理论、宏观的政策，它只有通过微观的教学过程才能够进入人才培养的实践。两者的辩证关系是微观的高教研究，有赖于宏观的高教研究确定价值，指明方向；而宏观的高教研究成果，只有通过微观的高教研究，才能转化为实践。”他建议，高等教育研究学者要“重视微观教学过程方面的研究，包括课程、教材、教法，也包括评估，等等。这样，才能使我国高等教育研究真正深入到实践中去”[②]。

特别值得一提的是，潘懋元始终鼓励群众性的高等教育研究工作，肯定其特有的价值。他认为，那些面向本校的“院校研究”或经验总结，“从教育理论的学术层次上看，可能是低水平的、经验性的，但却比较切合实际。低水平的文章有低水平的价值，‘下里巴人’的社会价值，不一定低于‘阳春白雪’。它的价值在于针对本校的实际问题，发表一得之见，以供决策咨询；或总结一点经验，以供同行参考”。[③]正由于广大高校教师干部的积极参与，中国高等教育研究才出现前所未有的繁荣局面。

---

① 潘懋元.潘懋元文集：卷二·理论研究(上)[M].广州：广东高等教育出版社，2010：176.

② 潘懋元.高等教育研究要更加重视微观教学研究[J].中国高教研究，2015(7)：1.

③ 潘懋元.潘懋元文集：卷二·理论研究(上)[M].广州：广东高等教育出版社，2010：125.

五、高等教育学地位的捍卫者

创立一门新学科难，推动一门新学科不断发展、走向成熟更难，更需要长期的、持之以恒的努力。一门新学科，如果只重视创立，不重视长期和持续地捍卫和建设，是很难有所作为的，有的甚至只能停留于概念，并逐步被人遗忘。

回顾中国高等教育学学科的成长史，不难看出，潘懋元在20世纪50年代第一个倡导建立高等教育学学科后，就成为这个学科最执着、最持久的捍卫者、追求者、支持者和建设者。即使在他建立学科的第一次尝试夭折后的20多年间，他也从未放弃等待、放弃思索、放弃准备。无论条件多么艰苦，环境如何变幻，建立高等教育学学科的愿望在他心中始终不曾泯灭。20世纪70年代末，当潘懋元坐了20多年的冷板凳，重新踏上建立高等教育学学科征途之时，已是年近花甲的老人。可正是这位执着的老人，以惊人的毅力和胆识，敢为天下先，连续创造了一系列“第一”，在中国高等教育学学科发展的各个时期和各个阶段都发挥了举足轻重的作用。直到今天，年届百岁的他仍然活跃在高等教育研究和高等教育学学科研究生培养的第一线……

高等教育学从创建开始，就面临重重危机。潘懋元以一个教育家的战略眼光，理性面对危机、主动化解危机，坚守和捍卫了高等教育学的相对独立地位。

在学科建立初期，危机主要来自对普通教育学的质疑。潘懋元在回忆当年创建高等教育学的历史时说过：“高等教育实际工作者从实际需要出发，赞同并热心支持者居多；教育理论家则是持怀疑旁观态度的不少。他们认为，一般教育理论适用于各级各类教育，似无新立学科的必要。”①而且“高等”二字加在“教育学”前也曾让某些人感到不解。据潘懋元回忆，当年他就曾因为高等教育学名称问题在北京与一位学者发生过争论。

在这种情况下，潘懋元带领第一代高等教育研究者另辟蹊径，绕开以师范院校教育系为研究阵地、以普通教育学专业人员为研究队伍、以基础教育为研究重点的传统教育学研究体制，以综合性大学和各类专业院校高等教育研究室或研究所为研究阵地、以高等学校一线教师和干部为研究队伍、以高等教育为研究对象创建了崭新的高等教育学。

20世纪90年代以后，关于高等教育学能否成为学科的争论稍稍有所缓和，

① 潘懋元.潘懋元文集：卷二·理论研究（上）[M]. 广州：广东高等教育出版社，2010:98.

但高等教育学的学科地位并未完全稳固。随着高等教育问题的日益多样化和复杂化，新兴的高等教育学在解决这些问题时常常力不从心，多学科问题研究范式受到越来越多研究者的青睐，高等教育学再度受到挑战。

与教育学面对多学科的挑战而产生赫尔巴特式的忧虑①不同，潘懋元带领年轻的高等教育学，以开放和包容的姿态，主动学习和接纳多学科研究的理论与方法。所以，多学科研究的兴起不仅没有让高等教育学终结，反而被理解为是高等教育学理论体系建设"重要的准备工作"，甚至被认为高等教育学的"独特的研究方法"。② 2001年，潘懋元主编的《多学科观点的高等教育研究》正式出版，该书用历史学、哲学、心理学等11个学科的观点和方法对高等教育进行了研究，是近年来中国高等教育理论研究的重大成果。

进入21世纪，高等教育学尚未完全厘清与多学科研究的关系，新的危机再度降临。这次危机源于国家学科政策的新变化——所谓按照"一级学科"进行学位点授权审核和进行人才培养的新政策。为了申报和建设教育学一级学科的需要，也或许出于争夺庞大基础教育市场的利益驱动，一些高等教育研究所纷纷改名为教育学院或教育研究院，在学科建设和人才培养上主动与传统师范大学教育系(教育学院)趋同。与以往高等教育学危机主要在理论争议层面不同，这次由"一级学科政策"带来的危机是制度性的危机，有"釜底抽薪式"的破坏力，对高等教育学的生存和发展构成了实质性的严重威胁。

面对危机，潘懋元再次站在了捍卫高等教育学地位的最前线，他积极支持把高等教育学创建成为一级学科的建议。2019年1月，年近百岁的潘懋元接受《中国科学报》记者采访时指出："虽然高等教育学科对于推动我国高等教育事业的发展起着至关重要的作用，但是目前高等教育学科仍是二级学科，而有关政策是以一级学科为人员编制、经费拨款的单位，许多高校为解决这一问题，不得不将高等教育学科的人才培养与科学研究的单位改名为教育科学研究院或教育学院，顶着教育学一级学科的'帽子'来进行高等教育的研究，很是'委屈'。"他明确提出："当务之急我认为是将高等教育学科升为一级学科。高等教育与以中小学教育为对象的普通教育大不相同，高等教育是培养专门人才的教育，而普通教育

① 赫尔巴特把其他学科对教育问题的关注称为"被占领"，并视为一种"危险"。他说："假如教育学希望尽可能严格地保持自身的概念，并进而培植出独立的思想，从而可能成为研究范围的中心，而不再有这样的危险：像偏僻的被占领的区域一样受到外人治理，那么情况可能好得多。"参见赫尔巴特．普通教育学·教育学讲授纲要[M]．李其龙，译．北京：人民教育出版社，1989：10.

② 潘懋元．多学科观点的高等教育研究[M]．上海：上海教育出版社，2001：4.

是基础教育。作为一门本该独立的学科，只是作为二级学科，不利于我国高等教育的长远发展。”[①]潘懋元的上述观点，不仅是站在高等教育学学科的立场，而且是站在中国高等教育事业发展的战略高度，为高等教育学摆脱危机，巩固学科地位指明了前进方向、注入了强大的力量！

纵观世界学科发展史，很少有哪一个学科创始人能对一个学科有这么系统、这么执着、这么持久的贡献，这就是潘懋元最难得、最独到、最值得尊重的地方。首创者、设计师、播种机、领航人、捍卫者……这些都不是简单的称呼或荣誉，而是潘懋元对高等教育学做出的一系列重大贡献，它们相互关联，共同诠释了“高等教育学学科创始人”独特而丰富的内涵。

六、高等教育学创建的意义

我们在总结潘懋元对中国高等教育事业重大贡献时，首先都会强调他创建了高等教育学，但很少会进一步探讨高等教育学究竟有什么意义。其实，中外高等教育研究界对高等教育学的质疑和挑战始终没有停息过。笔者认为，虽然高等教育学还不是一个成熟的学科，但无论对于中国高等教育研究，还是对世界高等教育研究而言，高等教育学的意义都是毋庸置疑的。

（一）从制度层面的意义看，高等教育学的建立使中国高等教育研究迅速取得“合法”地位，制度化进程大大加快

从社会科学发展史看，一个新的研究领域往往只有取得政治—建制上的合法地位，才有可能得到较快的发展。20 世纪 70 年代末期的中国，社会科学百废待兴，各类新兴研究领域如雨后春笋般拔地而起。蹒跚起步的高等教育研究要脱颖而出，就必须尽快取得“合法地位”，即成为国家承认的正式学科。因为，在中国，学科是国家管理和调控科学研究的一个基本单位，是行政建制在科学研究中的体现，其意义超出了研究范畴和教育范畴。一个研究领域往往只有成为正式学科，才能被纳入国家学术管理序列，才有可能在大学设置，才有可能取得政府评审的学位点，才有可能获得政府的经费资助，才有可能更好地生存和发展下去。从某种意义上看，“学科实际上是一种政治结构，协调着政治经济和知识的

① 许悦.“双一流”精神须泛化至各类高校[N]. 中国科学报，2019-01-23(4).

生产”。[①]

不难想象，倘若中国高等教育研究只是像西方那样的“多学科研究领域”，而从未成为专门学科，其后来的发展情形肯定不容乐观。中国高等教育研究起步伊始就备受争议，举步维艰。中国第一个高等教育研究机构——厦门大学高等教育科学研究室刚刚成立的时候，除了个别教师外，学校不少人对高等教育研究并不理解，有人甚至冷嘲热讽：“教育研究是师范大学的事情，综合大学搞什么教育研究。”[②]当时全国的情况也是如此，不少学者认为一般教育理论适用于各级各类教育，似无新立学科的必要。但潘懋元等中国第一代高等教育研究工作者不畏艰难，为高等教育研究奔走呐喊，终于建立了崭新的高等教育学。

事实证明，高等教育学的建立无疑是确立高等教育研究“合法地位”的关键因素。1984 年高等教育学正式建立后，各种怀疑之声渐渐退去，取而代之的是全国性高等教育研究的热潮。以高等教育研究机构的创建为例，1983 年 5 月，全国 805 所普通高校中尚有 2/3 的学校没有高等教育研究机构。1984 年后，各地纷纷采取措施加强高等教育研究工作，形成了一个创建高等教育研究机构的高潮。1987 年全国已有高等教育研究机构 700 多个，比 1983 年增加近 500 个，即平均每年就有 100 个左右的高等教育研究机构在各地高校建立起来，其发展速度之快在世界高等教育研究史上绝无仅有。[③]其原因除了高等教育体制改革全面展开对高等教育研究需求增加外，高等教育学的建立起到了直接推动作用。

高等教育学的建立加快了中国高等教育研究的制度化进程。从“非制度化”阶段转变到“制度化”阶段是高等教育研究的质变表现之一，只有“制度化”才能使高等教育研究有赖以存在的稳固基础和得到持续发展的保障。1978 年以后，中国高等教育研究制度化的核心工程是建立高等教育学学科，但建立一门学科是系统的、复杂的工程，不仅有学科之名，还有学科之实；不仅要形成教育学的分支或形成一类系统化、理论化的知识体系，还必须建立学科研究的规范、规则、范式，建立包括学会、专业研究机构、图书资料、专门出版机构及专业刊物等社会建制在内的学术共同体（academic community）。尤其在中国高等教育研究起步初期，高等教育学学科的建立对于集聚和联结各方面高等教育研究力量、培养高等教育研究专业人才起到了至关重要的作用。正如伯顿·克拉克所言：“主宰学者

① 殷杰.当代社会科学哲学：理论建构与多元维度[M].北京：北京师范大学出版集团，2017：64.
② 李均.中国高等教育研究史[M].广州：广东高等教育出版社，2005：104.
③ 李均.中国高等教育研究史[M].广州：广东高等教育出版社，2005：190-191.

工作生活的力量是学科而不是所在院校”,“学科明显是一种联结化学家与化学家、心理学家与心理学家、历史学家与历史学家的专门化组织”,它使得“高等教育的工作都按学科和院校组成两个基本的纵横交叉的模式”。[①]

因此,高等教育学学科的建立是基于中国国情和中国高等教育体制、符合科学研究发展与学科运行逻辑的一种制度选择。高等教育学的建立,不仅使高等教育研究在中国取得合法地位,而且有力地带动了高等教育研究机构、组织、队伍、成果的大发展,促使这些制度化指标在20世纪90年代攀升至世界第一。中国被国外学者誉为“高等教育研究大国”。

(二)从认识与方法层面的意义看,高等教育学的建立提高了高等教育理论解决问题的有效性,推进了高等教育研究的科学化进程

尽管“开放社会科学”“学科壁垒消融”“多学科研究增殖方式”等已经成为国际社会科学界的热门话题,但并不能就此断定学科范式已无法安身立命,因为“科学史上每一个主要时期都是以多种相竞争的范式共存,即没有一个范式能占据霸权地位为特点的”。[②]多学科问题研究范式的价值虽毋庸置疑,但该范式在整合研究兴趣多元性等方面存在缺陷。尤其目前的多学科研究,主要是有关学科对自己感兴趣的问题各自进行的研究,对同一问题缺乏多学科的协同研究,这不仅会导致对高等教育整体和全局把握的欠缺,也有可能导致对高等教育一些关键问题,特别是人才培养等教育内部问题的忽视。同时,不同学科有不同的理论、方法,也有不同的话语规则和学科文化,未必都能与高等教育研究相容。不同学科之间的话语沟壑和“坑道视界”,使不同研究者之间难以相互对话、彼此了解和相互借鉴,难以进行协同研究,更难以把高等教育的知识整合起来。

高等教育学作为专门研究高等教育的学科,必然以整个“高等教育”作为“问题域”。它既关注宏观领域的高等教育发展,也关注微观领域的人才培养;既研究高等教育与社会发展的关系,也探讨高等教育内部各种要素之间的关系。从理论上讲,高等教育学学科研究范式具有多学科问题研究范式无法替代的作用:从高等教育的全局来整体把握高等教育问题,整合多学科理论和方法,从而更好地探索高等教育发展的特殊矛盾和特殊规律,建立相对完整和系统的高等教育

① 伯顿·克拉克.高等教育系统——学术组织的跨国研究[M].王承绪,等译.杭州:杭州大学出版社,1994:34-35.

② 拉瑞·劳丹.进步及其问题[M].刘新民,译.北京:华夏出版社,1990:71.

理论体系。

同时,当代科学研究的一个重要趋势是走向复杂性。对复杂性的关注意味着研究范式的一次根本性变革,意味着对于简单性原则的一种时代性反思与超越。解决复杂性的问题需要复杂性思维。与简单性思维不同,复杂性思维认为万事万物都是有机的系统整体,必须用整合的思维方式去考察整体与部分之间的关系,研究问题要采取从整体出发、深入部分,再回到整体的思维方式。运用复杂性思维研究社会科学,需要“自觉地面向多因素构成的复杂巨系统,进行综合性思考”,“只有在最深度的分化和最宏大的综合中保持张力,才能达到对于现代人文社会系统的完整性把握”。①高等教育是一个复杂的社会系统,高等教育问题是典型的复杂问题。解决高等教育问题,不仅需要多维视角和多种范式,也需要在研究中对多种范式进行整合;不仅需要通过多学科研究,深入到高等教育各个层面,追求“局部的、片面的深刻”,也需要对多学科的理论和方法进行整合,从而达到对高等教育问题进行综合性、整合性思考的效果。

劳丹(Larry Laudan)指出,“科学的主旨在于解决问题”,理论的合理性与进步性“与它的解决问题的有效性密切相关”。②从方法论的角度考虑,建立以高等教育为问题域、整合多种理论的高等教育学有可能提高高等教育理论解决问题的有效性,从而提高高等教育研究的科学化程度。当然,这要以高等教育学学科形成成熟理论体系为前提。如果说,高等教育学的建立推进了高等教育研究制度化进程只是中国特殊国情下的产物的话,那么从理论视角分析得出的高等教育学整合多种理论和范式的功能在很大程度上带有普遍性。如果这个功能得以完善的话,高等教育学将来未必一定为中国所独享。正如有学者所言:“无论经验上还是逻辑上,高等教育都需要高等教育学。高等教育对于高等教育学的需要绝不是‘中国特色’而是普遍现象。”③

(三)从价值层面的意义看,高等教育学的建立有助于保证高等教育研究的“教育属性”和“教育立场”,避免高等教育研究的功利化和片面化

20 世纪 50 年代以后,随着世界政治、经济格局的变化,科学研究和知识发展的状况发现了巨大的变化。“知识不是根据自身的‘构成’价值或政治(行政、外

① 欧阳康.复杂性与人文社会科学创新[J].哲学研究,2003(7):29.

② 拉瑞·劳丹.进步及其问题[M].刘新民,译.北京:华夏出版社,1990:5.

③ 王建华.高等教育是否需要高等教育学[J].高等教育研究,2017(1):19.

交、军事)重要性得到传播,而是被投入与货币相同的流通网络;关于知识的确切划分不再是'有知识'和'无知识',而是像货币一样成为'用于支付的知识'和'用于投资的知识';另一方面是为了优化程序性能而用于信贷的知识。"[①]在这种背景下,科学研究和知识发展出现了过度功利化的倾向,"在人们关于知识的理解上,更强调知识的生产力功能,而生产力功能又偏重物资层面,在行动上追求最大效率,并且以投入—产出比来衡量一种知识的地位。更为严重是,这种理念已经成为现代人关于科学的一种意识形态"[②]。

高等教育研究也存在类似的问题,长期过分强调对当下实践或行政决策"有用",而忽略了高等教育研究对于大学精神、审美、道德的价值引领,甚至可能沦为片面追求效率的工具。现代高等教育无论有多少功能和职能,其根本任务还是人才培养。高等教育学作为专门研究高等教育的学科,既研究现实的实践与政策,也关注价值的、审美的、形而上的精神信仰,更会把人才培养的研究作为核心内容,高等教育学的建立有助于保证高等教育研究的教育属性和教育立场,形成符合教育本质和大学精神的高等教育研究价值观。

从某种意义看,高等教育学之所以为高等教育学,其意义不仅在于直接为政府或大学发展提供决策参考或行动指南,也不仅在于创造多少高等教育的理论知识,更在于其对大学精神的价值引领与坚守。当代高等教育学学者要超越自我,走出工具主义、功利主义的窠臼,走向更大的格局、更高的境界。"为天地立心,为生民立命,为往圣继绝学,为万世开太平。""横渠四句"应该成为当代每个高等教育学者的精神追求。

同时,正因为高等教育学以整个高等教育为研究对象,高等教育学也可以整合多学科的理论、知识和方法,从而在很大程度上避免高等教育研究的片面化、碎片化或沦为经济学、政治学等其他学科研究的副产品。这一点在上文已有涉及,此不赘述。

因此,高等教育学的创建是中国对世界高等教育研究的最大贡献,丰富了世界高等教育研究范式。华勒斯坦(Immanuel Wallerstein)认为,"称一个研究范围为一门'学科',即是说它并非只是依赖教条而立,其权威性并非源自一人或一

① 让-弗朗索瓦·利奥塔尔.后现代状态:关于知识的报告[M].车槿山,译.北京:生活·读书·新知三联书店,1997:5.

② 殷杰.当代社会科学哲学:理论建构与多元维度[M].北京:北京师范大学出版集团,2017:66.

派，而是基于普遍接受的方法和真理”①。高等教育学作为学科，有制度层面的意义，如有利于保障高等教育研究的地位、完善高等教育研究制度、集聚与培养高等教育研究专业人才。同时，高等教育学也有认识论、方法论、价值论等层面的意义。

我们认为，如果高等教育学的这些意义和功能进一步得以确认和完善的话，高等教育学便可能超越当下高等教育研究的“中西二分”，成为世界性学科。只有从这些层面来深刻理解和认识高等教育学的意义，才可能深刻理解和认识潘懋元在中国乃至整个世界高等教育研究史的地位和意义。

On the Contribution and Significance of Pan Maoyuan, The Founder of Higher Education

Li Jun

(Institute of Higher Education, Shenzhen University, Shenzhen, Guangdong 518060, China)

Abstract: Mr. Pan Maoyuan was the founder of Higher Education in China who made a systematic and lasting contribution on the discipline of higher education: as the pioneer of Higher Education, he was the first man who advocated establishing the higher education and edited the first monograph on Higher Education in China and even in the world; as the designer of Higher Education system, he made a comprehensive design for the system, content and institution of Higher Education; as the seeder of Higher Education theory, he spared no efforts to propagate the new Higher Education and shouted for it for decades; as the leader of Higher Education development, he played a leading and driving role in the area of discipline construction and problem research at the time; as the defender of the status of Higher Education, he faced the crisis rationally and resolved the crisis proactively with the strategic vision of an educator to safeguarded and stuck to the relatively independent status for Higher Education. No matter for Chinese higher education research or the world higher education research, the significance of Higher Education is unquestionable. Only when we have a deep understanding of the significance of Higher Education, can we comprehend the position and significance of Pan Maoyuan profoundly in the history of higher education research in China and even the whole world.

Key words: Pro. Pan Maoyuan; the disciplince of higher education; contribution; signficance

① 华勒斯坦，等. 学科·知识·权力[M]. 刘健芝，等译. 北京：生活·读书·新知三联书店，1999:13-14.

试论潘懋元高等教育思想的理论来源、实践基础与理论核心*

董立平**
（厦门理工学院　高等教育经济与管理研究所，福建　厦门　361024）

摘　要：潘懋元高等教育思想与理论体系的形成是在不断吸收、借鉴与融合古今中外教育思想家杰出思想精华的基础上不断思考、升华与创造的过程中逐步形成的。潘懋元深受中国传统文化、中国近现代教育思想家、马克思主义及其苏联教育家、西方教育家等思想影响，在其长达80余年的教育教学和管理实践与经验总结中，逐步形成了其博大精深、内蕴丰富、体系完整的富有中国特色、中国气派、中国风格的高等教育思想与理论体系。高等教育的"两个基本特点""内外部关系规律"与多学科观点的方法论是其理论体系与博大思想的核心。

关键词：潘懋元；教育思想；高等教育

潘懋元先生作为中国高等教育学科的主要创建人和当代中国高等教育理论研究的伟大旗手，其高等教育思想博大精深、内蕴丰厚、体系完整，几乎囊括和覆盖了高等教育研究的所有领域，对建立、发展与完善富有独特、鲜明中国特色高等教育理论学派做出了重大贡献。其高等教育思想的形成是在不断吸收、借鉴、融合古今中外教育思想家杰出思想理论精华的基础上不断思考、升华与创造而逐步形成的。

一、潘懋元高等教育思想的理论来源与哲学基础

潘懋元的高等教育思想的理论，来源于他对马克思主义、西方教育理论、中

* 基金项目：国家社会科学（教育学）基金一般项目"'双一流'背景下中国特色高水平应用技术大学差别化发展研究"（BIA170239）。

** 作者简介：董立平（1969.12—　），男，山东济南人，教育学博士，厦门理工学院高等教育经济与管理研究所所长、教授；研究方向：高等教育理论与政策、院校研究。

国传统文化的学习、借鉴、发展与融会贯通、实践创新，来源于其丰富的教育教学与管理实践经验的总结。

(一)中国传统文化——儒墨文化的影响

潘懋元自幼就接受了良好的中华国学的教育，对儒、墨两家的传统文化尤为重视。1950 年，潘懋元在厦门大学开设了"教育概论""中国教育史""教育政策法令"三门课，开始了对孔子、荀子、墨子等诸子百家的教育理论的深入研究。他为自己的长子取名为"世墨"，其用意就是取墨子的"兼爱非攻、尚贤尚用"思想。潘懋元早年深受其胞兄潘载和的教育和影响。潘载和就读的中学就是汕头市孔教会办的时中中学。"时中"，就是与时俱进之意。儒家思想的精华，是能与时俱进，与日俱增，适应不同时代的思想。人们称颂孔子是"时中之圣"。时中中学校训取自伪《古文尚书·虞书·大禹谟》："人心惟危。道心惟微。惟精惟一，允执厥中。"也是宋儒"十六字心传"。在潘载和的辅导下潘懋元学习了《三字经》《千字文》《幼学琼林》等启蒙教材。后来进入时中中学附属小学及初中、高中，主要接受了国文专修科的《四书》《五经》等国学课程教育，打下了良好的古文学基础，儒家尤其是孔子的思想对潘懋元的为人处世的人生观、价值观产生了潜移默化的影响。

2016 年，潘懋元在接受访谈时指出，孔子是时中之圣，儒家的精神是与时俱进和中庸之道，国学教育也应该与时俱进，要从传统文化中挖掘核心价值观的精髓。潘先生认为，中庸之道是孔子思想中很重要的内容，不要走极端，要兼顾平衡，要包容。我们要吸取儒家思想的精华，而不只是拘泥于它的某种形式。2008 年 6 月在厦门大学教育研究院学术例会、2018 年 4 月在厦门大学教师发展中心举办的青年教师发展活动中，潘懋元先后作了相同题目《宏观背景下理性考察国学热》的讲座。他强调时代在前进，复兴不是复古。孔子之所以能成为万世师表，为历代治国者所崇拜，是因为"孔子，圣之时者也"。其认为新的国学潮，应该"与时俱进，古为今用。复兴国学，为中国优秀传统文化树立丰碑，以坚定文化自信推动社会主义文化繁荣兴盛。如若胶柱鼓瑟、食古不化，将阻碍改革开放"。[①] 可见儒家传统文化对潘懋元影响至深，他百年来的为人处世、治学修身与教书育人无不体现出与时俱进、自强不息、中庸仁爱与止于至善的儒家士人君子风范。

---

① 潘懋元，魏彦红，陈斌.孔子是时中之圣，儒家要与时俱进——潘懋元先生访谈录[J].衡水学院学报，2016(12)：封 1，封 4.

(二)中国近现代著名教育家思想的影响

1949 年春天,潘懋元回到厦门大学教育系做助教后,对中国教育史研究非常感兴趣,并设想以著名教育家的主题,撰写相关论文,例如蔡元培、鲁迅、胡适、陶行知、晏阳初、杨贤江等,但对杨贤江的教育思想研究是耗费精力最多的。在学校的图书馆中,潘懋元发现了一本《新教育大纲》,作者为李浩吾(即杨贤江),潘懋元看到此书与众不同,便认真钻研。20 世纪二三十年代,《新教育大纲》撰写完成,这是我国第一部试图用马克思主义原理去解释教育理论的书,许多内容、观点都是第一次提出,在我国教育史上意义重大,尤其是有许多是前人从未提到的新观点,如教育和经济、政治间的关系等。随后潘懋元又找到杨贤江的另一本著作《教育史 ABC》,通过对其生平以及著作的研究,使潘懋元对其教育思想有了深入的了解,如杨贤江认为教育既受生产方式也受政治制度所制约,又对经济的发展、政治的变革起促进作用。再如教育缘起于社会生产劳动的需要,并且会在生产劳动过程中继续发展等。

潘懋元高等教育思想受杨贤江的影响可谓是非常明显的。潘懋元提出的教育内外部关系规律,其中的外部规律即为教育的产生以及发展应该和社会发展的需要相适应,对社会的发展起推动作用;内部规律为师生、教育方式方法目标以及学生个性特征等之间的关系;教育外部关系规律制约着教育内部关系规律的运作,但若想要外部关系规律发挥作用,只能通过内部关系规律去实现。① 这无疑是受到了杨贤江的"教育既受政治经济等的影响,又对政治经济起到了促进作用"的启发。此外,教育与生产劳动的统一关系也是由杨贤江的教育本质是与生产劳动结合而进一步演化而来的。

潘懋元是国内最早系统研究杨贤江、蔡元培、黄炎培教育思想的学者之一。他在 1954 年《厦门大学学报》上发表了《杨贤江(李浩吾)教育思想》一文,对杨贤江倍加推崇,先后撰写发表了 12 篇关于介绍与研究杨贤江教育思想的论文,认为"系统地做马克思主义教育理论工作,在中国当推杨贤江为第一人"。杨贤江关于教育本质、效能的理论对他具有重要影响。特别是杨贤江关于"教育是某种经济的社会形态之反映","它受制于经济的关系,同时也受制于政治制度";"教育也有率先领导或促进的功用"等观点,对他研究教育与政治、经济的关系理论有

---

① 潘懋元.教育基本规律及其在高等教育研究与实践中的运用[J].上海高教研究,1997(2):3-9.

重要启发。①

在研究中国教育史期间，潘懋元对蔡元培的教育思想也有过详细的研究，他曾撰写文章全面介绍蔡元培的高等教育思想，并对其相关思想进行了点评。他在《厦门大学学报》1955 年第 4 期上发表的《蔡元培的教育思想》，系统介绍和深入分析了蔡元培高等教育思想。蔡元培的“大学者，研究高深学问者也”；大学乃“囊括大典，网罗众家之学府”；学与术分校，文与理通科；提倡选科制、实行学分制、大学应当设置研究机构等观点，对潘懋元的高等教育研究及其高等教育思想的形成产生了深远影响。② 在文中，潘懋元还对蔡元培的教育思想进行了评判。他认为，总体上看，蔡元培的教育思想对我国教育事业的发展起到了一定的推动与促进作用，但部分教育理念却不可取。例如在蔡元培的教育方针中，世界观教育强调教育要超越阶级、无国别的教育，这种过于民主自由的教育方式极有可能发展成为无政府论；而“学术”分家在后来也使得学生做研究严重脱离实际，多数成为“书呆子”，此外，潘懋元还对其将美育功能的过分夸大、教育独立论等进行了批判。③ 潘懋元的高等教育适应论，即高等教育应主动适应政治、经济、文化、社会等的发展，这与蔡元培的教育独立论等可谓是针锋相对，观点迥异。

民国时期庄泽宣等教育理论家的思想对他也有一定的启发与影响。据潘懋元回忆，他接触到的第一本教育理论图书就是庄泽宣的《教育概论》，由此逐渐对教育理论产生了浓厚的兴趣。庄泽宣在《教育概论》中把高等教育列为专章阐述，这在民国时期出版的数十种版本的教育学著作中是罕见的。他对高等教育的性质做了具体的说明：“高等教育在中等教育之上，其性质为专门而非普通，入学者非智力高尚程度相当者无从得益也。”④据此，潘懋元批判当时有人所持的“只要研究普通教育学，就能解决专业教育的问题”的错误观点，提倡建立一门专门以研究高等专业教育为对象的“高等教育学”等观点，均为《教育概论》中有关论述的拓展。并对他后来提出的高等教育的“两个独特特点”的理论具有重要启发。在此基点上，潘懋元才创立了独特的中国高等教育学科理论的基本体系。

除上述的孔子、墨子、杨贤江、蔡元培之外，潘懋元在对中国教育史的研究过程中，还研究了荀子、胡适、陶行知、鲁迅、黄炎培、陈嘉庚、王亚南以及毛泽东、邓

---

① 潘懋元.杨贤江(李浩吾)教育思想[J].厦门大学学报(文史版)，1954(1)：127-139.

② 潘懋元.蔡元培的教育思想[J].厦门大学学报(社会科学版)，1955(4)：86-98.

③ 潘懋元.蔡元培的教育思想[J].厦门大学学报(社会科学版)，1955(4)：86-98.

④ 庄泽宣.教育概论[M].上海：中华书局，1928：201.

小平等教育思想并深入思考。例如,《评钱亦石的〈现代教育原理〉》[①](1951)、《毛泽东同志教育思想试述》[②](1954、1960)、《胡适教育思想的错误及其在教育学上的影响》[③](1955)、《鲁迅的教育思想》[④](1956)、《邓小平教育战略思想的形成逻辑及其超前意识》[⑤](1994)、《黄炎培职业教育思想对当前高等职业教育的启示》[⑥](2007)等。潘懋元是一位善于学习、勤于思考、敢于创新的学者,尽管受到上述学者及领导人的思想影响,但他从不拘泥于某种理论和观点,而是结合中国高等教育的改革与发展实际,对有关高等教育的基本理论问题展开了独立深入的思考与探讨。

1952 年 12 月 17 日,王亚南校长任命潘懋元为新设立的教育学教学研究指导组(简称教育学教研组)主任。据潘懋元回忆,当时教研组主要承担汉语言文学、历史、动物、植物、数学等专业的教育学、分科教材教法等课程的教学任务。在编写讲义之前,他已围绕高等专业教育以及高等学校教学改革发表了大量的文章。《中国人民大学教学工作的特点》[⑦](1952)、《作为社会现象的教育之本质及专门特点》[⑧](1954)、《培养学生独立思考与启发教学》[⑨](1954)、《试论理论联系实际的教学原则》[⑩](1956),特别是他于 1957 年发表于《厦门大学学术论坛》第 1 期的论文《全面发展的本质意义》,后被高等教育部主办的《高等教育》1957 年第 6 期转载,该刊对这篇文章颇为重视,专门刊发了"编者按":"我们希望大家对全面发展教育的本质意义以及在高等学校如何有计划地加以贯彻等问题展开讨论。"这些研究,为他探讨高等学校教育学理论问题奠定了基础。

1957 年,他在《厦门大学学术论坛》第 3 期发表论文《高等专业教育问题在教

---

① 潘懋元.评钱亦石的《现代教育原理》[M]//潘懋元.潘懋元文集:卷七.广州:广东高等教育出版社,2010:290-302.

② 潘懋元.毛泽东同志教育思想试述[J].厦门大学学报(文史版),1954(5):102-116.

③ 潘懋元.胡适教育思想的错误及其在教育学上的影响[J].厦门大学学报(社会科学版),1955(2):57-65.

④ 潘懋元.鲁迅的教育思想[J].厦门大学学报(社会科学版),1956(5):41-54.

⑤ 潘懋元,张祥云.《邓小平教育思想研究》文集[C].南昌:江西教育出版社,1994:6.

⑥ 潘懋元.黄炎培职业教育思想对当前高等职业教育的启示[J].教育研究,2007(1):45-50.

⑦ 潘懋元.中国人民大学教学工作的特点[N].新厦大,1952-10-18(03).

⑧ 潘懋元.作为社会现象的教育之本质及专门特点[N].新厦大,1954-06-05(03).

⑨ 潘懋元.培养学生独立思考与启发教学[N].新厦大,1954-04-10(03).

⑩ 厦门大学教育学研组.试论理论联系实际的教学原则[J].厦门大学学报(社会科学版),1956(3):11-27.

育学上的重要地位》。在该文中,他严肃批评了"只要研究普通教育学,即能解决专业教育问题"的错误观点,提出高等学校教育的两个特点,并首次倡议"必须像'学前教育学'那样,逐步地建立一门称为'高等专业教育学'或'高等学校教育学'的教育学科"[①]。值得注意的是,该文还根据高等学校教育的特点,对高等学校智育、德育、体育、美育、综合技术教育、教学内容、教学方法等与普通学校的区别逐一进行了阐述,这足以看出作者对高等学校教育学内容和框架的整体思考。[②] 该文与他撰写的《高等学校教育学讲义》前言及第一章都是为本书以及后来的《高等教育学讲座》《高等教育学》等教材定下了基调和蓝图。

从 20 世纪 50 年代后期到"文化大革命"前,尽管政治运动接二连三,但他仍然坚持高等教育研究。《教学、生产劳动、科学研究的矛盾与统一》[③](1959)、《略谈教师在教学中的主导作用》[④](1959/1960)、《十年来教育改革的伟大成就及主要经验》[⑤](1959)、《坚持理论联系实际的原则》[⑥](1959)、《再论教学过程中的理论联系实际)》[⑦](1962)、《从中国现代教育史的角度看"倪焕之"》[⑧](1963)、《传统教育思想评析》[⑨](1975)等。特别是他与王增炳合作发表的《少而精教学原则初探》[⑩]一文,从高等教育理论上对少而精原则进行了系统阐述,确立了少而精在高等学校教学原则体系中的地位。该文发表不久即被人大剪报资料《高等教育》全文转载,这是 20 世纪 60 年代高等学校教学理论研究方面的一篇代表性论文。这

① 潘懋元.高等专业教育问题在教育学上的重要地位[J].厦门大学学术论坛,1957(3):39,60.

② 潘懋元.高等专业教育问题在教育学上的重要地位[J].厦门大学学术论坛,1957(3):39,60.

③ 潘懋元.教学、生产劳动、科学研究的矛盾与统一[J].厦门大学学报(社会科学版),1959(1):40-54.

④ 潘懋元.略谈教师在教学中的主导作用[M]//潘懋元.潘懋元文集:卷二·理论研究(下).广州:广东高等教育出版社,2010:346-350.

⑤ 潘懋元.十年来教育改革的伟大成就及主要经验[M]//潘懋元.潘懋元文集:卷三·问题研究(上).广州:广东高等教育出版社,2010:3-19.

⑥ 潘懋元.坚持理论联系实际的原则[M]//潘懋元.潘懋元文集:卷二·理论研究(下).广州:广东高等教育出版社,2010:291-294.

⑦ 潘懋元.再论教学过程中的理论联系实际[J].厦门大学学报(社会科学版),1962(3):11-27.

⑧ 潘懋元.从中国现代教育史的角度看"倪焕之"[J].厦门大学学报(社会科学版),1963(2):69-85.

⑨ 潘懋元,吴式颖.传统教育思想评析[J].教育革命通讯,1975(10).

⑩ 潘懋元,王增炳.少而精教学原则初探[J],厦门大学学报(社会科学版),1964(2):15-28.

些成果也从另一个角度表明，潘懋元的高等教育研究及思想脉络既有“来龙”，亦有“去脉”，他在50年代中期提出并组织编写《高等学校教育学讲义》绝非历史之偶然。

（三）马克思主义及苏联教育家的影响

潘懋元作为一位杰出的马克思主义高等教育学家，其分析问题、解决问题的立场、观点与方法是马列主义的基本原理与基本原则，其理论成果是马克思主义与中国高等教育改革与发展的实践相结合的产物。

潘懋元除了深受中国杰出的马克思主义教育理论家杨贤江的深刻影响之外，他在中国人民大学与北京师范大学进修研究生班时，曾对苏联的教育理论有着比较系统的学习，如冈查洛夫、叶希波夫的《教育学》，申比廖夫、奥哥洛德尼柯夫的《教育学》，凯洛夫的《教育学》等，这些相对完善的教育学专著成为潘懋元日后编写高等教育学著作的参考书。[①] 由于政治原因，潘懋元曾深入地研究过苏联教育理论。他认为在当时，作为中国盟国的老大哥——苏联的经验是可以学习与借鉴的，这种教育模式为我国培养了大量的社会主义建设所需人才，应给予肯定。在对比美国与苏联的教育模式时，他认为美国的通才教育模式生动活泼，但并不适用于我国，而苏联的专才教育模式强调计划、统一标准、强制性等特质正好可以克服中华人民共和国成立初期杂乱的情况。当然，潘懋元也意识到苏联专才教育模式的弊端，缺乏人性化和灵活性，教育模式的逐渐僵化制约着个体的发展。[②] 苏联教育家马可连柯、克鲁斯卡娅等教育家思想对潘懋元早期的教育思想的形成有较大影响，1953年，他撰写了《苏维埃伟大教育家马卡伦柯》[③]一文在《新厦大》上刊发。苏联后来的赞可夫、巴班斯基、苏霍姆林斯基等教育实践与教育思想也不断对潘懋元产生了较大影响，尤其是赞可夫的教学与发展思想和巴班斯基的教学过程最优化理论对潘懋元的大学教学改革理论产生了影响。

（四）西方国家的教育理论与思想的影响

潘懋元在厦门大学教育系上学时，最先接触到的就是美国的教育理论知识，

① 李均.潘懋元高等教育思想的渊源与中国高等教育学科的创建——基于我国第一部《高等教育学》编写过程及贡献的论述[J].山东高等教育，2015(1)：82-96.

② 潘懋元.潘懋元教育口述史[M].肖海涛，殷小平，整理.北京：北京师范大学出版社，2007：23.

③ 潘懋元.苏维埃伟大教育家马卡伦柯[N].新厦大，1953-11-13(04).

当时的教育系教授中就有从美国师承杜威留学归来李培囿和也是从哥伦比亚大学毕业的阮康成、从加拿大留学毕业的陈景磐等。大学四年先后学习了西方尤其是美国引进到国内的一些教育学和心理学方面的课程：教育学（教育哲学、教育视导、教育统计、比较教育、职业教育、教育社会学等）、心理学（普通心理学、教育心理学、学科心理学、现代心理学派别等）、教学法（普通教学法、测验概要、课程编制、教学实习等）、教育管理（教育行政、学校行政、中等教育、社会教育、中学教务、中学训导等）、教育史（中国教育史、西洋教育史等）。潘懋元认为，大学所学的"教育理论是比较系统的，虽然主要是一些美国的东西，但为我打下了比较扎实的理论基础"①，但同时他也意识到，这些理论并没有与中国教育的实际结合到一起，仍然停留在理论水平上，所以在此后他接触到新的理论时，都会加之思考，考虑其在我国的可操作性。潘懋元在大学主修教育系专业外，还辅修了经济系。王亚南的"高级经济学"课程及其教学方法对潘懋元的方法论形成以及学术沙龙创办有很大影响。此外，虞愚的因明学、叶国庆的中国史、吴士栋的西洋史、邹文海的政治学、谢玉明的物理学以及顾瑞岩的生物学等知名专家的课程都对潘懋元多学科的知识结构与跨学科的方法论形成产生了深远的影响。

在大学时，卢梭的自然主义教育思想也深刻地影响了潘懋元。大学三年级时，他是教育学会会长，参加了四个学生社团——仲尼组、行知组、杜威组、卢梭组中的卢梭组。他说："这个卢梭组和卢梭的自然主义教育主张对我影响比较大，以后的教学生涯中我始终相信，要尊重学生的个性和学生的主动发展。在研究教学理念时，关于教学原则体系我提出了十条原则，其中一条就是'在教师主导下发挥学生自觉性、创造性与独立性原则'。"②此外，美国杜威的民主主义与生活教育理论、布鲁纳的结构主义理论、布鲁姆的教育评价理论、舒尔茨的人力资本理论、克拉克·克尔的大学功用理论及其加州大学系统设计思想，以及英国纽曼《大学的理想》、埃里克·阿什比《科技发达时代的大学》以及南斯拉夫的纳依曼《世界高等教育探讨》等也先后不同程度地影响了潘懋元高等教育思想的形成与发展。这在其不同时期的著述中都有反映。

伯顿·克拉克，美国著名的高等教育学者，研究方向为高等教育、社会学、组

---

① 潘懋元.潘懋元教育口述史[M].肖海涛，殷小平，整理.北京：北京师范大学出版社，2007：76-77.

② 潘懋元.潘懋元教育口述史[M].肖海涛，殷小平，整理.北京：北京师范大学出版社，2007：81.

织学等。基于欧美跨国研究与组织分析，他从内部阐释了大学的运行规律以及高等教育的特性，探讨了高等教育制度变革的要素成分、各种条件以及根源，研究高等教育现代功能的特性对社会发展具有的重大意义，对高等教育思想内容的丰富有着广泛而深刻的理论价值和贡献。他的著作《高等教育新论——八个学科和比较的观点》使高等教育研究视角多样化，其对潘懋元的影响也是显而易见的。潘懋元认为书中内容主要以发达国家的理念和经验为主，对于发展中国家，不在概述的视野中；其次，虽然1998年该书才被翻译成中文出版，但该书成于1977年，无法反映世界高等教育的新发展；再次，在书中的八个学科（领域）外，仍有与高等教育密切相关的学科"被遗漏"。因此潘懋元与其他几位博士弟子，编著了《多科学观点的高等教育研究》一书，与伯顿·克拉克的《高等教育新论》一书成为当代中国高等教育理论多学科研究的经典著作。

马丁·特罗是美国当代著名的教育社会学家，其所创的高等教育大众化理论广为人知，具体内容包括：高等教育大众化三段论、模式论及多元级化质量观等观点。高等教育大众化最早是由滕大春教授（1981）引入我国。这段时间里，学界对高等教育大众化理论的探讨主要停留在介绍上，对其理论的发展研究还是有限的。此后，学者们对我国是否需要实行大众化问题上进行了研究。国家在1999年1月颁布的《面向21世纪教育振兴行动计划》中，明确提出2010年我国高等教育毛入学率要达到15%，[①]，这意味着"要不要实行政策"已经不再是问题，而"怎么办""如何去做"才是学者们所关心的问题。在马丁·特罗理论传入我国时，研究资料很少，潘懋元就组织研究生翻译外国文献，其所指导的博士生谢作栩以此作为博士学位论文的选题进行了深入研究并提出了中国高等教育大众化过渡阶段的新理论。

潘懋元曾到日本进行访问与考察，对日本的高等教育和知名的教育学家喜多村和之、大冲豊、天野郁夫、有本章等人进行了多次交流，并联系派出博士生黄福涛到日本广岛大学联合培养。潘懋元对有本章所提出的"后大众化"理论颇感兴趣。有本章教授任教于日本广岛大学的大学教育研究中心，经过对日本社会、经济、文化等的考察以及对日本教育的体制、经费来源等问题做了深入思考，于1997年撰写《后大众化时期学术机构改革的跨国研究》一文，从学术组织与高等教育大众化之间的关系为出发点，提出了高等教育"后大众化阶段"的相关论述，

① 教育部.面向21世纪教育振兴行动计划[EB/OL].(1998-12-24)[2019-12-11]. http://old.moe.gov.cn/publicfiles/business/htmlfiles/moe/s6986/200407/2487.html.

涉及教学、行政管理、经费预算、高校分类、就业等方面的变化趋势，如本科教育侧重于教学、研究生教育侧重于研究、高等教育的国际化、经费紧张等。[①] 有本章教授站在高等学校的立场上，认为"后大众化阶段"是大众化阶段和普及化阶段之间的过渡阶段。马丁·特罗的高等教育大众化阶段论以及有本章的后大众化理论等对潘懋元及其所指导的博士生谢作栩等后来所提出的中国高等教育大众化过渡阶段及质量观理论具有较大的借鉴意义。21 世纪初期，我国学者对高等教育大众化的研究迅速开展，均以日本、美国的理论作为理论基础。但在潘懋元、谢作栩看来，在中国高等教育大众化的进程中，当量的增长还未达到 15%时，高等教育系统就已经出现局部的质变，呈现出大众化教育甚至是普及化教育的"过渡阶段"的新特征。[②] 可以说，这个"过渡阶段"与有本章教授的"后大众化阶段"在某种程度上有类似性，都是描述大众化进程中两个不同阶段的转化过程。也正是马丁·特罗教授的"三段论"的局限性和有本章教授的新视角，潘懋元等提出了"过渡阶段"论，为发展中国家的高等教育大众化提供了出路。

潘懋元在回顾自己大半生的生涯时曾诙谐幽默地说自己的思想是"封""资""修"。他曾将自己的学习经历戏称为"封""资""修"：所谓"封"，是指早年他的学习经历深受中国传统文化的影响，对中华民族的固有文化与道德伦理形成了较为深刻的认识；所谓"资"，是指青年时期他曾大量接触、学习西方的教育理论，尤其是美国的实用主义教育思想；所谓"修"，是指在建国初期他又大量学习、实践了苏联的教育理论。[③] 在融会贯通中外多种教育理论、学说，以及高等教育发展的比较研究成果的基础上，潘懋元才有了关于中国高等教育发展的创造性认识与理论创造。潘懋元不是一位崇尚空谈、脱离实际的革命幻想主义者与书斋教书匠，其思想理论坚定地立足于中国高等教育的改革与发展的实践，深深地扎根于中国社会主义现代化建设的大地上，他是一位清醒的、理智的革命理想主义与革命现实主义相结合的马克思主义者，是一位伟大的高等教育理论研究与实践变革的实践理性主义者！就其思想理论体系的总体哲学倾向是国家主义的政治论哲学。挪威学者阿里·谢沃在其《潘懋元教育哲学》一文中说道："潘懋元教育哲学深得中国传统文化精髓，深谙中国现当代思想与教育需求，理性汲取西方主

① 孙上.潘懋元高等教育思想研究[D].南昌大学硕士学位论文，2018：5.

② 潘懋元，谢作栩.试论从精英到大众高等教育的"过渡阶段"[J].高等教育研究，2001(2)：3.

③ 潘懋元.潘懋元教育口述史[M].肖海涛，殷小平，整理.北京：北京师范大学出版社，2007：114.

要教育哲学精华，将不同渊源的文化思想有机融合，彰显出独特神韵。潘懋元集教师、管理者、研究者三种角色于一身，融实践理性思维、规范理性思维、分析理性思维于一炉，兼采儒家中庸之道，铸就了其教育哲学理论和实践的双重品行”；“从全球史角度考察，他的教育哲学不仅植根于中国古代传统，特别是儒学和现代中国教育的需求，同时借鉴古希腊本质主义、欧洲大陆百科全书派、综合技术主义及美国进步主义等西方主要教育哲学流派”。[①] 阿里·谢沃的观点与话语表述是从一个西方学者的视角对潘懋元先生的评价。

（五）潘懋元高等教育思想的实践来源

理论来源于实践。潘懋元博大精深的高等教育思想体系来源于80余年的教育实践。众所周知，潘懋元先生从15岁就开始了小学教师的生涯。1941年考入厦门大学教育系，成为厦门大学1941级教育系的学生。1945年，潘懋元取得教育学学士学位，他的毕业论文题目为《中国的劳工教育》。毕业后，潘懋元先后在长汀县立中学、江西零都县立中学与葆龄女中任教，担任过国文、历史任课教师以及教务主任等职。随后，潘懋元受时任厦门大学校长汪德耀的委托，回到厦门重建厦大附属小学，并担任厦门大学教育系助教与附属小学校长，从此开启了潘懋元教育实践的新篇章。自1946年到厦门大学至今，潘懋元已经在厦门大学工作了70余年，可以说，厦门大学是潘懋元教育实践的主要基地。潘懋元先是复建厦大附属小学，后担任厦门大学教务科科长，推进教学改革，随后担任教务处副处长。他与同事一同编写了《高等学校教育学讲义》，这是在我国建立高等教育学学科方面进行了初次的探索，为后来我国高等教育学学科的诞生奠定了重要的基础。在编写期间，潘懋元通过《高等专业教育问题在教育学上的重要地位》一文，向社会第一次正式提出建立一门高等学校教育学，此文也成为中国高等教育史上的经典文献。改革开放后，潘懋元又开始了高等教育的理论研究与学科建设。

纵观潘懋元的教育实践活动：15岁开始从教，至今85年，曾任教于小学、初中、高中与大学；在行政职务上，他担任过小学校长，中学教务主任，大学教务处副处长、处长，大学副校长等重要职务。其教学与管理经验之丰富，其历经中国高等教育之演变，可谓举世罕有人比。无疑，这些在中国教育界极为难得的经历成为潘懋元对中国高等教育理论和实践两方面都能够产生重要影响的基础与独

---

① 阿里·谢沃.潘懋元教育哲学[J].李良方，译.李福春，校.山东高等教育，2015(4):89-95.

特条件。正是其百年丰富的教学教育与管理实践才催生出其博大精深的高等教育理论体系，也才正如中国教育科学院副院长、《教育研究》前主编高宝立曾在不同的场合说过："潘懋元先生的理论无论什么时候读来都觉得永远正确，对中国高等教育的改革实践永远具有指导意义。"就其根源就在于他的理论是来源于自身80余年的丰富教育实践和中国近百年高等教育演变经验与教训的总结。诚如教育部在祝其从教65周年的致函中所说，潘懋元作为教育理论研究者，对创立高等教育学科，丰富和发展高等教育理论体系有着重要贡献；作为教师，培养了大批高层次教育人才，对我国高等教育理论研究队伍有着重要贡献；作为教育活动家，对我国若干重要教育改革决策提出了许多意见和建议，对我国高等教育决策的科学化有着重要贡献。[①]

二、潘懋元高等教育理论体系的理论核心

(一)"高等教育特点论"及其在高等教育学研究上的应用

潘懋元所创立的高等教育学的一个本质特征就在于高等教育具有不同于普通教育的特殊性。高等教育学之所以可以成为一门独立的学科，就是因为高等教育具有许多普通教育所没有的特殊问题和特殊规律。这些特殊问题和特殊规律是一般的普通教育学不能直接解决的，因而有必要建立一门新的学科——高等教育学。高等教育学的研究对象是"高等教育方面的特殊问题和特殊规律"。[②]要深入探讨这些特殊问题和特殊规律，就必须首先抓住高等教育的基本特点。

如前所述，受庄泽宣观点的启发与影响，早在1957年《高等学校教育学讲义》中，潘懋元就提出了高等教育的两个基本特点。可惜这一重要理论同讲义一起被湮没了20多年之久。在第一部《高等教育学》中，他在原来研究的基础上，在教育内外部关系规律的指导下，重新提出高等教育的两个基本特点："高等教育是建立在普通教育基础上的专业教育，以培养专门人才为目标"；"一般全日制大学本科学生的年龄是二十岁左右的青年，他们的身心发展已趋于成熟"。[③]

---

① 阿里·谢沃.潘懋元——一位中国高等教育学科的创始人[M].北京：高等教育出版社，2006：158.

② 潘懋元.高等教育学：上册[M].北京：人民教育出版社；福州：福建教育出版社，1984：40.

③ 潘懋元.高等教育学：上册[M].北京：人民教育出版社；福州：福建教育出版社，1984：66-67.

前者是高等教育的本质特点;后者是高等教育的固有特点。他所归纳的高等教育的两个基本特点,已不仅仅是一种观点,而是一种理论,称为“高等教育特点论”。该理论不仅揭示了高等教育的基本特点,还为高等教育研究提供了一个重要的理论基础。潘懋元认为:“正是由于高等教育具有这两个基本特点,因而产生了许多特殊的问题。有的问题表面看来似乎与上述两个特点无关,但追根溯源,也是由上述一个或两个基本特点间接派生出来的。”因此,“研究高等教育,如果抓住了高等教育区别于普通教育的基本特点,那么,对于各种各样、大大小小的特殊问题,就比较容易理解,也比较易于掌握各个层次的特殊规律”。① 第一部《高等教育学》正是按照这一思路来分析和研究高等教育的各种特殊问题和特殊规律,从而提出了不少新理论、新观点。

例如,人才培养历来是学校的社会职能,那么,高等学校除了人才培养之外,还有什么职能呢?第一部《高等教育学》把开展科学研究和各种形式的社会服务也作为高等学校的职能。② 这是因为高等教育是专业教育,是培养专门人才的学校,拥有大批从事科学研究的专家、学者,拥有大批具有一定科研能力的研究生和本科生,还具有先进的仪器设备和科研场所,可以承担科学研究的职能。也正是因为高等教育是专业教育,它与社会政治、经济、文化各个领域的关系比普通教育更为密切,有条件和能力直接为社会服务,解决社会各部门的实际问题。该书提出高等学校的基本职能是培养高级专门人才,也是依据高等教育的本质特点提出来的。高等学校的“三职能说”虽然在国外早已存在,但第一部《高等教育学》运用“高等教育特点论”,并结合中国实际加以阐述后,在高等教育领域产生了广泛的影响。③

又如,一般的教育理论认为,教学过程是一个特殊的认识过程。那么,高等学校教学过程又具有什么特殊性呢?第一部《高等教育学》把高等学校教学过程的特点归纳为三点:“明确的专业目的性,或称职业倾向性”;“对大学生学习的创造性与独立性有更高的要求”;“把科学研究引入教学过程”。④ 很显然,这三个特点是由高等教育的两个基本特点派生出来的。

搞清楚高等学校教学过程的特点以后,高等学校教学原则和教学方法的特

① 潘懋元.高等教育学:上册[M].北京:人民教育出版社;福州:福建教育出版社,1984:4,3.

② 潘懋元.高等教育学:上册[M].北京:人民教育出版社;福州:福建教育出版社,1984:4-5.

③ 李均.潘懋元高等教育思想的渊源与中国高等教育学科的创建——基于我国第一部《高等教育学》编写过程及贡献的论述[J]. 山东高等教育,2015(1):2,82-96.

④ 潘懋元.高等教育学:上册[M].北京:人民教育出版社;福州:福建教育出版社,1984:37-38.

点就比较容易找到。于是,"专业性与综合性相结合""教学与科研相结合""少而精"等高等学校特有的教学原则和"现场教学""自学指导""科研训练"等具有鲜明高等教育特色的教学方法在第一部《高等教育学》中应运而生,这些原则和方法的提出丰富了现代教学论的内涵。虽然,该书所提出的许多教学原则、教学方法在名称上与普通教育学的提法比较接近,但根据高等教育基本特点和高等学校教学过程的特点,赋予了它"高等教育的内涵"。例如,高等教育学和普通教育学都提出了科学性与思想性相结合原则,但两者的内涵和基本要求有较大差异。因为高等教育是专业教育,也因为大学生的身心发展趋于成熟,所以,单就科学性而言,在保证科学的正确与严肃性的同时,"并不排斥非科学的以及在科学上尚不成熟的理论"。①

(二)高等教育的"内外部关系规律"理论

1980 年 11 月 8 日至 20 日,潘懋元应第一机械工业部(一机部)教育局之邀,到湖南大学为一机部所属院校领导干部教育科学研究班作了题为《高等教育学及教育规律的问题》的报告。在报告中,他第一次提出了教育内外部关系规律理论,该理论为《高等教育学》的编写以及以后的高等教育研究奠定了一个重要的理论基础。可以说,潘懋元高等教育思想的精髓就是"高等教育的内外部关系规律"。

20 世纪 50 年代,世界各国的高等教育事业进入了快速发展的时期,而此时的中国百废待兴,加之亲苏批美的政治导向,我国的高等教育研究主要集中于学习苏联模式、批判美帝教育理论和对我国高校教育教学的总结上。潘懋元对高等教育的研究主要集中于教学上。在这一时期,政治是压倒一切的,一系列的政治命令、政治运动对潘懋元的影响极大。毛主席发出"干部变外行为内行"最高指示,大学干部也要学点教育学,所以 35 岁的潘懋元受校长王亚南的委托为厦门大学干部和教师开设了教育系列讲座,这促使潘懋元的研究方向开始转向了高等教育。著名的《高等学校教育学讲义》以及《高等专业教育问题在教育学上的重要地位》就是他及其所领导的教研组在此阶段所思考、研究而完成编写的。正当潘懋元踌躇满志地想要继续推进高等教育学学科建设时,一场场无情的政治运动席卷全国,"反右运动""大跃进运动"以及"文化大革命",这连续不断的政治

① 潘懋元.高等教育学:上册[M].北京:人民教育出版社;福州:福建教育出版社,1984:158-159.

风暴中断了潘懋元的高等教育研究，更是使我国高等教育学学科建立的进程推迟了20多年，我国高等教育研究也错过了与世界同步发展的良机。尤其是“文革”期间，潘懋元虽未受到迫害，但他目睹了我国各界所受到的空前浩劫，而这其中尤以教育为甚，教育水平下降，人才与科学发展出现了断层，这是不可挽回的损失。潘懋元经历了这一切，同时也慨叹外部因素对教育本身的影响实在巨大，所以潘懋元在对教育规律以及高等教育发展的思考上，对除教育本身外的因素都极为重视，从而产生了教育的外部关系规律的主张。

以1977年恢复高考为起点，此阶段我国的高等教育发展进入了一个新的阶段，1978年中国共产党召开十一届三中全会，纠正“左”的错误，并确立了党和国家发展的基本路线，中国的教育与科学研究就迎来了发展的春天。在教育领域，高考制度的恢复拉开了拨乱反正的序幕，改革开放推动了高等教育事业的恢复和发展。此阶段，高等教育的研究主要集中在高等教育学科体系建设以及高等教育的规律上。在这段时间里，潘懋元、朱九思、刘佛年、薛天祥、蔡克勇等纷纷呼吁要开展高等教育理论及其规律的研究，潘懋元在1978年分别发表了《必须开展高等教育的理论研究》与《开展高等教育理论的研究》两篇文章，再次提出建立高等教育学科的设想。此外，鉴于“文革”时期各个领域不按规律发展而导致的问题，各行各业都开始遵循规律办事，在这种背景下，教育领域需要按照自身规律发展则成为新时代的需要，这也是广大教师的心声。至于什么是教育规律，潘懋元则给出了答案。潘懋元从教育的功能着手分析，在湖南大学首次提出了教育的两条基本规律，即著名的外部关系规律与内部关系规律。

“文革”结束后不久，理论界开展了一场影响深远的，关于教育究竟是“上层建筑”还是“生产力”的论争。在这场论战中，各方都有其合理的论证，虽未形成统一的结论，但却在很大程度上解放了人们的思想，唤醒了人们对教育基本理论问题的关注。潘懋元不仅参与了这场论争，发表了《在教育是否属于上层建筑讨论中若干有待商榷的问题》[①](1979)一文。更为重要的是，他开始着重思考教育与社会经济、政治、科技、文化等方面的关系。在他看来，高等教育发展在历史上出现的种种失误，是因为教育与经济、政治、文化发展不相适应，即违反客观规律所致，故而在高等教育学科发展中，研究高等教育发展规律是解决高等教育发展面临的根本问题的关键。他认为，人与社会是教育的两端，而教育是人与社会关

① 潘懋元.在教育是否属于上层建筑讨论中若干有待商榷的问题[J].学术月刊，1979(12)：67-71，32.

系的中介，因此，可以从教育“促进人的发展”与“促进社会发展”两大基本功能入手，探索、归纳教育的基本规律。1980年潘懋元在为一机部所属高校领导干部教育科学研究班讲学时第一次提出，教育基本规律有两条：一条是外部规律，另一条是内部规律。外部规律即“从整个社会来说，教育跟政治经济其他社会现象的关系，教育所摆的位置和在社会中所承担的任务”。可表述为“社会主义教育必须通过培养全面发展的人为社会主义社会的发展服务”，或表述为“社会主义教育必须通过培养全面发展的人为社会主义的政治、经济的发展，生产力的发展服务”。教育的内部规律可表述为“社会主义教育必须通过德育、智育、体育培养全面发展的人”①。1983年，在他编写的《高等教育学讲座》中对教育规律论做了进一步的阐述和分析，其中对教育外部关系规律的表述还做了一定的修正：“教育的外部规律是指教育与政治、经济、文化的关系。这条规律可以这样表述：‘教育必须与社会发展相适应。’也就是：‘社会主义教育必须与社会主义社会发展相适应’。适应，包含两个方面的意义：一方面教育要受一定社会的政治、经济、文化科学所制约；另一方面教育必须为一定政治、经济、文化科学服务。所以，这条规律也可以表述为：‘教育必须受一定社会的政治、经济、文化科学所制约，并为一定社会的政治、经济、文化科学服务。’”②因此，从1980年潘懋元在湖南大学第一次正式提出“教育的内外部关系规律”，并在此后编写《高等教育学讲座》等著作时对其进行了表述上的修正。在这些论著中，教育的外部关系规律通常简略表述为“教育必须与社会发展相适应”③，教育的内部关系规律则一般表述为“教育必须全面地协调德育、智育、体育、美育，使学生全面发展”或“教育必须通过德育、智育、体育、美育，使受教育者全面发展”④。就二者的关系而言，教育内部关系规律的运用要受外部关系规律的制约，而外部关系规律又只能通过内部关系规律来实现。⑤

虽然关于教育基本规律的认识广泛地存在于前人的著述中，但潘懋元是明确以“内外部关系规律”来指称并系统阐述教育规律的第一人。教育基本规律思想的提出，对当时的教育理论研究、教育实践探索，尤其是高等教育研究与实践产生了深刻的影响，且这种影响一直延续至今。首先，教育基本规律思想贯穿了

---

① 潘懋元.高等教育学及教育规律问题[M].长沙：湖南大学教务处编印，1980.

② 潘懋元.高等教育学讲座[M].北京：人民教育出版社，1983：34.

③ 潘懋元.教育的基本规律及其相互关系[J].高等教育研究，1988(3)：1.

④ 潘懋元.潘懋元文集：卷二[M].广州：广东高等教育出版社，2010：523.

⑤ 潘懋元.新编高等教育学[M].北京：北京师范大学出版社，2009：13.

高等教育研究科学化与学科化的全过程，推动了高等教育学科理论体系的建立与完善。教育基本规律思想的提出使高等教育学的理论体系、基本范式的建立有了较为稳固的基础。无论是对潘懋元本人还是对其他研究者，无论是对当时还是现在的高等教育研究，教育基本规律思想都起到了重要的支持与牵引作用。潘懋元浩繁的研究领域中的诸多议题，比如，高等教育与商品（市场）经济的关系、高等教育与文化传统及文化创新的关系、新科技革命对高等教育的挑战、高校的教学原则与教学方法等，几乎都建立在其教育内外部关系规律思想的基础之上，是对教育基本规律思想的具体应用。同时，潘懋元在内部关系规律的观点中反复强调"要按照培养人的逻辑和规律去办教育"①他明确反对"不管教育内部关系规律的作用，只强调教育外部关系规律的作用，甚至以经济规律、政治规律来代替教育规律，即所谓教育政治化、教育商品化或市场化，也将导致教育质量下降，贻误人才的培养"②。可以说，教育基本规律思想是潘懋元高等教育思想体系的核心之所在。

教育基本规律理论强调"全面适应"而非"片面适应"。潘懋元讲制约教育的各个社会子系统之间、各种外部因素之间是密切联系、相互制约的。"如果教育只是强调与某一方面、某一因素的发展相适应而忽视其他方面的适应问题就可能导致片面性的失误"，"教育与社会发展适应是全面的适应，任何只强调某一方面的适应而不顾其他方面是否适应，这种片面性的所谓'适应'必将走向全面的不适应"。③ 比如单独强调教育为无产阶级政治服务，或者单独强调为经济建设服务都是不全面的。

教育基本规律理论强调"主动适应"而非"被动适应"。"人们往往把主动适应作为'紧跟'的同义词使用，以为只要紧跟政治、经济形势，就是主动适应。"④对外部环境不加选择地适应一切，不发挥主观能动性就是被动适应。"一定社会的政治、经济、文化在其发展过程中，往往存在积极面与消极面……教育主动适应经济与社会的发展，指的是对积极面的适应，而不是不加判别去适应一切，包括不利于社会进步的消极的、落后的、偏差的、错误的东西。所谓主动，就有个主体

① 潘懋元，王伟廉.引进竞争机制与教育规律的关系[J].江苏高教，1989(1)：20-23.

② 潘懋元.教育基本规律及其在高等教育研究与实践中的运用[J].上海高教研究，1997(2)：1-7.

③ 潘懋元.高等教育：历史、现实与未来[M].北京：人民教育出版社，2004：151.

④ 潘懋元.高等教育：历史、现实与未来[M].北京：人民教育出版社，2004：152.

自觉地判断与选择的作用。”①

从20世纪80年代中期开始，他先后运用教育规律论探讨了高等教育如何迎接新技术革命挑战、民办高等教育发展、高等教育地方化、高等教育与商品经济（市场经济）的关系、文化传统与高等教育的关系、高等教育大众化等重大理论问题。与此同时，教育规律论也为越来越多的教育研究工作者，尤其高等教育研究工作者所接受，成为他们研究问题、解决问题的重要理论。1989年潘懋元提出“在新的经济体制之下，过去那种国家包办的单一僵化的旧教育体制就必须进行改革”。②

潘懋元的教育内外部关系规律提出后引起了教育界的广泛关注，在很大程度上影响了教育理论与实践工作者的认识与思维方式，对我国高等教育的宏观发展与微观改革起到了重要的指导作用。尽管其确实引发了一些争议和讨论，但这客观上更促进了这一思想的传播与完善。随着教育基本规律思想在教育研究与实践中的广泛运用，其科学性也不断得以证明。比如，潘懋元基于教育外部关系规律对高等教育与市场经济关系的把握，在很大程度上预估了改革开放以来社会主义市场经济对高等教育发展的影响趋势；他基于教育内部关系规律提出的大学素质教育思想，为当代大学教育改革指明了方向，并从20世纪90年代中期开始直接或间接地影响了国家各级教育主管部门的教育决策。由此可以看出，潘懋元之所以能够在高等教育方面做出诸多具有前瞻性、预测性的理论成果，并能为我国高等教育政策制定、高等教育实践发展提供适切的指导，一方面源于他有着长期的、丰富的研究与实践经验，另一方面即因为他牢牢把握、合理地运用了教育的基本规律思想。

在高等教育改革发展的研究上，潘懋元主要对高等教育体制改革进行了研究，具体涉及大学定位与分类问题、市场化问题、教育实践问题、高校职能问题等。1984年中共十二届三中全会提出发展有计划的商品经济，1992年中共十四大提出发展社会主义市场经济，国家随之提出了对教育体制进行改革。在这样的时代大背景下，潘懋元对市场经济对高等教育冲击的关注是最大的，潘懋元提出应正视市场经济对高等教育冲击的必然性，并通过教育体制的改革来主动适

① 潘懋元.高等教育：历史、现实与未来[M].北京：人民教育出版社，2004：152.

② 潘懋元，王伟廉.引进竞争机制与教育规律的关系[J].江苏高教，1989(1)：20-23.

应。[①] 那么该如何对教育体制进行改革呢？结合教育的外部规律，潘懋元也对此进行了系统的分析，如高等教育的地方化、高校减少行政干预、重构民办高等教育体制等。[②]

值得注意的是，潘懋元先生在运用外部关系规律分析高等教育问题时，也不断强调要深入研究高等教育的内部规律，加强高等学校的内涵建设，提高人才培养的质量。他指出："由于高等教育与市场经济的关系只是高等教育外部关系的一个方面，不可过分关注而忽略了内部关系，这样将导致理论研究的片面性。"[③] 所以研究趋势不断向高等教育外部因素转移的同时，仍要对内部因素进行研究以避免出现理论研究上的浮躁现象和实践中的混乱状况。如近年来，潘懋元一再倡导要从"回归大学的根本"[④]做起，应更加重视教学，更加重视微观教学研究。"宏观的理论研究、宏观的政策研究是重要的，它为高等教育的改革、发展指明了方向。但是，所有的宏观的理论、宏观的政策，它只有通过微观的教学过程才能够进入人才培养的实践"，"因此，应该有更多的人用更多的时间、精力，在微观教学过程，在培养专门人才的实践性问题上"，"现在觉察到这个问题，正在帮助组织人力进行教学质量建设的协同创新研究。质量建设主要是微观教学方面"，"希望年轻的教育理论工作者和我的同仁、我的学生，能够重视微观教学过程方面的研究，包括课程、教材、教法，也包括评估，等等。这样，才能使我国高等教育研究真正深入到实践中去。今天，我在这里只能够表达我的反省和期望"。[⑤] "微观教学研究主要指课程、教材、教学方法，以及教师发展方面的研究。"[⑥]

（三）高等教育多学科研究的方法论

1988 年，伯顿·克拉克（Burton Clark）主编的《高等教育新论：多学科的研究》在国内翻译出版后，对国内高等教育学科研究影响很大。克拉克组织 8 位专家分别从历史学、政治学、经济学、组织学、文化学、科学学、社会学和比较学的不同视角研究高等教育问题，开创了一种新的研究框架。潘懋元给予很高评价，认

---

① 潘懋元.高等教育主动适应经济与社会发展的理论思考——在第二次全国大学教育研讨会上的发言[J].教育评论,1989(1):1-4.

② 潘懋元.高等教育改革与社会主义市场经济的关系[J].中国高等教育,1992(11):8-10.

③ 潘懋元,朱国仁.高等教育的基本功能:文化选择与创造[J].高等教育研究,1995(1):1-9.

④ 潘懋元.从"回归大学的根本"谈起[J].清华大学教育研究,2015(4):1-2,9.

⑤ 潘懋元.高等教育研究要更加重视微观教学研究[J].中国高教研究,2015(7):1.

⑥ 潘懋元.对高等教育若干问题的思考[J].西北工业大学学报(社会科学版),2018(2):26-30.

为："从更广泛的意义上进一步说，这是一本高等教育方法论的专著，为从多学科观点研究高等教育开辟了一条新的路子。"[①]

在该书的影响下，潘懋元认为："高等教育学独特的研究方法可能就是多学科研究方法，多学科的高等教育研究，对于高等教育理论体系的建设，是一项重要的准备工作。"[②]因此，他组织了 11 位专家分别从 11 个学科入手，对高等教育的本质、功能、价值进行了全新的探讨。他认为，心理学的观点、哲学的观点、系统科学的观点同样重要并且更加密切，需要纳入高等教育多学科研究体系中来。不仅如此，他还把多学科研究方法与高等教育学科建设和教育内外部规律联系起来，并赋予更大的学术价值和意义。他认为："高等教育的基本理论，无论是宏观的外部关系研究还是微观的结构研究，都涉及诸多学科，需要诸多学科的支持，从多学科、多视角进行审视、探索，才能比较全面和深入理解高等教育的本质、功能、价值，掌握高等教育的内外部关系规律。"[③]他对哲学方法、文化学方法、政治学方法、统计学方法、经济学方法、历史学方法、管理学方法、社会学方法、心理学方法和生态学方法等，以及对高等教育研究的影响进行了评述。《多学科观点的高等教育研究》从多学科角度对高等教育进行深入探讨，推动了多学科研究方法、世界高等教育发展新趋势与中国高等教育实践的研究结合。潘懋元主编的《高等教育研究方法》[④]，是其多学科观点的高等教育研究的深化，构建了高等教育研究的方法体系，对高等教育研究的基本方法论、定量与定性研究方法的类型等进行了详细阐述。他特别重视多学科的研究方法，他认为，高等教育是一个复杂的、多层结构的开放系统，必须从不同的学科观点，运用不同的学科方法，才能比较全面和深入地理解高等教育。高等教育现实问题不能脱离当时的社会、政治、经济、教育、文化背景，需要以多学科为视角，才能缕清发展脉络，剖析因果关联。在此基础上，才能对当时高等教育研究形成全面的认识。仅仅就教育论教育，就容易浮于表面，失之偏颇。潘懋元曾说："研究教育史，既要用望远镜，又要用显微镜。"[⑤]既要深入到教育现象的内部，又要联系社会发展的大背景，做到视野开阔，探究其本质特征和内部诸因素之间的关系。

综观潘懋元的高等教育理论体系，其学术见解深刻独到，思想理论全面且系

① 潘懋元.多学科观点的高等教育研究[J].高等教育研究，2002(1)：10-17.

② 潘懋元.多学科观点的高等教育研究[J].高等教育研究，2002(1)：10-17.

③ 潘懋元.多学科观点的高等教育研究[J].高等教育研究，2002(1)：10-17.

④ 潘懋元，陆根书，王洪才.高等教育研究方法[M].北京：高等教育出版社，2008.

⑤ 潘懋元.多学科观点的高等教育研究[J].高等教育研究，2002(1)：10-17.

统，学术成果丰富多样。潘懋元的高等教育思想深刻而恢宏、博大而思精，在我国高等教育改革与发展实践中发挥了重大而深远的影响。2000 年 9 月 21 日，教育部专门向厦门大学发了“庆祝潘懋元教授从教 65 周年暨 80 华诞贺信”，其中提道：“作为一位优秀的教育活动家，对我国若干重要教育改革决策提出了许多宝贵的建议和意见，为我国高等教育宏观决策科学化做出了重要贡献。”[①]而这一切都源于潘懋元先生那种海纳百川、有容乃大的气魄，源于其自强不息、止于至善的风范，源于其虚心学习、善于学习、甘于寂寞、勇于创造的精神，源于其求真求用、理论与实践相结合的价值追求。

The Origin, Practical Foundation and Kernel of Pan Maoyuan's Ideological and Theoretical System of Higher Education

Dong Liping
(Institute of Economics and Management of Higher Education,
Xiamen Technological University, Xiamen, Fujian 361024, China)

Abstract: Pan Maoyuan's ideological and theoretical system of higher education has gradually taken shape in the process of continuous thinking, sublimation and creation on the basis of continuous absorption, reference and integration of the essence of outstanding thoughts of ancient and modern educational thinkers at home and abroad. Deeply influenced by Chinese traditional culture and multiple educational thoughts of the Chinese modern educators, Marxist the Soviet Union educators and western educators, Pan Maoyuan has gradually advanced his extensive, profound and well-structured thoughts and theories of higher education with Chinese characteristics, Chinese manners and styles in the process of the persisting reflections on his teaching and managing practice and experience for more than 80 years. The Kernel of Pan Maoyuan's theoretical system and profound thoughts consist of the "two basic characteristics", "the law of internal and external relations" and the methodology of multidisciplinary perspectives.

Key words: Pro. Pan Maoyuan; educational thought; higher education

① 潘懋元.潘懋元文集:卷八[M].广州:广东高等教育出版社,2010:194.

潘懋元高等教育思想体系的宏观结构特征扫描*

王　琪　车如山**
（宁波职业技术学院　高教研究所，浙江　宁波　315000；
兰州大学　高教研究院，甘肃　兰州　730000）

摘　要：作为高等教育学科的奠基人、开拓者，潘懋元先生的研究几乎涵盖高等教育研究的所有领域。其高等教育思想体系以教育内外部关系规律为基础，以人才培养为核心构建高等教育学科体系，分类定位理论为高等学校发展提供指导框架。其高等教育理论研究的动力来源于深切的实践关怀，并把预测预警作为理论研究者的社会责任。

关键词：潘懋元；高等教育研究；思想体系；结构特征

潘懋元先生是我国高等教育学科的开拓者，创造了中国高等教育学科的多个"第一"；在85年的从教生涯中，为我国高等教育研究领域培养了大批杰出人才。他"集多种传统之大成"，①一生坚守于高等教育研究和实践一线，毕生致力于将高等教育作为一门学科在中国建立起来。② 他的许多研究成果直接转化为我国的高等教育政策，有力地推动了高等教育实践健康发展。潘懋元先生的高等教育思想受到国内外学者的广泛关注，研究成果不断涌现，既加深了潘懋元高等教育思想本身的认识，也丰富了高等教育理论研究成果。系统梳理潘懋元先生高等教育思想体系的结构特征，对于加深高等教育研究的理论认识，认清高等

* 基金项目：国家社会科学（教育学）基金一般项目"'双一流'背景下中国特色高水平应用技术大学差别化发展研究"（BIA170239）。

** 作者简介：王琪（1981－　），男，安徽临泉人，教育学博士，宁波职业技术学院高教研究所所长，研究员，研究方向为高校教师发展；车如山（1965－　），男，教育学博士，兰州大学高等教育研究院副教授，兰州大学格鲁吉亚研究中心主任，研究方向为高等教育理论。

① 许美德.思想肖像·中国知名教育家的故事[M].周勇，等译.北京：教育科学出版社，2008：95-112.

② 阿里·谢沃.潘懋元——一位中国高等教育学科的创始人[M].北京：高等教育出版社，2006：前言.

教育实践问题具有重要的现实意义。

一、潘懋元先生高等教育思想现有研究概览

梳理已有文献可以发现，当前关于潘懋元先生高等教育思想研究的成果大致分为三类：(1)对潘懋元先生高等教育思想的总体研究；(2)对潘懋元先生关于高等教育某一主题思想的研究；(3)对潘懋元先生治学精神以及人才培养思想和实践等多个方面研究。

1.潘懋元先生高等教育思想的总体研究

总体上看，潘懋元先生的高等教育思想"主要包括以高等教育学科范式思想、教育基本规律思想等为代表的元高等教育学思想；以高等教育发展的中国道路思想、中国高等教育大众化思想、终身教育思想等为代表的高等教育宏观发展思想；以高校课程与教学论思想、高校教师教育与教师发展思想等为代表的高等学校教育教学思想；以及以民办高等教育发展思想、高等职业教育发展思想、应用型本科教育发展思想等为代表的高等教育分类发展思想"等。① 其思想由"慈爱、包容、开放和务实"作为内在支撑，形成了"一元三维"的价值模式。其中，"慈爱精神是潘懋元教育思想的灵魂，而包容、开放、务实则是具体载体"，从两条规律学说，"到他对高职教育和民办高等教育的关爱呵护，再到坚持采用多学科视野来发展高等教育学科等，都渗透着潘懋元的慈爱、包容、开放和务实精神，这几种精神在他的日常教学生活中有机地融为一体"。② 有学者梳理潘懋元先生20世纪80年代中期至本世纪前10年的研究后认为，先生在"从事高等教育基本理论研究的同时"，对中国高等教育改革的重要现实问题开展研究，并"提出了一系列关于中国高等教育发展的理论"。相关研究大体可以分为高等学校教学改革、经济体制改革对高等教育的影响和冲击、民办高等教育、21世纪中国高等教育的发展趋势和应对之策、中国高等教育大众化、中国高等学校分类定位以及中国高等教育学制改革等七个领域，这些研究"对实践产生了积极的影响""诠释了高等教育应用理论的解释力，显示了高等教育应用理论的意义和价值"。③ "立足于中国高等教育发展与改革中的真问题，通过科学取证、合理推导的研究过程，从理

① 别敦荣，李家新．潘懋元高等教育思想论纲[J]．山东高等教育，2015(7)：71-84.

② 王洪才．"一元三维"：论潘懋元教育思想的内在逻辑[J]．山东高等教育，2015(8)：72-79.

③ 周川．高等教育应用理论的解释力——潘懋元教授与中国高等教育发展理论研究[J]．高等教育研究，2010(8)：22-25.

论上去服务实践、指导实践，成为潘懋元高等教育研究的基本特征”。[①] 潘懋元先生“始终站在国际国内高等教育研究的最前沿”，“积极参与国际高等教育理论大厦的构建，为世界高等教育学术研究提供了中国模式”。[②] 正如有专家评论的那样，开创高等教育学科、培养大批高等教育研究的优秀学者、提携后来者是潘懋元先生贡献的主要表现。[③] 其学术思想形成首先源自高等学校人才培养的需要，他以强烈的使命感推动高等教育学学科建设，以理论研究者崇高的社会责任感指导实践发展，并在此过程中不断丰富和发展自己的学术思想。[④] 自始至终地秉持的本土化立场、实践化立场、平民化立场和科学化立场，使“潘懋元高等教育学”具有强大的理论力量。[⑤]

2.潘懋元先生高等教育思想的专题研究

关于潘懋元先生高等教育思想的专题研究数量较多，涉及高教理论和实践的多个方面。如教育规律、高等教育学科建设思想、高等职业教育教育思想、考试思想、素质教育观、全面发展教育观、现代大学治理思想等。潘懋元先生提出的科学分类、理性定位、分类评估等高校特色发展理论对于推进我国高等教育发展具有重要的指导意义。[⑥] 有专家评论道：潘懋元先生提出的“两个规律论”“教育适应论”是历史的必然，强调教育要适应社会政治、经济、科技文化的发展并为其服务，在理论上、实践上对我国高等教育的发展、社会的发展起了积极的推动和引领作用。[⑦] 潘懋元先生主编的第一部《高等教育学》“奠定了我国高等教育学科发展的基础”，“引导着起步阶段我国高等教育学科研究的发展方向，开启了学科体系研究与构建的潮流”；“建立学科体系”“拓展学科视野”“关注改革实践”突

---

① 刘少雪.立足实践　服务实践　指导实践——论潘懋元高等教育研究的逻辑特征[J].山东高等教育，2016(5)：85-92.

② 李盛兵.潘懋元高等教育思想：全球化视角[J].山东高等教育，2016(12)：77-84.

③ 张楚廷.潘懋元的贡献[J].大学教育科学，2015(5)：9-12.

④ 刘承波.从时代要求到社会责任——试论潘懋元高等教育思想的形成与发展[J].山东高等教育，2015(11)：91-96.

⑤ 刘振天.理论的力量何以可能——潘懋元高等教育学及其研究立场[J].山东高等教育，2015(5)：85-96.

⑥ 韩延明.中国高校必须强力推进特色发展——研读潘懋元先生高校特色发展理论之感悟[J].高等教育研究，2010(8)：35-41.

⑦ 杨德广.再论潘懋元的“两个规律论”和“适应论”——与展立新、陈学飞商榷[J].山东高等教育，2015(9)：74-81.

显了高等教育学科建设的中国特色。[①] 其学科建设思想可以概括为立足实践、推动学科理论研究、理论研究和实践应用相互促进发展、倡导本土意识、推动高等教育学国际化等五个方面。[②] 潘懋元作为"倡议者、筹建者、领导者和引领者,对全国高等教育学研究会的筹备、创建、创新与发展做出了不可磨灭的历史性重大贡献"。[③] "他坚持以独立学科为目标、以人才培养为核心、以多学科研究为方法,坚持理论与实践相结合,中国化与国际化协调发展,使我国高等教育学在世界上独树一帜",[④]其高等教育大众化的"过渡阶段"理论,对中国高等教育理论发展具有重要的现实意义。[⑤] 在教育主权与教育产权关系的研究方面,其观点主要可概括为"教育主权捍卫论、教育主权与教育产权分隔论、捍卫教育主权前提下的教育产权明晰论"。[⑥] 其建立高等职业教育独立体系的思想已成为我国高等职业教育理论的重要来源,并对我国高等职业教育的改革发展发挥了重要作用。[⑦⑧⑨] 其民办高等教育思想"扭转社会公众观念""建言政府政策法规""树立民办教育信心"等方面彰显了重视的实践价值。[⑩] 潘懋元先生在高等教育理论和历史研究中坚持"论从史出""古为今用""实事求是""以论论史"的原则,倡导"古为今用"的教育史研究导向,形成鲜明的实践性特色和实事求是的治学风范,取得了丰硕的教育史学研究成果。[⑪] "潘懋元教授大学治理思想坚持现代共同治理的价值导向,以办学自主权的落实与学术权力与行政权力的分野为基础,以现代大学制度建设的核心问题为中心,已经并将继续指导中国特色现代大学制度建设的实践

① 胡建华.高等教育学科建设与发展的中国道路——研习潘懋元先生的高等教育思想[J].山东高等教育,2015(6):78-84.

② 方泽强.走出一条独特、有卓越影响力的学科建设道路——潘懋元高等教育学科建设思想述评[J].山东高等教育,2015(8):87-96.

③ 董立平.潘懋元与中国高等教育学会高等教育学专业委员会[J].高等教育研究,2013(4):8-19.

④ 车如山,王彦雷.论潘懋元的高等教育学科思想[J].山东高等教育,2015(8):80-86.

⑤ 刘额尔敦吐.潘懋元教授的高等教育大众化理论研究[J].高教发展与评估,2009(5):73-78.

⑥ 李胜利,康安峰.立场·坚守·展望——潘懋元先生"教育主权与教育产权关系"思想探究[J].西南交通大学学报(社会科学版),2015(5):36-40.

⑦ 罗先锋.论潘懋元高等职业教育思想[J].西南交通大学学报(社会科学版),2015(5):22-28.

⑧ 罗丹.潘懋元职业教育思想研究[J].职业技术教育,2017(16):13-18.

⑨ 廖益,杨运鑫.潘懋元高等职业教育思想研究[J].山东高等教育,2015(11):77-90.

⑩ 王严淞.论潘懋元民办高等教育思想[J].山东高等教育,2016(1):83-92.

⑪ 张亚群.潘懋元高等教育史学思想初探[J].山东高等教育,2015(9):827-892.

发展”。[①] 潘懋元先生的多元化高等教育质量观“对引导和推动大众化高等教育的持续、快速、健康发展具有重要的理论意义和实践启示”。[②] 潘懋元先生关于教育考试思想主要“聚焦于处理教育与考试的关系、公平与科学的关系上”。[③] 潘懋元素质教育观包括“素质教育是各项素质全面发展的教育”和“诸项素质内部各层因素协调发展的教育”两层含义,“为分析、澄清和评价当今教育界、教育学界关于素质教育的种种思想提供了一个可靠的理论视角”。[④] 潘懋元先生的全面发展教育观认为“学校任何教育活动都要内在地涵盖德育、智育、体育和美育”,是“内涵式教育”。[⑤] 潘懋元先生在民办高等教育问题研究过程中形成了“民办高等教育发展是我国经济社会发展的必然要求”“是我国高等教育体系的重要组成部分”“促进民办高等教育发展必须树立多元质量观”等八个基本逻辑。[⑥] 潘懋元职业荣誉感的形成可分为“发轫”“巩固”“勃发”“集大成”四个时期,外在表现可概括为“师德至上”“业务超群”“言传身教”等三个方面;[⑦]他“强调发挥大学教师发展的自主性与积极性、倡导终身学习理念、坚持国际视野下的本土化发展”[⑧],其“应用型本科教师发展观是由内涵观、重要观、问题观和路径观构成的有机体系”。[⑨]

3.潘懋元先生的治学方法和人才培养实践研究

潘懋元先生的学术人格中有“诚”和“闯”两个鲜明特征,他“赤诚向学”“忠诚教育事业”“精诚开拓,是个极具创造性的研究者”,成就了一个中国学者、中国教

---

① 储著斌.潘懋元教授现代大学治理思想述评[J].黑龙江高教研究,2016(3):5-9.

② 李志鸿.潘懋元高等教育质量建设思想探析[J].西南交通大学学报(社会科学版),2015(5):29-35.

③ 郑若玲.潘懋元教育考试思想探析[J].中国地质大学学报(社会科学版),2015(5):127-132.

④ 黄朝阳,姚加惠.潘懋元素质教育观的两层含义及启示[J].江苏高教,2013(6):141-144.

⑤ 金维才.潘懋元先生的全面发展教育观[J].现代大学教育,2003(3):24-27.

⑥ 范跃进,王玲,刘福才,等.潘懋元先生思考民办高等教育问题的八个基本逻辑[J].山东高等教育,2015(4):75-88.

⑦ 于洪良.略论潘懋元的教师职业荣誉感[J].山东高等教育,2015(12):85-93.

⑧ 吴薇,熊晶晶.潘懋元先生大学教师发展观与实践探析[J].重庆高教研究,2013(4):63-67.

⑨ 周琬謦.应用型本科教师的发展:内涵、重要性、问题和路径——潘懋元先生应用型本科教师发展观探析[J].大理大学学报,2016(11):86-90.

育家的“中国梦”。[①] 潘懋元先生治学“具有开阔的国际视野和浓郁的本土情怀”，开拓了中国高等教育学科自主创新之路[②]；他在“作为教师的教育研究”和“作为学者的教育研究”中都付出了自己的心血与努力，他的教育自觉能力从对自我教育实践的反思扩展到更广阔领域，成为他创建中国高等教育学的基础。强烈的教育自觉意识、敏锐的理论创新意识、鲜明的实践导向意识、深刻的社会责任意识是其取得成就最为关键的决定因素，但这些意识的形成，归根到底是他对教育事业的热爱和执着。[③] 潘懋元先生坚持“多学科研究、‘扬弃’、理论联系实际、‘敢为天下先’”的研究方法论。[④] 其治学眼光深邃，透视古今，由博返约，教学相长，教研结合，在互动中精进。[⑤] 其治学的逻辑方法体现在理论创新、学术交流和思想评价等多个方面。[⑥] 潘懋元先生的研究生教育思想重视选拔过程，要求全面、综合地考核学生，希望得天下英才教育之；为学生创造良好的学术环境，夯实理论基础，关切现实问题，构筑精神家园，敦促学生自学成才；他诚心务教，爱生如子，薄名精艺，为众多学子树立学术楷模和做人航标。[⑦] 潘懋元先生的教育艺术包括“尊重学生信任学生”“善于运用缄默知识”和“为人谦虚进学不辍”三个方面[⑧]，他创新性地创造了温馨馥郁、别具风格的周六家庭学术沙龙，创造了“生活学术化，学术生活化”的学术氛围，并坚持和持续了30多年，培养了大批优秀人才。家庭学术沙龙体现了深刻的教育意蕴和学术探究性特征，它从理论上和实践上都是一种对研究生培养的创新。[⑨] 潘懋元先生为学与为人相统一，是仁爱可敬的长者。其学风严谨务实、文风朴实严密、教风严格灵活，化学术为德性，堪为

---

① 肖海涛．由诚而成懋业，敢闯而创新元——潘懋元先生的学术人格与创造性研究[J]．大学教育科学，2016(1)：4-11.

② 李均．开拓中国高等教育学科自主创新之路——论潘懋元高等教育理论的国际视野与本土情怀[J]．山东高等教育，2015(10)：73-82.

③ 赵婷婷．把教育作为毕生事业：潘懋元高等教育理念与实践探识[J]．山东高等教育，2015(5)：88-96.

④ 石慧霞．潘懋元高等教育研究方法论述评[J]．山东高等教育，2015(9)：93-96.

⑤ 高宝立．潘懋元先生的学术风格与治学特色[J]．教育研究，2010(9)：37-41.

⑥ 黄朝阳，姚加惠．试论潘懋元教授治学的逻辑方法[J]．北京师范大学学报(社会科学版)，2016(2)：124-131.

⑦ 陈斌．潘懋元研究生教育思想探析[J]．山东高等教育，2015(7)：85-96.

⑧ 吴根洲．潘懋元先生的教育艺术[J]．中国高等教育评论，2011(1)：424-428.

⑨ 肖海涛．家庭学术沙龙：潘懋元研究生培养理论与实践的创新[J]．山东高等教育，2015(12)：79-84.

后辈楷模。[①]

二、潘懋元先生高等教育思想体系的基本结构

潘懋元先生高等教育思想“结构严整、体系庞大，几乎覆盖了高等教育研究的所有领域”。[②] 此处仅以其若干宏观理论研究为依托，分析其思想体系的基本结构。

1.以教育内外部关系规律为基础

1980 年，潘懋元先生在湖南大学讲课时，第一次正式提出教育的内外部关系规律，并在 1983 年编写的《高等教育学讲座》中做了进一步的完善。教育外部关系规律是指教育与政治、经济、文化的关系。外部关系规律是指教育必须受一定社会的政治、经济、文化科学的制约，并为一定社会的政治、经济、文化科学服务。内部关系规律是指教育必须通过德育、智育、体育培养全面发展的人。[③] 内外部关系规律道出了教育与整个社会系统及其他子系统之间以及教育内部诸要素之间本质的必然的联系。教育内外部关系规律的提出是对我国教育理论的创新与发展，众多以教育内外部关系规律为理论基础的后续研究，准确地预测了教育的发展趋势，为教育政策的制定提供了理论指导。

以教育内外部关系规律为基础，潘懋元先生对高等教育与商品（市场）经济的关系、民办教育、高等教育大众化，高等学校的课程、教学等多个问题进行了研究，对高等教育的政策、院校的发展和人才培养实践等均产生深远影响。如改革开放后，随着我国的经济体制由计划转向市场，高等教育也受到一定程度的冲击，人们对如何处理高等教育与市场经济的关系也有不同的看法。1988 年，潘先生在第二届大学教育思想研讨会作关于商品经济与高等教育关系的总结发言，提出商品经济对高等教育的冲击，不是主观上认为好不好、要不要，应当欢迎还是抵制的问题，而是具有客观必然性。[④] 因为教育外部关系规律，高等教育的发

---

① 汤晓蒙. 化学术为德性——潘懋元先生的为学与为人[J]. 赣南师范学院学报，2010(4)：51-55.

② 别敦荣，李家新. 潘懋元高等教育思想论纲[J]. 山东高等教育，2015(7)：71-84.

③ 潘懋元. 潘懋元文集：卷一·高等教育学讲座[M]. 广州：广东高等教育出版社，2010：35-54.

④ 潘懋元. 潘懋元教育口述史[M]. 肖海涛，殷小平，整理. 北京：北京师范大学出版社，2007：185.

展必然要受制于经济的发展。高等教育要想独立于市场经济之外，是绝不可能的。如不与之适应，不但无法发展，也将难以生存。1993 年，先生在《求是》上发表《市场经济的冲击与高等教育的抉择》，指出市场经济对高等教育的冲击并不总是积极的，具有两重性，高等教育必须主动适应市场经济。① 主动适应是指对积极面的适应，抓住市场经济的积极因素，充分发挥它的积极作用，而不是不加判别地去适应一切，尤其是那些不利于教育事业发展的消极的、落后的、有偏差的、错误的东西。办学者应当发挥主体的自觉能动性，尽可能趋利避害，兴利除弊，力求主动适应而不要陷于被动适应。如今，高等教育要不要适应市场经济早已不是问题，高等教育也一直在探寻如何更好地主动适应市场经济的发展，先生的思想也得到了相应的印证。

2.以高等教育学研究和学科建设为支撑

潘懋元先生非常重视人才培养工作，他把高等教育学科的人才培养作为高等教育学科建设的基础，以人才培养促进学科发展。他在工作之初就有所谋划，在自己的教学实践中，发现作为人才培养重要机构的大学，竟没有研究自己的学科。20 世纪五六十年代，潘懋元先生就着手考虑高等教育学科建设问题，他认为，学科是人才培养的基础条件，没有学科支撑，人才培养将很难落实。据杨德广先生回忆，潘先生多次在全国性的研讨会上慷慨激昂地说："我就是要为在中国建立高等教育学摇旗呐喊，中国这么大的国家，不能没有高等教育学。"他认为，随着社会经济的发展，高等教育在世界各国迅猛发展，高等教育事业的发展，教育质量的提高，都存在一连串的问题，有待在理论与实践结合的基础上弄清道理，而这些问题往往不是一般的以普通中小学为研究对象的普通教育学所能解决的，这就需要开展高等教育理论研究，探索高等教育中一些带规律性的东西。20 多年来，我及一批同仁就是跟随潘先生在为高等教育学的建设和发展摇旗呐喊，顶着压力和阻力，苦苦求索，不断向前。②

先生结合自身极其丰富的教育教学实践，亲自着手并组织人员编写高等教育学教材，从理论体系上为高等教育学科建设打好基础，勾画蓝图。经过长期的实践探索和理论积累，到 20 世纪 70 年代末 80 年代初，他主编并出版了我国第一部《高等教育学》，填补了高等教育学教材的空白，奠定了高等教育学科发展的理论框架，为我国高等教育学科体系建构做出了贡献。先生高瞻远瞩、未雨绸缪，

① 潘懋元. 市场经济的冲击与高等教育的抉择[J]. 求是，1993(10)：34-39.

② 杨德广.潘懋元教授与我国第一本《高等教育学》[J].高等教育研究，2008(4)：14-16.

从学科发展的长远规划出发，高度重视高等教育学科人才的培养，利用一切机会和场合呼吁建立独立的高等教育学科，经过长期的努力和争取，终于在20世纪90年代迎来了良机，率先在高等教育学招收研究生，成为我国第一个高等教育学硕士、博士生导师。在其精心指导下，桃李遍天下，弟子遍布全国高校和研究机构，成为研究高等教育学的主力军。

3.以分类定位理论为高等学校发展指导框架

由于缺少合理的分类标准，我国高校发展出现“千校一面”的同质化问题。大部分高校将“研究型”奉为圭臬，也导致了教育资源的浪费和人才培养的结构性过剩。虽然世界上以及国内有多种关于高等教育的分类方法，但多是以学位高低、科研规模的大小或学科门类的多少将高校分为不同的层次，这样做更会诱导高校以最终成为学术性研究型大学为发展目标，办学趋同，人才培养同质化。潘先生提出，高校分类和定位的主要依据应当是其培养人才的职能——培养学术性研究人才、专业性高科技人才、实用性职业技术人才。① 结合中国高等教育实际，按照人才培养的类型，可以将高校大致分为以下三种基本类型：综合性研究型大学，研究高深学问，培养学术人才；应用型本科高校，可以是多科性或单科性的院校，多科性可以称作大学，单科性的称作学院（大学与学院并无层次高低之分，只是多科与单科之别），此类高校主要以学习各行各业的高科技专门知识为主，将高新科技转化为生产力（包括管理能力、服务能力），培养不同层次的应用型专门人才，如工程师、医师、律师、教师和管理干部等；职业技术高校，也可以是多科性或单科性的院校，此类高校主要以学习各行各业职业技能为主，培养不同层次的生产、建设、管理、服务第一线的技能型人才。研究型、应用型、职业技术型只是类型的差异，综合性、多科性、单科性也只是学科门类相互沟通与数量多少的差别，并非水平的高低。每一类型都可以培养不同层面的拔尖人才、一流人才，都可以成为国内知名、国际有一定影响的“一流大学”，没有必要求大求全，相互攀比。高等教育及其机构的本质属性——人才培养为分类标准，更符合高等教育的本质，更具有科学性。以分类思想为基础，潘懋元先生提出“大众化阶段要保护精英教育”“部分院校向应用型转型发展”和“建立高等职业教育独立体系”三个重要论断。

随着我国高等教育大众化的推进，传统精英教育受到一定程度的冲击，高等教育“质量下降”也被时常提起。先生提出，大众化阶段的高等教育要保护精英

---

① 潘懋元，吴玫．高等学校分类与定位问题[J]．复旦教育论坛，2003(3)：5-9.

教育,“减轻大众化给予精英教育机构的压力”。[①] 理论上,精英教育机构培养的是理论性、学术型人才,理论基础要比较宽厚,并在宽的基础上有所专。大众化高等教育机构培养的是实用职业型技术人才,只求理论够用,着重于学好职业知识技能,成为生产、管理、服务第一线的,有一定技术的专门人才。精英教育机构承担繁重的大众化任务,办学力量分散、教育资源分散,势必导致精英教育质量下降,必须减轻大众化给精英教育机构的压力,着重增办国家财政负担较轻的民办高校和人才市场需量较大的高等职业技术院校。

随着产业的发展,当前用人市场对应用型人才需求巨大,但高校的供给不足,高校人才培养依然存在着“结构性失业”的问题。高等教育发展必须跟社会的需求相适应,高等教育要培养出能够推动社会发展的人才。因此,“一般本科高等教育必须转型发展”。[②] 高等教育转型发展要从体制机制转变、课程与教学的转变以及专业教师队伍建设转变三个方面着手。其中,体制机制转变需要从投资体制、招生体制,职称、奖励、话语平台等机制的转变上下功夫,并要保证所有大学都公平地拥有改革发展权,每所大学都具有转型发展的话语权。课程与教学的转变要注重专业链要与产业链对应,传统的学术型精品课程、统一教材要转变为应用型课程和教材,课堂教学与实训并重。专业教师队伍建设要有计划性、针对性地培养和发展双师型(双能型)专业课程教师队伍。

高等职业教育是我国教育体系的重要组成部分,对高等教育大众化发展起到了重要的推动作用。但由于受传统精英教育思想的影响,我国的高职院校发展不理想,甚至讳言“职业”二字。潘懋元先生提出建立以技能教育为主,形成与中等职业教育相衔接,由专科、本科和研究生教育构成的高等职业技术教育体系。[③] 这一体系在培养目标、教学计划、课程内容、教学方式和方法上,都不同于传统的普通高校体系,更贴近社会实际,能够提供经济与社会发展所需要的人才。这一思想符合世界教育发展的趋势,适应了我国经济社会发展对技能型人才的需求,更打破了以往职业教育是“低层次”的观念,促使人们重新认识职业教育的价值和意义,为职业技术教育的发展提供新的思路。

4.以实践关怀为高等教育理论研究的动力

理论是实践的基础,实践是理论的源泉。理论的出发点在于指导实践,实践

---

① 潘懋元.大众化阶段的精英教育[J].高等教育研究,2003(6):1-5.

② 潘懋元.中国高等教育的转型发展[J].玉林师范学院学报(哲学社会科学),2017(1):48-50.

③ 潘懋元.建立高等职业教育独立体系刍议[J].教育研究,2005(5):26-29.

的过程又是理论发展的新动力，二者相互促进、相互发展，最终是以实践为出发点和归宿点。因此，潘先生多次强调理论要为实践服务，努力在高等教育研究中，形成鲜明的问题意识，倡导理论研究要建立在中国高等教育现实存在的重大问题、热点问题上，力求避免理论研究中的"大、空、洋"："大"就是题目大、口气大，认为别人的研究一无是处，只有自己的理论是"填补空白"的；"空"即空对空，研究的结论纯粹是理论推导出来，空话连篇；"洋"就是喜欢搬洋人的话，以壮大自己的声势。① 理论研究者最容易陷入"坐而论道"的窘境，针对理论研究脱离实际情况，有学者指出理论与实践结合的重要性，"理论研究虽然重要，但最终却要回到实践中去，离开实践，这样的理论是苍白的，是没有说服力的，是空想，是脱离实际的，是不被人们所认可的。因此，关注并解决实际问题，也是理论工作者的重要任务"。②

潘懋元先生在大量的实践经验和持续的理论研究基础上得出了结论："在求真与求用的问题上，我认为，总的原则应该是在求真的前提下求用。既要坚持真理，又要心中有个实际，把科学性与可行性结合起来，用科学的理论解释、说明或论证实际现象或问题，并根据主客观实际条件，探讨解决问题的可能途径或方案。"③他认为高等教育学是一门应用性学科，而在现实中，一些研究生宁愿根据书本知识和书面资料，坐而论道，也不愿花时间到实践中去。这一不良倾向必须扭转。④ 高等教育理论研究必须更好地服务于高等教育实践，如此，高等教育学专业所培养的人才才不至于脱离实际。总之，强调理论与实践的结合，是潘懋元先生为师治学之根本。先生认为，高等教育理论工作者应当改变学风，将研究的视角转向改革实践中的重大理论问题，将研究的科学性与可行性结合起来。教育理论要转化成教育实践，也需要具备一些必要的条件，要经过中介环节——实践。⑤ 因此，理论工作者不能埋怨实际工作者不重视理论，而应主动关注与了解高等教育实践，应向实践工作者推广、解释理论及其价值与作用，积极履行其社会责任，如果理论工作者不主动履行对实践工作者的告知义务，即是对社会的不

---

① 潘懋元.深入浅出由博返约——潘懋元教授谈高等教育研究[J].教育研究，2001(11)：40-44.

② 车如山.论潘懋元先生高等教育思想的实践品格——兼论理论工作者的社会责任[J].中国高教研究，2010(10)：15-17.

③ 潘懋元.潘懋元文集：卷二·理论研究(上)[M].广州：广东高等教育出版社，2010：180-181.

④ 潘懋元.得天下英才而教育之[J].医学教育探索，2006(10)：893-896，901.

⑤ 车如山.潘懋元高等教育观述评[J].西北成人教育学报，2010(1)：36-39.

负责任，就没有尽到其应该担当的责任。

5.以超前预测为理论研究者的社会责任

中国高等教育由“大国”向“强国”的转型，其实质是中国作为高等教育现代化的“后来者”追赶“先行者”的过程，是中国与世界高等教育强国间差距不断缩小的过程。它既体现为包括优化高等教育结构和布局、增强高校创新能力，注重人才培养、强化质量意识等一系列改革，更反映为中国高等教育自主发展模式与路径探索过程。

高等教育理论不仅要对社会实践的变化敏于发现，而且要善于应对；不仅要迅速反映社会实践的变化，而且要及时做出超前的理论预测。潘先生一生坚持理论的超前性，2010 年先生便提出“高等教育研究者对于高等教育的改革与发展，是否应当负起预测、预警、评论、咨询的社会责任”。[①] 2018 年 4 月，在厦门大学召开的第二届“一带一路”国际研讨会上，他在作主旨报告时又敏锐地提出了一个十分超前的理论假设：高等教育在未来如何解决机器人教育问题。潘懋元高等教育思想的形成和发展轨迹，在一定程度上印证了中国高等教育理论的形成与发展历程，先生始终站在高等教育理论研究与实践活动的前沿，在许多特殊或特定的时代条件下，敏锐地提出了超前的理论预测和展望，一步步引领中国高等教育理论研究的潮流，为中国高等教育的后学指引着方向。如果我们将其关注的高等教育话题用关键词连接起来，就很容易发现，在每次高等教育变革之际，先生都敏锐地提出了超前性的理论假设与预测。如，发展民办高等教育是必然趋势、高等教育大众化过渡阶段、高等职业教育必将成独立体系、应用型高等教育将成为高等教育的主体和中坚、高等教育将会成为一门独立的学科等，这些观点的提出，在当时都具有明显的超前性。

三、结语

潘懋元先生的高等教育思想博大精深，内容全面丰富，理论自成体系，研究成果丰硕，研究涉及领域宽广，研究主题紧扣时代需要，注重理论与实践的有机结合，并与时俱进，不断发展；处处体现着实践性、前瞻性特征，这源于先生作为理论研究者的高度社会责任感。潘懋元先生高等教育思想的形成和发展与中国社会的发展进程紧密相关，也与其个人的成长、学习和工作经历息息相关。在 85

① 潘懋元.高等教育研究的社会责任[J].中国高等教育评论，2010(2)：3-6.

年的学习、教学与研究生涯中，时时处处体现了他重视社会现实、关注绝大多数人、重视弱势群体的观念，这既是他作为教师的职业操守使然，又是一位老共产党人的群众观念的始终如一的体现。他的教育思想中既有追求前沿、关注先进的执着理念，又有脚踏实地、苦心育人的朴素实践；既有对精英大学的理性崇尚，又有对一般院校的鼎力支持。他在不同的发展阶段，曾积极为我国民办院校的发展、职业院校壮大、地方院校的提升等奔走呼吁，并及时撰写研究论文、组织课题研究、进行实地调查、到各地做专题报告等，为这些院校的发展出谋划策，指点迷津。先生以自己的学术经历诠释了作为“教师”“研究者”和“知识分子”的多重角色与使命，同时也彰显了他从生命自觉、学术自觉到文化自觉的追求过程。①

On the Macrostructure Characteristic of Pan Maoyuan's of Higher Education Ideology

Wang Qi Che Rushan
(Institute of Higher Education, Ningbo Polytechnic, Ningbo Zhejian,315800
Institute of Higher Education, Lanzhou University, Lanzhou Gansu, 730000)

Abstract: As the founder and pioneer of higher education discipline, Mr. Pan Maoyuan's research covers almost all fields of higher education. His higher education ideology system is based on the law of internal and external relations of education , with talent training as the core to build a higher education discipline system, and the classification theory provides a guiding framework for the development of higher education. The motivation for his theoretical research in higher education comes from deep practical care, and he takes forecasting and early warning as the social responsibility of theoretical researchers.

Key words: Pan Maoyuan; higher education research; ideological system; structural characteristics

① 陈兴德. 从生命自觉、学术自觉到文化自觉——“自觉意识”与潘懋元教育思想关系研究[J]. 高教探索，2017(7):5-11.

专题研究

学术思想探微

潘懋元高校管理思想初探

韩延明*
(山东师范大学　教育学院,山东　济南　250014)

摘　要: 潘懋元高等教育思想体系完整、博大精深,蕴蓄其中的高校管理思想亦是独树一帜、问道求真。特别是其高校管理干部专业化、高校教学管理精细化、高校学生管理人本化等高校管理思想,对我国高校的改革、发展、完善彰显了思想引领、理论支撑、政策呼吁和实践指导的重大作用,尤须深入探讨。

关键词: 潘懋元;高校管理;思想;实践

百岁大师潘懋元先生,作为在国内外享有崇高声望的跨世纪高教泰斗和学界典范,贯通学思用,融合知信行,不仅是一位杰出的教育理论家,而且是一位卓越的高校管理者。1950 年至 1993 年,他先后任厦门大学教务科科长(6 年)、教务处副处长(2 年)、教务处代处长(2 年)、教务处处长(19 年,含"文革")、副校长(7 年)、学校顾问(5 年)、高教所所长(15 年,含兼职)等多个管理岗位职务,具有丰富的高校管理经验。其问道求真的高校管理思想,对我国高校的改革、发展、完善彰显了思想引领、理论支撑、政策呼吁和实践指导的重大作用。因篇幅所限,本文仅对潘懋元先生关于高校管理干部专业化、高校教学管理精细化、高校学生管理人本化等高校管理思想聊作探析。

一、高校管理干部专业化

高校快速而健康地发展,有赖于管理干部的专业化建设。对此,潘先生指出:高等学校"比较完全的专业化的干部,应该具备两个方面的条件:一是有一定

* 作者简介:韩延明(1958—　),男,山东肥城人,教育学博士,山东师范大学教育学部教授、博士生导师。

的科学知识，相当的学术水平以及教学、科研的经验；二是具备领导才能、组织能力、管理经验”。[①] 同时，高校领导干部还要有“成为教育家”的志向和追求。他希望“教育管理干部，追踪教育家的足迹，领会教育家成长的规律，以成为教育家自期，当一名优秀的教育工作者”[②]。高校发展史表明，领导干部的观念、素养、能力和水平，是学校改革与发展的关键要素，也是实现高校治理体系和治理能力现代化的重要保障。

(一)观念变革:高校干部推进改革与发展的先导

高校干部的观念更新和思想转变，是保证管理工作卓有成效的基本前提。因为要跟上时代的发展和教育的要求，转变教育思想观念是先导。不仅要解决转变什么教育思想的问题，还要解决转变教育思想的动力与机制问题。潘先生认为，21 世纪的高校干部需要在高等教育思想观念上实现三个转变:“一是要把唯社会价值观或唯主体价值观转变为在满足社会需要的前提下，充分尊重人的主体价值，使社会价值与主体价值协调平衡的价值观；二是要把传统的知识价值观转变为包含知识、能力等智力因素与非智力因素全面发展的素质教育观；三是要把急功近利的教育发展观转变为可持续发展的教育发展观。”[③]具体说来，就是要正确认识和解决好四个主要问题:一是高等教育发展的规模速度问题；二是高等教育的分类定位与发展方向问题；三是高等教育质量问题；四是高校毕业生就业问题。[④] 这些问题，后来都成了我国高等教育理论界的研究重点和热点，其中不少研究成果成为我国制定教育改革发展政策与举措的重要依据。

当然，转变教育观念要有正确的指导思想和教育立场，避免进入“误区”，即全盘否定中国传统教育思想。潘先生明确指出:“误以为教育思想转变就是转变成西方的教育思想，似乎把中国的教育思想转变成西方的教育思想就算是实现了转变。这是一种错误的观点。”[⑤]他还说:“有一点必须要补充:教育思想的转变，不是指完全抛弃、清除传统教育观念，而是对传统教育思想有所否定和有所

---

① 潘懋元.潘懋元文集:卷二·理论研究(下)[M].广州:广东高等教育出版社,2010:515.

② 潘懋元.潘懋元文集:卷五·序文[M].广州:广东高等教育出版社,2010:493.

③ 潘懋元.走向21世纪高等教育思想的转变[J].高等教育研究,1999(1):1-6.

④ 潘懋元.中国当前高等教育发展中的若干问题[J].大学教育科学,2004(4):1-5.

⑤ 潘懋元.潘懋元文集:卷六·讲课录[M].广州:广东高等教育出版社,2010:283.

肯定，否定之中包含肯定。”[①]他一直强调要扎根中国大地、结合中国实际办教育。早在1947年，他就发表了《勿以苏联中学男女分校例中国》的文章，呼吁不能盲目模仿苏联的学校教育模式。所以，高校干部必须善于结合实际“沉思”，在沉思中积淀经验，在沉思中更新观念，在沉思中正确决策。他尖锐指出：“现在能够沉思的校长太少，很多校长只靠经验办事，没有沉思。经验当然可贵，但经验有局限性，只有实际与理论结合，局部跟全部结合，才能看到问题的实质，抓住根本性的要害。”[②]

潘先生强调，高校干部的改革探索和思想转变有一个过程，应该允许失误、允许试误，应该宽容失败、包容人才。他说：“应该允许失误，参照心理学的‘尝试错误’理论，高等教育转型发展应积极建立‘容错机制’。”[③]应该说，在当时，这种胆略和气魄，这种远见和胸怀，这种超前的人本化的干部管理思想，着实令人钦敬。

(二)角色定位:大学校长是一种学术性职业

作为高校行政首长，校长应当是教育家。因为从本质上说，大学校长是一种学术性职业。就国内外高校发展史而言，不论外国或中国(“文革”前除外)，一般都是聘请或委派学术水平高、科研能力强的教授担任校长。然而，在我国，有的大学校长就职伊始，为凸显自己全身心投入管理工作、与“学术腐败”划清界限，便迫不及待地再三声称，任职期间不上课、不招研究生、不申报课题、不撰写论文、不参与评奖和评优等。对此，潘先生认为，作为领导与管理一所负有培养人才、发展科学、服务社会、传承文化与国际学术交流等神圣使命的大学校长，不亲自参与教学与科研工作，这一做法值得商榷。他结合自己几十年的教学、科研管理经验指出，作为一校之长，要卓有成效地带领大学人改革与创新，就不能完全脱离教学与学术工作，应始终作为教师群体中的一员，经常深入教学、科研第一线，如此才能对教学、科研有足够的了解，才能通过切身体验深刻洞悉教师群体中各个层面的所思所想和学术价值的细微变化。同时，“双肩挑”的校长，对教

① 潘懋元.潘懋元教育口述史[M].肖海涛，殷小平，整理.北京：北京师范大学出版社，2007：197.

② 潘懋元.实践—理论—应用：潘懋元口述史[M].郑宏.整理.武汉：华中科技大学出版社，2019：132.

③ 潘懋元.实践—理论—应用：潘懋元口述史[M].郑宏.整理.武汉：华中科技大学出版社，2019：96.

学、科研的甜酸苦辣有亲身感受，对教师工作有比较深入的了解，对学生的学习和活动比较熟悉，这样才能与师生有共同的语言，才能真正起到率先垂范的引领作用。①

为进一步阐释这个问题，潘先生曾列举我国近现代教育史上治校有方、成就卓著而又学术成果丰硕的大学校长，如蔡元培、梅贻琦、竺可桢、侯外庐、李达、陈望道、萨本栋、苏步青、王亚南、谷超豪、匡亚明等。他在一篇回忆文章中写道："王亚南同志是一位'双肩挑'校长。他担任校长职务之后，仍然坚持教学与科研。他不但写论文、出专著、指导研究生，为青年教师讲课，而且亲自为全校学生上政治经济学大课。他兼任政治经济学教研室主任，同中青年教师一起研究教材和教学法，还经常深入各系各教研室听课，讨论教学与科研问题。"②所以，大学校长与其放弃曾经钟爱的教学、科研，疏离学术工作与学术群体，不如带头改变行政作风，不搞形式主义，而是在简政放权上下功夫，"学会弹钢琴"。这样，不但能有一定时间从事教学、科研工作，而且能有精力沉思大学的办学理念和长远发展战略。

潘先生认为，21世纪需要校长职业化，后来称校长专业化。他指出："校长是法人代表，负责学校的管理经营，是一种特殊的职业。从理论上说，从职务校长转变为职业校长，是教育体制适应经济体制转轨的必然。……如何当好职业校长，还要有一个学习、体验的过程。"③作为职业校长，不仅要管理好一所学校，还要会服务、会经营、会公关，会参与国内外教育市场的激烈竞争，有自己的教育理念，并在办学中将理念转化为实践。具体说来，职业校长必须具备五个方面的优秀素养：一是创新精神和创新能力；二是服务意识和服务热忱；三是经营意识和经营能力；四是事业意识和产业意识；五是公关意识和公关能力。④ 他要求对校长进行系统的教育培训，组织他们学习高等教育理论、青年心理学、高等学校管理学以及比较高等教育学和高等教育发展史等，使他们系统地掌握教育科学、管理科学的知识，帮助他们在学习理论知识中使经验上升为理论，成为优秀的职业化或专业化校长。

---

① 潘懋元.高等学校管理干部的专业化问题[J].上海高教研究丛刊，第六辑，1982(12)：18.

② 潘懋元.回忆王亚南校长[N].福建日报，1981-4-10.

③ 潘懋元.潘懋元文集：卷五·序文[M].广州：广东高等教育出版社，2010：437.

④ 谭南周.潘懋元：21世纪需要职业校长[N].中国教育报，2003-1-31(2).

(三)二权协调:学术权力与行政权力

高等学校是一种学术性的社会组织机构,虽然隶属于政府,但其主要职能是教学、科研、服务社会和文化传承,所以,在管理体制上必然存在学术权力与行政权力的“二元权力结构”。高校管理很重要的一点,就是正确认识并有效协调学术权力与行政权力的合理运行,坚持职、权、责、利相统一的基本管理原则。

大学管理的基本特点在于学术性、人本性。就此而言,如何使大学在必要的行政管理下,能最大限度地充分发挥学术权力的作用,提高教学质量与学术水平,是高校领导干部必须关注的实质性问题。要正确认识和看待这两种权力的性质与职能,因为“二元权力结构”的优势与劣势同在、合理性与局限性并存,必然会产生学术权力与行政权力之间的牵扰、矛盾甚至冲突。正如潘先生所言:“学术权力强调处理大学事务要依照学术的标准,而行政权力则强调法规制度,按照法规、制度和操作程序等按部就班地去做;学术权力要求从事学术活动能够更加地灵活机动,有更大的创造性,要求学术自由和学术民主,而行政权力强调约束和效率。……如果协调得当,矛盾双方不但能够相互支持、相互促进,而且能够形成一个宽松的、高效的环境。……如何协调好学术权力与行政权力之间的关系,是高校领导的一门艺术。”[①]因此,高校干部要克服官僚化、行政化倾向,尊重学术权力。他尖锐指出:“如果行政人员过分干预学术事务,插手学术事务,势必导致高等学校的学术活动丧失学术活力,不利于学术,不利于科研,不利于教学,不利于学术水平的提高,也不利于大学的发展。这就是大学‘行政化’的弊害。”[②]

就此而言,要真正充分发挥学术权力的作用,必须在高校管理中营造“学术民主”氛围,建立“学术民主”制度。因为“学术权力来源于学术民主。没有学术民主就没有真正的学术权力。学术民主是办好学术性事业的根本。在这个意义上说,改革的方向应该是促进学术民主,加强学术权力”。这就要求高校干部“真正摆正学术权力与行政权力的关系,使两种权力发挥各自作用。既要充分发挥学术权力在学术评审中的作用,又要运用行政权力妥善处理分流、下岗、解聘等

① 潘懋元.潘懋元文集:卷六·讲课录[M].广州:广东高等教育出版社,2010:71-72.

② 潘懋元.实践—理论—应用:潘懋元口述史[M].郑宏,整理.武汉:华中科技大学出版社,2019:137.

行政事务”。[①] 当然，学术权力和行政权力在高校管理中也如一张纸的正反两面，是不可分割的，其界限也是相对的。因此，潘先生提醒我们：“学术与行政权力界限的过分分明、互不干涉，也可能会导致工作效率低下的情况出现，这是我们要予以重视与注意的。”[②]

(四)按规律办事：懂得教育科学且遵循教育规律

高校干部的本职工作，就是高等学校的领导、组织、调控、评价和管理。高校不同于工厂企业或行政机关，有其教育自身的特殊性。所以，高校干部必须掌握教育科学，懂得教育规律，并按教育规律办事。潘先生明确指出：“干部专业化，一是要有专业知识，一是要有所从事工作的经验。知识和经验要符合客观规律，所以干部专业化，归根结底是干部要掌握教育规律办教育。”[③]他高度重视教育基本规律的深入探讨，并以此作为其高等教育研究与高等教育实践发展的理论基础。多年的教育经历使他深刻认识到，高校干部不懂教育规律，必然影响其对教育效果的判断，影响正确决策的制定，影响全面、准确的认识和评价，办事就容易不自觉地产生偏差。这样，“不但提不出正确的意见，更糟糕的是把正确的当作错误的来批，把错误的当作正确的给予支持”。[④] 只有坚定不移地按照教育规律办事，才能真正避免教育遭受反复折腾的厄运和受到客观规律的惩罚。

1980 年 11 月，潘先生“应邀到湖南大学为一机部所属院校教育科学研究班作题为《高等教育学及教育规律问题》的报告，不仅讲述了高等教育学的研究对象和内容，而且第一次提出了教育内外部关系规律学说”。[⑤] 其实，他早在 1954 年发表的《作为社会现象的教育之本质及专门特点》一文中就对教育本质、教育特点和教育规律问题进行了初步的探讨。他创新提出并在后来不断修正、完善的“教育内部关系规律”和“教育外部关系规律”，科学解释了教育发展与社会发展之间的关系及教育发展与个体身心发展之间的关系。应该说，这是潘先生对中国教育界的一个重大理论贡献，开创了从教育外部关系来研究高等教育的先

---

① 潘懋元.职称回归学術 提高学术权力[J].集美大学学报，2003(3).

② 潘懋元，刘丽建，魏晓艳，选编.潘懋元高等教育论述精要[M].福州：福建教育出版社，2015：50.

③ 潘懋元.潘懋元文集：卷二·理论研究(上)[M].广州：广东高等教育出版社，2010：354.

④ 潘懋元.潘懋元文集：卷二·理论研究(上)[M].广州：广东高等教育出版社，2010：38.

⑤ 韩延明，等.潘懋元纪事年表[M]//潘懋元.潘懋元文集：卷八.广州：广东高等教育出版社，2010：125.

河，是一种创新性的战略思维、系统思维和求异思维。

二、高校教学管理精细化

高校的根本是培养人才，培养人才的关键在教学。虽然潘先生很重视科研，但对教学更是情有独钟。他在“厦大教育研究院四十周年庆祝会”上道出心声：“40 年来，虽然我们承担了许多研究课题，出版了许多著作，也是智库之一；但 40 年来我们培养了 677 名硕士和 271 名博士，这更值得引以为荣。”

(一)强调微观化的教学研究

潘先生多年来一直很重视教学研究。在他正式出版的首部高教著作《高等教育学讲座》中，1983 年版有 60％的篇幅探讨教学，1985 年版有 62.5％的篇幅论及教学，1995 年版有 54.5％的篇幅讲述教学。他尤其重视对微观的教学过程即精细化教学的应用研究。其最初的高等教育学研究，即以此为鹄的。他在《九五感言》中回忆说：“我国高等教育学的研究，开始时，既不是宏观的理论，也不是宏观政策的研究，而是开始于微观的教学过程的研究。……但是后来为适应形势，我差不多放弃了微观的高校教学过程的理论研究和课程、教材、教学方法等等方面的应用研究。”[①]他明确指出：“宏观的高教研究成果，只有通过微观的高教研究，才能转化为实践。因此，应该有更多的人用更多的时间、精力，在微观教学过程，在培养专门人才的实践性问题的研究上。”[②]嗣后，他发表了《从“回归大学的根本”谈起》《高等教育研究要更加重视微观教学研究》《高等教育质量建设的理论设计》《“互联网＋教育”是高校教学改革的必然趋势》等反思性、建设性、前瞻性论文。

拜读潘先生的论著，发现他对教学方面的研究特别精细，从教学的方针、目标、模式、原则、手段等，到教师、教材、教案、教法、教态等，再到备课、上课、板书、提问、考试等，再到作业、实验、实习、参观、调查、自学等，还有读书指导、学年论文、毕业论文、毕业设计等，由国内到国外，由课内到课外，由教师到学生，均有所论及。其中，对每一个方面、层面和侧面都讲得很具体很细致很到位，有的还通

① 潘懋元.九五感言[J].中国高教研究，2015(7).

② 潘懋元.实践—理论—应用：潘懋元口述史[M].郑宏，整理.武汉：华中科技大学出版社，2019:229.

过巧譬善喻进行通俗易懂的论述和解说。比如关于使用教材的深浅问题，他就曾以“进食”为例指出：“如果负荷不足，就不能充分发挥学生的潜力。长期的负荷不足，还会压抑学生的智能的发展。你老把食物嚼得很烂，喂给他吃，或者长期只给吃流质的东西，他的胃功能就会衰退。”①

（二）建立规范化的教学制度

在多年的高校教学管理工作中，潘先生一直很重视教学规章制度的研究和建设，尽管受到了不同时期各种政治运动的不断冲击，但他仍然尽己所能地在教学管理方面认真研究、建章立制、精细运作，维护教学秩序，加强教学管理，提高教学质量。

1952年至1957年，在他任教务处教务科长、教学研究科科长、学校教学改革委员会秘书科长等期间，相继拟订了《厦门大学教研组暂行条例》《厦门大学系工作暂行条例》《厦门大学学生学业成绩考试考查暂行办法》《厦门大学学生补考、留考、重修的补充暂行办法》《厦门大学学生守则》等规章制度在全校推行，并在《新厦大》《厦门大学学报》等杂志发表教务管理、教学改革、教学规章制度阐释等多篇文章。

1958年至1965年，在他任教学科学研究处副处长、教务处代处长、教务处处长等期间，广泛宣传教育部颁布的《高教六十条》，积极进行教育方针、教学管理的宣传解读和教学管理制度、学籍管理制度、教育实习制度等的基本建设，主持拟订了《厦门大学各系修订教育计划的实施意见》《关于改进教学管理工作的若干意见》《厦门大学教务通则》《教研室暂行条例》《毕业论文暂行办法》等。同时，他认真学习教育理论，加强教学研究，陆续发表了《教育方针试论》《高等学校勤工俭学的原则与问题》《教学、生产劳动、科学研究的矛盾与统一》《谈教师在教学中的主导作用》《坚持理论联系实际的原则》《关于应否给学生有所怕的几点意见》《少而精教学原则初探》《关于红与专的矛盾关系问题》等文章。特别是《少而精教学原则初探》一文，成为20世纪60年代中国高校教学理论研究的一篇代表性学术论文。

1978年至1984年，在他任厦大副校长（兼教务处长至1981年）分管教学、研究生、外事工作期间，乘着改革开放的春风，正本清源，攻坚克难，先后主持制定了《厦门大学招生工作意见》《关于制定和执行教学计划的几点意见》《关于升留

① 潘懋元.高等教育学讲座[M].北京：人民教育出版社，1983：68.

级、跳级、提前毕业的补充规定》《邀请外籍学者来华讲学的有关注意事项》《关于制定和执行教学计划的补充意见》《关于加强基础课教学的几点意见》《执行"全国重点高等学校教师工作量试行办法"的补充意见》《关于进一步提高教学质量的几点意见》和《关于加强教师队伍建设的若干意见》《学生操行评定试行办法》《学生劳动教育的管理和考核若干意见》《奖学金试行条例》《关于学分制与学籍管理的若干规定》等。这为厦门大学"文革"后迅速拨乱反正、恢复教学秩序，开展教学研究和教学改革，规范教学工作，创新教学管理，按教育规律办学，按培养规格育人，奠定其全国重点大学和"南方之强"的独特地位，做出了重要贡献。

(三)推进精细化的课堂教学

学校以课堂教学为主，这是全日制学校必须遵循的客观规律。潘先生一直十分重视课堂教学工作。他从15岁初登讲台授课，先后担任小学、中学、大学教师直至博士生导师，虽然也当过小学校长、中学教务主任、大学领导等，但他最看重的还是"教师"这个称谓和课堂教学这个平台。他深有体会地说，作为一名教师，如果"对教学工作乐业，那他的课堂讲授，对他自己来说，是一种很好的劳动享受，这堂课如果能把他的思想传达出来，引起大家的共鸣，这堂课下来时，拍拍粉笔灰，有点疲乏，而心情是非常愉快的"。① 而"我一生最为欣慰的是，我的名字排在教师的行列里；假如我有第二次生命，那我选择的职业还是教师"。②

上课是教师的天职。潘先生认为，"一所大学的教学质量如何，主要决定于课堂讲授的学术水平和教学效果。"③他至今对当年王亚南校长的上课记忆犹新。"王亚南同志当时上课，并没有现成的讲义。他总是先提出问题，然后逐步推论，重重剥茧，逻辑严谨。在论证中，既讲一般经济规律，又分析中国经济的特殊问题，把理论与实际紧密地结合起来。"④他结合其亲身教学实践和对教育规律的理性认识，就高校课堂教学的原则、途径、方法、手段、组织形式等进行了系统的理论探索，提出并论述了科学性与思想性相结合、知识积累与智能发展相结合、在教师主导下发挥学生主体性、理论联系实际、专业性与综合性相结合、教学与科研相结合、知识的系统性与认知的循序渐进相结合、少而精、量力性、统一要求与

---

① 潘懋元.高等教育学讲座[M].北京:人民教育出版社,1993:222.

② 潘懋元.得天下英才而教育之[J].医学教育探索,2006(10).

③ 潘懋元.潘懋元文集:卷二·理论研究(上)[M].广州:广东高等教育出版社,2010:394.

④ 潘懋元.王亚南教授是如何以研究的态度来进行教学的[J].厦门大学学报(哲社版),1979(1).

因材施教相结合等十大教学原则，[①]形成了一个既全面、系统、深入又简洁、实用、高效，层次清晰、相得益彰的高校课堂教学原则体系。他之所以如此重视教学原则的探讨，是“因为教学原则既是教育和教学规律的反映，又是教学内容、教学组织、教学方法、考试考查以及教学工具的运用等一系列活动的准则”，在教学理论中“处于承上启下的重要地位”。[②]

关于课堂教学方法，潘先生在1947年的一篇文章中写道：“教学方法乃在于抓住特色，抓住特色则要有兴趣，易记忆，合实用。”[③]在这方面，他根据自己提出的教学原则对高校教学通常使用的教学法（讲授法、讨论法、实验法）、现场教学法（参观法、调查法、实习实训法）、科研训练法等进行了科学化、系统化的阐述，并介绍了发现法、问题教学、案例教学、自学指导法等国外先进的教学方法。其“学习—研究—教学实践”三位一体的研究生教学法，荣获国家级教学成果一等奖。他还非常重视现代教学技术的学习和推广，亲自体验与研究慕课、翻转课堂、在线教育等互联网教学方式，并引导和要求博士生去积极研究这方面的理论和应用问题。但他同时指出：“不要一阵风都去搬美国式教学计划。要保证学生系统地掌握必要的基本知识与技能，保证基本规格，并留有适当余地。一句话：要走中国自己的道路。”[④]

课堂教学质量的关键在教师。关于大学教师的职业素养，潘先生提出了三条要求：“第一，学术水平——基础理论、学科理论、跨学科的知识面；第二，教师职业知识、技能——教育知识和教学能力；第三，师德——学术道德、教师职业道德。”[⑤]他对课堂教学论述既多且细，甚至在教师的教学语言、板书、教态、表情、穿着、一颦一笑等方面都有诸多研究。连对学生在课堂上如何记好课堂笔记都不厌其烦地作了详细讲解：“要告诉学生，记笔记一定要经过自己的思维活动，用自己的语言记下来。……这时，教师应该放慢速度，给学生思考的机会和逐字逐句记录的时间。……记笔记要学会标题，学会按要点分段。笔记最好不要记得太密，留一定的空位，课后便于整理笔记，作补充、修改。”[⑥]

---

① 潘懋元.高等学校教学原则体系初探[J].福建高教研究，1984(1).

② 潘懋元.潘懋元教育口述史[M].肖海涛，殷小平，整理.北京：北京师范大学出版社，2007：197.

③ 潘懋元.潘懋元文集：卷七[M].广州：广东高等教育出版社，2010：121.

④ 潘懋元.高等教育学讲座[M].北京：人民教育出版社，1993：129.

⑤ 潘懋元.大学教师发展与教育质量提升[J].深圳大学学报(社科版)，2007(1).

⑥ 潘懋元.高等教育学讲座[M].北京：人民教育出版社，1993：220.

(四)坚持常态化的"沙龙"教学

利用家庭学术沙龙开展教学，是潘懋元先生独创的一种课堂外教学形式。从20世纪80年代开始，他逐步形成了一种带有古代书院师生互动、自由论辩色彩的新型教学相长模式——"周末学术沙龙"，他称之为"家庭访谈制"。他曾在一篇文章中自豪地写道："我同研究生建立了一种家庭访谈制。周末晚上，是我接待研究生的时间，自由参加，从天下大事到个人生活，从学术争论到工作方法，清茶一杯，无所不谈。"[①]只要他在厦门，风雨无阻。虽然地点随着潘先生之迁居而由校内与研究生公寓毗邻的东村小红楼转到距离校园近30里的前埔海滨高层住宅，但沙龙的举行依然如故，三十余年如一日。据《潘懋元教授纪事年表》显示，仅在2014年，"周末沙龙"就举办了32场。这种独特的教学形式，颇有点像《论语》的《子路、曾皙、冉有、公西华侍坐》章中所描绘的孔子在阙里与弟子"各言尔志"的"杏坛"教学情境，令人久难忘怀。

在校硕士生、博士生和部分教师，都把参加沙龙当成一种期待和享受，都会把自己学习与研究过程中发现的问题和遇到的困惑，包括道听途说的各种教育信息和耳闻目睹的诸多社会现象带到沙龙上，与大家或共同讨论，或一起分享，或谋求共识。许多弟子坦言，沙龙不仅仅改变了研究生教学的单一形式，把课堂搬到了家里，更重要的是拉近了师生之间的心理距离和思想感情，更有助于集思广益、教学相长。先生的见解既敏捷独到又犀利深刻，新意迭见而又机智幽默，常常以其充溢着人生智慧而又简练易懂的话语指点迷津，亲切而自然，既展示了他作为一名学者的精深博大，更显示了他作为一位导师的高风亮节。这是对中国传统私学教育和书院教育的继承和发展，也是对西方教学模式的借鉴和创新，使每一位学生都能在传统文化与现代知识的结合中受到求学与做人的熏陶、感染和教育，被学生们誉为"民间思想村落""学术生态场""精神家园"。

三、高校学生管理人本化

潘先生对学生有着极深厚的感情。他曾说过："我当过小学生、中学生、大学生、硕士生、博士生的老师。学生既是我的教育对象，也是我的精神支柱和生活

---

① 潘懋元.选才·培养·指引——我对博士生培养的一些看法和做法[J].研究生教育理论与实践,1989(3).

源泉。正是在同年轻的学生相处的日子里，才让我不觉‘老之已至’。”[①]对高校学生的管理，潘先生主张刚柔并济、实事求是。

(一)“以生为本”

潘先生认为，高校管理应当“以生为本”。从某种意义上说，学生是高校的主体，教师、职工应该是为学生服务的。教师，主要在教育教学上为学生服务；职工，主要在管理上、生活上为学生服务，[②]这就是高校“以生为本”的管理思想。具体说来，一是“以生为本，以师立校，用美好愿景鼓舞人”；二是“以生为本，因材施教，用创新精神引导人”；三是“以生为本，陶冶情操，用高尚精神塑造人”；四是“以生为本，精心服务，用真诚奉献感动人”。[③] 他尖锐指出：“如果失却‘以生为本’的服务理念，也往往从加强管理和工作方便的角度出发，制订管理学生的规章、条例，限制学生的自由发展，而许多规定是违反教育规律的。”[④]

潘先生对学生们的关爱和感情，在高教界可谓有口皆碑。他心心念念的都是学生：育学生成长和成熟；授学生知识和智慧；教学生做事和做人；引学生创业和创新。其有言之教和无言之教相得益彰，达到了“人化”与“化人”的崇高境界。现任教育部高教司司长吴岩博士至今记得20多年前“一件难忘的小事”：“我有一个硕士师弟，家境贫寒。先生就把我叫到家里，给我一个信封让我转交给他，里面是厚厚一沓人民币。先生就是这样把每个学生都牵挂在心里。”[⑤]潘先生先后于2000年、2006年、2008年向“厦门大学潘懋元高等教育研究基金”捐赠共65万元，设立“懋元奖”，每年奖励优秀生、资助贫困生。他提出：“向大学生收学费，要充分调查研究一般家庭的承受力，不应只着眼于富裕家庭的收入。且应广设奖学金、贷学金，提高奖贷学金的款额。”[⑥]

“以生为本”，就要注重“因材施教”。潘先生在深入分析大学生与硕士生、硕士生与博士生教学不同的基础上多次强调，本科生的培养是以学习为主，通过课

① 潘懋元，刘丽建，魏晓艳，选编.潘懋元高等教育论述精要[M].福州：福建教育出版社，2015：230.

② 潘懋元.潘懋元文集：卷六·讲课录[M].广州：广东高等教育出版社，2010(9)：131.

③ 潘懋元.潘懋元文集：卷三·问题研究(下)[M].广州：广东高等教育出版社，2010：245-249.

④ 潘懋元.潘懋元文集：卷六·讲课录[C].广州：广东高等教育出版社，2010：131.

⑤ 邓晖，马跃华，高田.潘懋元：高教泰斗 学人典范[N].光明日报，2014-09-14.

⑥ 潘懋元.我国高等教育面临的挑战——教育与社会进步中外学者研讨会上的报告[J].辽宁高等教育研究，1995(4)：6-11.

程学习和初步的科研训练,以培养某一专业的专门人才;硕士生的培养是课程学习与科研并重,通过自主学习和有指导的科研活动,使其具有从事科学研究或独立承担技术工作的能力,以培养某一学科的高层次专门人才;博士生的培养则是以科研为主,通过自主的科研活动,表明其具有独立从事科研的能力并能做出创造性的成果,以培养某一学科的带头人。① 他多次警示,要避免"研究生培养本科化"现象。"所谓本科化,不只是指培养方法的本科化,还包括培养目标、课程设置、论文水平、管理制度的本科化。"②

(二)"严格要求"

在学生管理工作中,既要"以生为本",又要"严格要求"。要充分发挥教师在教书育人过程中的主导作用和引领作用,克服学生惰性,激发学生的主动性和积极性,保证学生的学习投入和学习质量。潘先生指出:"学生管理工作要'以生为本',并不是不要维护教育秩序;为学生服务,不是可以不要服从。服从是为了维护秩序,维护秩序是为了保证学生能在和谐的校园环境中更好地发展。"③他明确指出,严师出高徒。"我们现在一方面应该强调以人为本、以生为本,另一方面也要加强纪律教育、爱国主义教育和集体主义教育。"④

在教学过程中,教师理应起主导作用,不能因害怕得罪学生而放任自流。潘先生认为,"不管是对大学生或是对研究生,教师还是要指点他们的。只要是学校的教学活动,只要存在师生关系,哪怕在研究生阶段,导师还是要主导,导师就是要起主导作用。"⑤因为"如果没有要求,哪怕就是博士生也都有惰性"。他举例说:"比如现在我上的一门课,一个学期要求学生交5篇作业,其中2篇研究报告、1篇论文、2篇读书报告,少一篇,对不起,你就少一篇的成绩。严格要求不等于不民主。"⑥当然,"'主导'只是一种职责,一种任务,也可以说是一种服务,并不是一种地位关系,在地位上师生是平等的"。⑦

---

① 潘懋元.选才·培养·指引——我对博士生培养的一些看法和做法[J].研究生教育理论与实践,1989(3).

② 潘懋元.潘懋元文集:卷六·讲课录[M].广州:广东高等教育出版社,2010:358.

③ 潘懋元.潘懋元文集:卷六·讲课录[M].广州:广东高等教育出版社,2010:132.

④ 潘懋元.潘懋元文集:卷六·讲课录[M].广州:广东高等教育出版社,2010:27.

⑤ 潘懋元.潘懋元文集:卷一·高等教育学讲座[M].广州:广东高等教育出版社,2010:195.

⑥ 潘懋元.高等教育发展趋势座谈录[J].大学教育科学,2010(1).

⑦ 潘懋元.潘懋元文集:卷六·讲课录[M].广州:广东高等教育出版社,2010:108.

潘先生认为，只有那些对教学工作认真负责、既关爱学生又对其严格要求的老师，才能真正赢得学生终生的感激和爱戴。尽管“教师的严格要求，可能有时引起学生的不愉快，但是学生终究会感谢这样的严格老师的。……相反，那种马马虎虎的‘好好先生’，可能容易讨好学生，但是终究要受学生轻视埋怨的”。[①]

(三)着力解决毕业生就业问题

在高等教育大众化进程中，伴随着高校毕业生的大幅度激增，其就业形势愈益严峻，已成为政府、学校、学生和家长深感焦虑的问题。对此，潘先生认为，高校既不能回避，更不能逃避，应以市场经济思维方式看待、对待和解决大学生就业问题。

一是高校要按照自己的定位，根据产业结构变化，以就业为导向，及时调整专业结构，转变单一的精英教育培养目标，改革课程体系与教学内容，使大学生的知识、能力、素质能够适应人才市场多样化的实际需要。他指出：“本科以上老高校，要扩大专业口径，拓宽就业的适应面；新办本科高校和高专高职，要加强应用性、技术性、职业性，培养‘适销对路’的人才。”[②]二是“采取有效措施，开辟并扩大高校毕业生通向农村、基层、西部的通道”；三是“对学生进行‘生计教育’，包括生计教育思想与生活能力的教育”；四是从不同的角度解决好“结构性待业”和“选择性待业”问题；五是“加强素质教育，转变学生就业、创业观念”。因为“大学毕业生进入社会，推动经济与社会的发展进步，那就不只是占据一个职业岗位，而可能是创造更多的就业机会”。[③] 他认为，要切实加强高校创新创业教育的“可持续发展”：一是“高校创新创业教育需要百折不挠，而不是一曝十寒”；二是“高校创新创业教育需要鞭辟入里，而不是浅尝辄止”；三是“高校创新创业教育需要多方联动，而不是单枪匹马”。[④]

以上，笔者从三个大的方面对潘懋元高校管理思想进行了初探，难免挂一漏万。其后我们将进一步认真学习和深刻领会潘懋元先生的相关论述，继续再探

---

① 潘懋元.潘懋元文集：卷一・高等教育学讲座[M].广州：广东高等教育出版社，2010：201.

② 潘懋元.实践—理论—应用：潘懋元口述史[M].郑宏，整理.武汉：华中科技大学出版社，2019：84.

③ 潘懋元.21世纪：可持续发展的中国高等教育——兼论中国高等教育大众化问题[J].教育科学研究，1999(2).

④ 潘懋元.实践—理论—应用：潘懋元口述史[M].郑宏，整理.武汉：华中科技大学出版社，2019：202-203.

潘懋元高校管理思想。

Probe into Pan Maoyuan's University Management Thoughts

Han Yanming
(Education College, Normal University of Shandong, Shandong, Jinan, 250014)

Abstract: Pan Maoyuan's higher education ideology system is complete, extensive and profound, the contained universities management ideas is also unique and truth - seeking. In particular, his university management ideas such as professionalization of university management cadres, refined management of university teaching, and humanization of university student management have demonstrated ideological guidance, theoretical support, and policy appeals to the domestic universities' reformation, development and improvement. With these important practical guidance characteristics, Pan Maoyuan's university management thoughts especially deserve an in-depth exploration.

Key words: Pan Maoyuan, university management, thoughts, practice

潘懋元高职教育思想研究

——论高职的定位、体系和改革

方泽强*

（广东工商职业技术大学　职业教育与产业发展研究院，广东　肇庆　526020）

摘　要：改革开放以来，我国高职教育迅速发展，成绩斐然。在新的发展时期，职业教育面临新挑战、新使命，亟须再出发、再改革、再提高。潘懋元先生的高职教育思想在实践中已有效引导和支持高职的发展，重新识读他对高职教育定位、类型、体系、人才培养及改革的观点有利于深化对高职教育的再认识、再把握，有利于深化高职教育再改革、再发展和再提高。

关键词：潘懋元；教育思想；高职教育；本科职教；改革

改革开放以来，我国高职教育逐步发展壮大，并成为高等教育大众化的重要推动力量。经过多年发展，高职教育在教育理念、办学体制、治理模式、人才培养、校企合作、师资建设、质量评价等方面形成了有别于普通高等教育的特点。一部分高职院校还成为"一带一路"沿线国家学生的重要培养基地①，甚至走出国门在外办学，成为我国国际教育发展的新增长点。上述成绩对发展历史不长的高职教育来说殊为不易。当前，职业教育的现代化成为其新的使命，我国经济社会发展以及"中国梦"的实现也迫切需要高职教育的支撑，以获得一批高素质技术型人才资源，为此，我国于2019年颁布了《国家职业教育改革实施方案》，吹响了高职教育新一轮改革和发展的冲锋号。面对新一轮改革和发展，高职教育急需通过以下途径来壮大自身，注入发展动力，以取得新成绩：一是从先进的教育

---

* 方泽强（1981—　），男，汉族，广东惠来人，教育学博士，广东工商职业技术大学副教授。研究方向：高职课程建设，大学教师发展。

① 覃勇.《2019中国高等职业教育质量年度报告》发布[EB/OL].（2019-06-20）[2020-02-20]. http://finance.sina.com.cn/roll/2019－06－20/doc－ihytcerk8243140.shtml.

理论和思想中汲取养分;二是继承发展已有的成功实践经验;三是学习借鉴他国的先进做法。相对来说,学习先进教育理论和思想是最经济、最简捷的方法。潘懋元先生的高职教育思想经实践检验已有效指引和支撑我国高职教育的发展。例如,他2005年提出的"高职教育是一种教育类型而非一个教育层次"的观点为高职正名,在理论上为扭转高职普通化发展的弊病奠定了基础。在新的历史时期,重新学习潘先生高职教育思想有利于深化对高职这一类型教育的认识,更有利于进一步深化高职的改革实践,推动其健康发展。

潘先生的高职教育思想散见于多篇论文,梳理下来可归纳为四方面的观点:一是充分肯定高职教育的重要地位和价值;二是提出高职的教育类型说和独立教育体系论;三是详细分析高职培养的人才类型及应如何培养;四是形成建设性的高职改革论。

一、肯定高职是大众化的重要支柱且应继续发展

1978年党的十一届三中全会召开,我国高职教育迎来了发展的春天。1980年全国第一所高等职业院校——南京金陵职业大学成立。随后广东、河南、湖北、福建等省纷纷成立职业大学。1985年职业大学的数量达120多所[①]。然而,由于经济发展对职业技术型人才需求的体量不大以及社会各界对高职教育地位的认识还不充分,高职教育发展还是比较缓慢。1993年《中国教育改革和发展纲要》和1996年《中华人民共和国职业教育法》出台,为高职的快速发展提供了政策动力和法律支持。特别是1999年1月国家印发了《试行按新的管理模式和运行机制举办高等职业技术教育的实施意见》,使高职发展换挡加速,一路疾驰。据统计,1998年高职(专科)院校101所,招生6.28万人,在校生14.86万人。到2005年,学校1091所,招生268.09万人,在校生712.96万人[②]。

新生事物的发展并非一帆风顺。高职的迅猛发展产生了毕业生就业难问题,为此有部分人质疑甚至责难高职。"高职是否还要继续发展""应如何发展""高职院校必须为学生就业负什么责任"等成为实践中绕不过去的难题。为此,

① 潘懋元,朱乐平.高等职业教育政策变迁逻辑:历史制度主义视角[J].教育研究,2019(3):117-129.

② 平和光,程宇,李孝更.40年来我国高等职业教育发展回顾与展望[J].职业技术教育,2018(15):6-17.

学术界和实践一线对上述难题进行了探讨和研究。但各方观点并不统一。高职处于“前进还是后退，向左还是向右”的十字路口当中。

潘先生明确提出要大力发展高职教育，从而破解了“十字路口”难题。他认为，高职院校应“保证所培养的人才质量在就业市场上适销对路”，同时，对高职生就业率不高“既要重视，又不要过分紧张。过分紧张形势是人为炒作出来的，或者说是以计划经济统招统配的老观点看待市场经济自主择业的新形势所形成的”①，这样，就明确了高职院校在学生就业上应尽的责任以及就业难的症结所在。在此基础上，潘先生坚定地提出要继续发展高职。他说，“高等教育大众化的主流是应用性技能型的高等职业技术教育”②，“中国高等教育大众化刚刚开始，发展需要依靠两根支柱：一根是高职，一根是民办。没有高职、民办，只能停留在精英教育阶段，而不能够在大众化阶段继续发展”③。同时，对高职发展的速度也提出建议，“改变巩固发展和快速发展两种规模发展的指导思想，改为适度超前发展”。在潘先生等理论研究者、实践教育工作者及政府的共同努力下，高职发展并未在质疑或责难中受挫，而是继续保持向前发展的良好态势。2005 年，政府启动国家示范高职院校建设项目。2007 年高职质量工程建设启动。进入 2010 年后，政府先后出台了《国务院关于加快发展现代职业教育的决定》《高等职业教育创新发展行动计划(2015—2018)》等政策。这些项目和措施有力推动了高职的持续健康发展。

潘先生对继续发展高职教育持支持和肯定的观点并非主观的臆断，而是建立在其对世界高等教育发展特点、趋势以及中国经济社会对技术型人才需求全面系统把握的基础上。潘先生指出：“发达国家在二战之后，高等教育的大众化主要是高职的发展。一些发展中国家和地区，包括韩国、香港、台湾在经济起飞的时期都是得益于高等职业教育。发展中国家 60—70 年代，发达国家 50—60 年代都经过了这个阶段。中国高等职业教育发展迟了一些，我们在 20 世纪末才开始，80 年代有 120 多所职业大学。但是后来搞得不好，真正发展起来是 90 年代以来，发展得很快。发展高等职业教育不是中国偶然如此，世界也是如此。”④这种观察是精准的，结论是有说服力的。后来我国高职的实践证明：没有高职教育

① 潘懋元.《高等职业教育发展研究》序[J].天津职业大学学报，2004(3)：11-12.

② 潘懋元.《高等职业教育发展研究》序[J].天津职业大学学报，2004(3)：11-12.

③ 潘懋元.当前高等职业教育发展的几个主要问题[J].天津职业大学学报，2003(6)：13-15.

④ 潘懋元.当前高等职业教育发展的几个主要问题[J].天津职业大学学报，2003(6)：13-15.

的稳健、持续发展，我国高等教育大众化不可能在较短的时间内实现；没有高职教育稳健、持续发展，我国经济社会发展不可能有巨大的人力资源红利；没有高职教育稳健、持续发展，我国高等教育体系不可能具有丰富性和多样性。

现在来看，在我国高等教育大众化发展的关键节点，潘先生肯定高职的重要价值并支持其继续发展的观点为高职的实践清除了思想障碍，为我国推进高等教育大发展树立了理论信心。需要强调，即便在当前，潘先生关于高职的价值及规模发展的观点仍有十分重要的现实价值。目前中国特色社会主义建设进入了新时代，基本特征是经济已由高速增长阶段转向高质量发展阶段①，同时，我国高等教育即将进入普及化阶段。显然，高质量的经济离不开高质量的高职教育，因为高职教育是高等教育的重要支柱，能为经济高质量发展提供一批高素质的技术型人才，提供一批高水平的应用技术和产品，为普通民众高质量充分就业提供学历教育和技能培训支持。同时，高等教育的普及化也需要高职——普及化高等教育阶段既要有高水平的普通高等教育，也要有高水平、规模化的高职教育的支撑。

二、提出“高职教育类型说”和“独立教育体系论”

20 世纪 90 年代末起，高职教育“量”的发展方面成绩十分可喜，但“质”的发展方面却很成问题。最大的问题是模仿、照搬普通高等教育的人才培养范式，导致人才培养与普通高校同质，不能充分适应社会需要。究其原因，在于多数人把高职教育视为普通高等教育的一个层次而非一种教育类型，人们对高职院校缺乏“类型”的概念，进而在“教育类型学”的探索研究中苍白乏力，因而新兴的高职院校被动地把套用普通本科高校的办学模式视为合理的“拿来主义”行为甚至高效的发展策略，却不知实际上已偏离应然发展轨道。

在这种背景下，学术界掀起了对“高职应该是什么”“怎么办”的反思和讨论。虽然有学者提出“高职是一种类型”，但持“高职是一个教育层次”观点的也大有人在。特别是当经济社会发展对高职人才需求还处于专科层次，且社会普遍看低高职社会地位时，提出“高职是一种教育类型”的观点显然处于弱势甚至是不合时宜的。许多人都不太认同这一观点，其中包括为数不少的研究型大学和地

① 蒋文龄.经济发展进入新时代[EB/OL].(2018-08-10)[2019-02-20].http://ex.cssn.cn/shfz/201808/t20180810_4538550.shtml? COLLCC=2873527685&.

方大学的校长。

潘先生提出“高职是一种教育类型”的观点。他言简意赅地指出，“教育类型和教育层次是两个不同的概念。高等职业教育是一种有别于理论性普通高等教育的类型，但并不是一个区别于本科的专科层次。高等职业技术学校既可以是专科层次的，也可以是本科以上层次的。不应把高等职业教育限定于专科层次”①。鉴于作为资深教育学者的影响力以及透彻简约的分析，潘先生的观点得到广泛关注。终于，包括潘先生等人在内所提倡的教育类型说逐渐得到了肯定和认可。由于理论界和实践界的呼吁、努力，高职跨出发展史上重要的一步：高职作为一种独立的教育类型被明确地写入政策文本。2006 年教育部印发《关于全面提高高等职业教育教学质量的若干意见》明确指出，“高等职业教育是高等教育的一个类型，培养面向生产、建设、服务和管理第一线需要的高技能人才”，并从九个方面对提高高职质量进行要求。至此高职实现了转型，走上了不同于普通高等教育的独立的、特色化的发展道路。从我国高职教育发展进程看，这次转型发展对高职具有根本性、长远性的意义。

进一步地，潘先生提出我国要构建独立的高职教育体系。他认为，高等教育在横向上可分为三类：第一类是综合研究型大学，有本科、硕士学位和博士学位。第二类是多科性或单科性专业型大学或学院，有本科、专业硕士、专业博士（或转入研究型博士阶段学习）。第三类是多科性或单科性职业技术型或技能型专科学校或学院，有专科、职业技术本科、职业技术硕士（或转入专业硕士阶段学习）。第三类学校着重职业技术能力的实训，培养不同层次的生产、管理、服务第一线的技术人才。以工程技术人才为例，包括高级技工、技术员以及设计、施工、管理工程师，专科层次可授予职业性副学士学位，更重要的是职业资格证书。获得职业学士学位之后，可以继续修职业硕士或转入专业硕士阶段学习。如果获得专业硕士，同样可以继续修专业博士或转入研究型博士阶段学习②。在纵向上，多科性或单科性技术型或技能型专科学校或学院与中等教育水平的职业学校、技工学校衔接就构成完整的独立体系③。这一大学分类不同于联合国教科文组织的教育分类，也有别于美国的高等教育分类，具有创新性和本土化，适合我国国情。后来，我国教育管理部门基本上也是采用这样的分类方法。2017 年《教育部

① 潘懋元.建立高等职业教育独立体系刍议[J].教育研究，2005(2)：26-29.

② 潘懋元.建立高等职业教育独立体系刍议[J].教育研究，2005(2)：26-29.

③ 潘懋元.建立高等职业教育独立体系刍议[J].教育研究，2005(2)：26-29.

关于十三五时期高等学校设置工作的意见》就明确规定，我国按研究型、应用型和职业技能型三类来构建高等教育分类体系。

由于潘先生等教育理论研究者的影响、一线教育工作者的努力、教育需求和经济社会对本科职教人才需求等因素的综合作用，构建独立的高职教育体系的行动在我国逐步展开。进入21世纪的第一个10年，《国家中长期教育改革和发展规划纲要(2010—2020年)》出台，该教育政策对高职的改革发展在“高职是一种教育类型”的基础上又向前迈进了十分重要的一步：提出要构建独立的高职教育体系，并明确改革的时间表和任务书——“到2020年形成适应经济发展方式转变和产业结构调整要求、体现终身教育理念、中等和高等职业教育协调发展的现代职业教育体系”。为落实纲要的精神，2012年教育部在江苏、浙江等省试点，主要以联合办学等非独立形式试办本科职教，力求打破高职专科的天花板，构建完整的教育体系。2014年《国务院关于加快发展现代职业教育的决定》第一次明确提出“探索发展本科层次职业教育”。同年，《现代职业教育体系建设规划(2014—2020年)》指出：“本科层次职业教育达到一定规模，系统构建从中职、专科、本科到专业学位研究生的培养体系。”改革力度最大的是2018年。当年12月教育部批准15所新升格的民办本科高校为首批单独举办本科职教的试点改革单位。由此，独立的高职教育体系终于在实践中形成了。2019年12月底，第二批6所高校被确定为本科层次职业教育试点改革单位，本科职教学校的规模进一步扩大。

潘先生提出“高职教育类型说和独立教育体系论”观点的影响是重大的。1999年我国高等教育启动扩招，到2002年高等教育毛入学率就达到15%，进入了大众化阶段。在这一过程中，高职教育协调发展的力度不足：偏重“量”的扩张，“质”的提升跟不上“量”的发展。如果把质的发展比喻成灵魂，量的发展比喻成身体，那么高职显然处于一种类似于“灵魂跟不上身体的步伐”的窘境——高职院校和学生数量上去了，却因为模仿普通高等学校办学以致不能充分适应和满足社会各界的要求。因此，现实中中高级技术人才“一工难求”和大学生就业荒的悖论成为社会批评教育界的证据，一年又一年的“史上最难就业季”新闻使高职处于彷徨中。在这种情况下，理论界提出“高职教育是一种教育类型而不是普通高等教育的一个层次”就为高职去普通高等教育化，走独立发展道路指明了方向，进一步夯实了高职必须培养高素质技术型人才，提高人才适应性，满足市场需求的目标取向。此外，构建独立的高职教育体系的观点也为我国政府完善专升本政策和新升格本科高校发展指明了方向。长期以来，高职专科院校偏好升本,升本后纷纷从职业型定位转向研究型定位。这种转轨发展的方式显然偏离应然道路。潘先生认为对升本宜"疏"不宜"堵",提出"当前迫切需要的是改革现行学制,特别是要在本科层次上引导分流,构建多样化的本科教育系统。我们需要发展职业技术教育本科。这种职业技术教育本科院校不应再单纯追求学术性,而应在一定理论性基础之上注重实用性和技术性教育,体现明确的职业性特征"。对于如何发展职业技术教育本科,他指出,"少量办学条件优秀的高职高专可以升格,发展为本科教育的职业技术院校。更为主要的,一些新建地方本科院校可发展为职业技术教育本科。因为近年来新建地方本科院校多数是由原来的专科升格或合并而成的,片面追求理论性和学术性,不切实际。如果能转向职业技术教育,将会更容易发挥优势,并使所培养的人才更符合社会实际需要"①。

就当前来说,我国共有两批共21所本科职教试点学校正在积极开展改革探索,笔者所在学校为其中一所。笔者经常听管理团队讨论最频繁的问题就是:"试点学校应往哪个方向改革?"其实,完全可以从潘先生独立高职教育体系论中汲取思想、养分和力量,那就是学校"在培养目标、教学计划、课程内容、教学方式方法上都不同于传统的普通高校体系,更贴近社会实际,培养经济与社会发展所需要的人才"②。如果能够准确把握并在实践中落实这一独特性,毫不动摇地坚持类型教育的特征,突出职业属性,改革试点必然能取得预期的成功。

三、详细分析高职培养的人才类型及如何培养人

高职属于高等教育的范畴,那么,高职是不是大学,高职生是否大学生?对这一问题的回答显然直接影响高职和高职生在社会和高等教育系统内的价值定位,对其发展有深远影响。现实中,有些人认为高职属于大学,高职学生也是大学生,也有人持否定意见。之所以持否定意见,是一些人认为高职院校缺乏学术风气,高职生也缺乏传统上天之骄子的气质或风貌。但问题在于高职学校的办学历史并不长,要保证它在短时间内充满学术风气并不现实。营造学术风气需要时间积淀,并非一蹴而就。此外,高职院校和高职生显然是另一类有别于传统大学和大学生的存在,其大发展来源于高等教育大众化的发展,而传统大学和大学生的角色和形象更多是精英教育阶段的产物,就此而言,高职院校及其学生肯

---

① 潘懋元,肖海涛.论我国高等教育学制改革[J].高等教育研究,2006(7):36-39.

② 潘懋元.建立高等职业教育独立体系刍议[J].教育研究,2005(2):26-29.

定有特别之处。

潘先生对高职生是否大学生的问题持肯定的答案。他说:“高职院校的学生也是大学生,大学生的素质教育对他们也应有所要求。我们在培养出一名职业技术人员的同时,也要将他培养成一名公民。因此,对高职院校的学生,不但要求他们掌握专业知识,也应该强调公民道德教育,应将他们培养成为全面发展的职业技术专门人才。”[①]这一观点为高职院校和学生进行了明确定性,并间接提醒高职实践中的办学者和管理者:高等教育发展的内外部环境发生了变化,必须站在高等教育大众化阶段的时空维度来认识大学和大学生,特别是应把高职这一类型纳入大学范畴,而不能以精英高等教育阶段的视角来认识大学和大学生。

另外,高职生是大学生的观点也为实践的人才培养工作指明了方向。既然高职生属于大学生的范畴,那么,就必须按照大学(高等教育)的通用标准来培养和要求高职学生。什么是高等教育的通用标准或一般要求,就是教育要有专门性、学术性,它们是高等教育的内涵[②]。专门性教育是指它不是简单的普通文化教育,而是专业教育——按专业来培养学生。需要注意的是,在精英教育阶段,大学系统是单一型的,专业教育体现为“专业—学术”模式,即学生就读某专业是为了探究学术,就业并非显性价值追求;到了大众化阶段,大学系统不是单一型而是多样化的,专业教育发展出了“专业—职业”模式,即学生就读某专业是追求职场就业。学术性意味着大学的知识内容具有理论性、系统性。其包含两个层次:一是知识水平高。指知识的结构化水平和深度高于初等教育和中等教育;二是指部分知识的性质是深奥的、有探究性质的。即有些知识处于已知和未知之间,有些甚至是未知的,需要学生探究学习。需要强调,高职培养学生要体现高等教育通用标准是指:要体现出专门性中“专业—职业”模式的特点,以之区别于普通文化教育,同时,要体现出学术性第一个层次的特点,这样才能区别于中职教育。中职教育更侧重于动作技能训练,并不追求对高水平理论知识的掌握,而高职教育则需要。高职专科教育多年办学实践表明培养学生要以“理论够用”为度,高职本科则应坚持“理论扎实”。至于学术性第二层次的标准,本专科层次的高职显然不需要,也不应将之视为人才培养的依据,它在一定意义上是普通高等教育培养人才的标准。

为了更具体辨识高职和传统大学培养人才在哪些方面有不同,潘先生进行

① 潘懋元.黄炎培职业教育思想对当前高等职业教育的启示[J].教育研究,2007(1):45-50.

② 张楚廷.高等教育学导论[J].北京:人民教育出版社,2010:5.

了分析，“综合性研究型大学着重基本理论研究，培养自然科学、社会科学、人文学科的研究人才；多科性或单科性专业型大学或学院着重应用理论研究，培养不同层次的专门人才；高职教育着重职业技术能力的实训，培养不同层次的生产、管理、服务第一线的技术人才”①。另外，“高等职业教育的质量标准不同于传统大学的质量标准。它的主要质量标准是：基础理论知识适度、应用知识较宽、技术能力很强、具有诚信的职业道德。它的检验标准是就业市场适销对路。也就是说，教育质量、办学效益要以就业为导向”②。

基于上述认识，潘先生指出高职学生的培养不仅要具备大学生的一般素养要求，也要根据自身的特性采用适宜的培养方法。“首先，在素质教育内容上，除一般素质的基本要求外，应着重于职业人文素质，培养学生诚信、合作、责任、敬业、创业等职业精神、职业道德、职业态度。其次，在做法上，由于高等职业教育年限较短，技能实训任务较重，应当少开或不开专门的素质教育（或称通识教育）课程，将人文素质教育渗透于课程教学或技能实训中。此外，在使教育要求内化为学生素质的过程中，应该更加重视校园文化和实训基地的人文环境建设，使学生在环境熏陶下自然形成良好的公民素养，成为全面发展的职业技术人才。”③

可见，在明确高职学生的身份属性和培养方面，潘先生不仅明确指出高职生是大学生，使高职生和高职院校获得应有的社会形象，而且，他对高职和其他类型高校培养的人才类型进行区分。在此基础上，他对高职学生的培养规格、道德素质、课程类型、培养方式、学校校园文化建设等提出许多真知灼见。这些认识和建言不仅是过去，而且在现在都是高职院校办学实践中“学之即可用，用之即有成效”的“真经”。

四、形成具有建设性的高职教育改革论

我国高职教育是在自主探索和不断学习借鉴德国、英国、澳大利亚等国经验的基础上发展的。在这一过程中，我国高职教育不断面临问题和挑战，客观上面临一系列的改革。在改革方面，潘先生也提出许多建设性的观点。

在招生制度方面，潘先生提出改变“先本后专”的招生录取以及多元考试的

① 潘懋元.建立高等职业教育独立体系刍议[J].教育研究，2005(2)：26-29.

② 潘懋元.《高等职业教育发展研究》序[J].天津职业大学学报，2004(3)：11-12.

③ 潘懋元.黄炎培职业教育思想对当前高等职业教育的启示[J].教育研究，2007(1)：45-50.

观点。我国过去主要通过统一高考来进行招生，并按照先本科后专科的录取顺序来录取。这种招生和录取方式对高职有失公平，它不仅在思想上，而且在制度上人为造成并固化了不同教育类型、人才培养类型的高低之分而不是分工之别。潘先生在2007年就建议要改变“先本后专”的招生制度。这是因为“人与人之间的主要区别并不是才能的高下，而是才情的差异。专科与本科院校的区别，也主要是在人才培养类型上，而不是培养层次上。今天我们的招生考试制度，对高等职业教育实在是非常不利。高等职业教育与普通本科相比，是一种强调实践能力的教育，是另一种类型的教育。它和普通本科对生源的要求是不同的。因此，以单一的、全国统一的高考来决定这两种类型教育对学生的选择，并不符合以人为本的思想，必然无法使学生找到最适合其个性发展的途径。何况目前的高考制度是以理论型本科的招生标准来考试的，它根本无法考察学生的动手能力和职业潜能，不适合作为高等职业教育招生的工具”①。潘先生还指出，“进入高教大众化阶段，高考是选拔性考试还是适应性考试？当绝大多数高中毕业适龄青年都可以而且应当是进入高等学校时，高招应当通过多样化的考试或非考试形式，进行双向互动互选”②。2014年《国务院关于深化考试招生制度改革的实施意见》指出，高考改革目标是形成分类考试、综合评价、多元录取的招生考试制度。这与潘先生所提出的改革方向是一致的。由此不难看出，潘先生在招生改革方面的观点具有超前性和科学性。

在专业建设方面，潘先生很早时候就提出了相关的指导性理论——教育外部关系规律理论，即高等教育要适应经济、政治、文化和科技的发展。这一理论被实践证明是行之有效的大学办学理论和专业建设方法论。不仅宏观上有理论论述，微观上也有具体建议。潘先生基于现实观察和思考对高职的专业建设提出，要改变专业设置方式，让高职院校依市场需求自主设置专业。“与理论型本科不同，高职院校不是根据学科而是依据行业或岗位来设置专业，以培养的人才能满足工作岗位需要为目的。因此高职院校应该有专业设置的自主权，不必以统一的专业目录来规范全国高职院校的专业设置”③。在专业人才如何培养这个问题上，他提出，“在学术性与职业性的关系上，职业性是第一位，也要兼顾学术性。首先，应当面向职业岗位（或某种行业、某类技术），使培养出来的学生能够

---

① 潘懋元.黄炎培职业教育思想对当前高等职业教育的启示[J].教育研究，2007(1)：45-50.

② 郑若玲.高考思辨[M].北京：经济科学出版社，2012：2(序).

③ 潘懋元.黄炎培职业教育思想对当前高等职业教育的启示[J].教育研究，2007(1)：45-50.

对口上岗，很快地适应职业岗位的需要，因而普通高校本科所提倡的'拓宽专业口径''淡化专业，加强通识'等等，不一定可照搬。但培养职业技术人才，不是培养'工匠'，也应当兼顾一定的理论基础与自学能力，使之能在工作中进修提高"①。实践中，在高职专科层次，编制人才培养方案采用工作过程系统化的课程模式已成为共识，在理论和实践上并没有什么争议，但在本科层次，是延续高职专科的课程开发模式，还是采用普通本科的学科知识导向课程开发模式，以突出本科教育的学术性，对此理论和实践上都存在争议。笔者认为，编制上本科职教人才培养方案应坚持潘先生提出的"职业性第一位，兼顾学术性"的原则，突出技术、职业等要素，兼顾一般理论知识和普通文化知识。如果忽视了这一点，本科职教的人才培养必然走向学问化的道路，最终培养出来的人才就变成理论型、研究型人才。这会让本科职教变相得走回普通高等教育化的办学道路，而无视经济社会发展和产业升级对大量高素质技术型人才的强烈需求。

在师资建设方面，潘先生提出要建设双师型教师队伍。高职院校需要有不同于普通高校的教师，这是办好高职，提高办学水平的关键点。那么，这样的教师是何种角色形象，需要什么素质？潘先生给出他的答案——双师型教师，"既然学生培养重视的是对知识、技能的掌握与应用，教师也应该具有相当的实践能力和动手能力，而不应该是只懂理论的教师"②。同时，他对教师发展和双师队伍建设也建言："大学教师发展包含学科专业水平、教师职业知识与技能以及师德。双师型教师发展方式有：带领学生到实训基地，不只是作为带队者，而且同学生在实训基地一起参加实训活动；到合作单位接受培训，最好是挂职工作，既获得实践锻炼，又深入了解运营机制。另外，从企事业单位引进的专、兼职技术人才或管理干部，要帮助他们学习教育知识与教学技能，并通过具体教学工作提高其教学能力"③。从上述观点不难把握办好职教必须要有高水平的双师师资以及教师发展体系，更要让职业教育坚定不移地走校企合作、工学结合的发展道路——不仅仅有利于引入产业界的教师，而且能为学校教师在职发展和技能提升提供重要支撑。

在经费投入方面，潘先生很早的时候就提出抓住加大投入这一关键点。在

① 潘懋元.《高等职业教育的探索与研究》序[J].深圳职业技术学院学报，2004(3)：4-5.

② 潘懋元.黄炎培职业教育思想对当前高等职业教育的启示[J].教育研究，2007(1)：45-50.

③ 潘懋元.大学教师发展论纲——理念、内涵、方式、组织、动力[J].高等教育研究，2017(1)：62-65.

他看来，加大投入是政府的责任，并且，要根据人才培养的实际需求来投入，不能简单地以类型作为投入的计算依据。他说，“要把低投入、高收费改为高投入与适度收费。现在的高等职业教育是国家低投入，甚至不投入，但高收费。我们要把高职搞好，资金投入不足已成为我们的重大问题”①，“低投入，高收费”已经成为影响高等职业教育发展的重要因素。高职学生所需的生均设备，并不比本科生花费少。本科要建设实验室，固然要花很多钱，但高职院校要办好，也必须有实训场地和设备，这些花费并不比本科实验室便宜。因此，不能仅根据学校类型来拨款，而应该从学校办学需要出发，调整投入比例②。事实上，“办好高职以及办高质量的高职需要充足经费投入”这一观点在后来的实践中得到充分印证：我国近些年高职培养的人才逐渐受到市场和企业的欢迎，一定程度上正是国家不断提高高职的生均经费标准，保证了人才培养质量所致；深圳职业技术学院等之所以是高水平高职院校，首先是在生均经费投入上给予充分的保障。

在质量保障方面，潘先生早在2003年就提出要改革高职的质量评价标准。他指出，要改变原来单一的评估标准和评估体系。精英教育有精英教育的标准，大众化教育有大众化教育的标准。而高职的标准就是以就业为导向，面向市场适销对路③。在实践中我国从2004年开始实施高职高专人才培养工作评估，评估体系突出了以服务为宗旨，以就业为导向，走产学研结合的发展道路，加强教学基本建设，深化教育教学改革，努力办出特色。这种突出高职特点的评估制度为高职的类型发展提供了有效的政策牵引和保障。

综合来看，潘先生在不同时期对高职各个方面的观点和建言发挥了重要影响，对厘清不同时期高职在改革和发展方面的疑惑、纷争提供了清晰、有效的解答，并直接或间接地对高职发展政策的出台发挥了理论支撑作用。可见，潘先生的高职教育思想不仅是丰富的，而且具有建设性和影响力。尤需提及的是，潘先生不仅是一位关心并致力于高职研究的“教育思想家”，也是一位关心和热心介入高职院校改革和实践的“社会活动家”。他经常深入高职院校调研，与办学者、管理者和教师相互交流学习，尽其所能为学校发展建言献策。这种实践行动也是其高职教育思想体系的重要组成部分，一定程度上表明其教育思想是立足实践，来源实践并能服务实践的。展望我国的高职发展，特别是一些新的改革与发

① 潘懋元.《高等职业教育的探索与研究》序[J].深圳职业技术学院学报，2004(3)：4-5.

② 潘懋元.黄炎培职业教育思想对当前高等职业教育的启示[J].教育研究，2007(1)：45-50.

③ 潘懋元.当前高等职业教育发展的几个主要问题[J].天津职业大学学报，2003(6)：13-15.

展，例如本科层次职业教育怎么办、本科职教试点改革学校如何改革等问题，其实都可从潘先生高职教育思想寻求到答案或指引，“高职独立体系论”事实上就为本科职教改革试点进行明确定向、定位。总之，如果理论研究者和实践者能够将潘先生的观点和思想认真研学、落到实处，那么，在教育实践中收获成功，在改革发展上获取突破，肯定指日可待。

Research on Pan Maoyuan's thought of Higher Vocational Education

——On the Orientation, System and Reform of Higher Vocational Education

Fang Zeqiang

(Institute of vocational education and industrial development of Guangdong Business and Technology University, Zhaoqing, Guangdong, 526020)

Abstract: Since the reform and opening up, China's higher vocational education has developed rapidly and achieved remarkable results. In the new period of development, vocational education is faced with new challenges and new missions. Pan maoyuan's thought of higher vocational education has effectively guided and supported the development of higher vocational education in practice, and re-reading his views on the orientation, type, system, talent training and reform of higher vocational education is conducive to deepen the re-understanding and grasp of higher vocational education, and to deepen the reform, development and improvement of higher vocational education.

Key words: Pan maoyuan; Educational thought; Higher vocational education; Undergraduate vocational education; reform

潘懋元教育思想与民族区域高等教育发展*

——以西藏高等教育为例

巴　果**
（西藏职业技术学院，西藏　拉萨　850030）

摘　要：潘懋元先生牵挂着西藏高等教育学科发展事业，西藏高等教育学科建设获得长足进步。事实证明，潘懋元先生的高等教育理论具有广泛的指导意义，能够帮助理解高等教育发展中的诸多疑难现象并指导高等教育改革发展具体实践。本文立足潘懋元教育思想的理论根基，试图沿着两条路径展开讨论：一是学习领悟教育价值观、教育质量观和教育发展观的核心要义及其对西藏高等教育办学实践的启示意义；二是探索总结高等学校微观教学过程中的育人举措，为西藏高等教育学科的可持续发展探寻支撑动力。

关键词：潘懋元；教育思想；西藏高等教育；启示；指导

一、潘懋元先生牵挂着西藏高等教育学科发展事业

学界泰斗潘懋元先生是我国高等教育学科创始人和奠基者。2018 年 6 月 2 日，潘懋元先生欣悉西藏大学教育学院成功开展对高等教育学硕士学位点首届毕业生的论文答辩会议，普布卓玛等三位硕士生顺利通过了学位答辩后，郑重给西藏大学发来贺信。7 月 4 日，西藏大学举行隆重的研究生毕业典礼暨学位授予仪式，副校长白玛次仁在典礼仪式上宣读了潘懋元先生写给西藏大学的贺信。①

* 基金项目：本文系国家社会科学基金“十三五”规划 2019 年度教育学西部项目“乡村振兴战略背景下西藏现代职业教育体系建设与发展规划研究”（课题批准号：XJA190288）阶段性成果。

** 作者简介：巴果（1972—　），女，藏族，教育学博士，西藏职业技术学院教授，兼任西藏大学硕士研究生导师。研究方向：民族高等教育、西藏职业教育、大学生职业指导教育。

① 段锐.教育学院组织全院教师热议潘懋元先生写给西藏大学的贺信[EB/OL].（2018-06-29）[2020-04-13]. http://www.utibet.edu.cn/news/article_3_5_14082.html.

贺信中先生对西藏大学高等教育整体工作近年来取得的喜人成绩表示了充分的肯定，特别指出："四十年前我在厦门大学建立了全国第一个高等教育学科研究机构。主编出版了第一部高等教育学专著。建立了第一个硕士学位授予点和第一个博士学位授予点。如今，高等教育研究已成为全国显学，目前中国计有高等教育学博士点 20 多个，硕士点数以百计。但我特别重视西藏大学高等教育学这个硕士点的建立与发展，这是西藏高原上一颗璀璨的明珠。"①

的确，40 年前的 1978 年，在厦门大学成立了中国第一个高等教育科学研究室。整整 40 年后的 2018 年，在我国青藏高原的西藏大学首届高等教育学科硕士研究生顺利毕业。由此，标志着中国高等教育学科的研究力量和学位点分布建设遍及全国所有的省和自治区。这是一个具有特殊历史意义的重要时刻，置于我国民族高等教育建设发展的历史长河中也仍值得回味、值得记忆。

众所周知，由于历史原因及民族教育自身的特殊性和复杂性，我国的现代民族高等教育发展总体上相对滞后，尚不能充分适应民族区域振兴发展的客观需要，存在诸多共性问题。比如，民族高等教育的办学理念滞后、发展定位不明、特色优势不突出、人才培养模式和学科专业结构亟待优化等。因此，构建我国民族高等教育发展新模式势在必行。②

回顾历史，立足现实，展望未来，我们可见在中国高等教育理论研究的历史制高点上，学科创始人潘懋元先生为我国高等教育的"普遍性"办学实践提供了理论基础和理念支撑，为我们树立了正确的高等教育发展观和人才培养质量观。西藏高等教育作为我国民族教育事业的重要组成部分和中国教育体系框架下的一个子系统，其"特殊性"发展路径和办学实践，同样需要基本理论的正确指引，更需要因地制宜的发展策略。为此，一方面，我们探索阐释潘懋元先生高等教育思想的理论精髓，以期从中获得有益于当前西藏高等教育乃至我国民族高等教育发展的学理依据，更好地推动和引导教育按规律办学；另一方面，我们回顾总结潘懋元先生指导西藏高等教育学科建设的启蒙路径，以期从中获得思想启迪和方法借鉴，更好地促进和提升西藏高等教育的研究水平和学科建设成效。

---

① 潘懋元.潘懋元写给西藏大学的贺信，2018-6-10.

② 陈・巴特尔.新时代民族高等教育发展研究的方向[J].中国民族教育，2019(10)：53.

二、潘懋元教育思想对西藏高等教育办学实践的启示

1959年西藏公学开办第一个专科层次的藏汉翻译专业，标志着西藏真正意义上的现代高等教育层次办学正式发端。截至2019年初，全区高校已发展到7所，共计在校生3.77万人，教职工3788人，其中专任教师2629人①。60年来，西藏现代高等教育大致经历了五个发展阶段，分别是初创探索时期（1958－1965）、"文革"影响时期（1966－1976）、调整巩固时期（1978－1997）、规模发展时期（1998－2010）和内涵建设时期（2011年至今）。

分析可见，自始至终贯穿西藏高等教育办学全过程的总体主线依然是"调整和改革"这一关键词。也就是说，在每一个历史发展时段，西藏的区属高等学校不断经历频繁的分分合合、院校更名或迁校改建等。同时，西藏高校的学科专业结构也在各个历史时期突出地表现为：目标定位导向不明，分类建设指导不力。直到今天，历经60余年发展实践的西藏高等教育，始终缺乏某种一脉相承的价值导向和特色凝练过程，高教办学"有实践过程却难见累积的质量效益"。

究其原因，我们认为最根本的因素在于西藏高等教育的"调整和改革"实践，缺失某些深层的"理性标准或基本依据"。确切地说，区域高等教育的办学思想和支撑理念相对缺失。人们常说"思想是行动的先导"，有什么样的办学思想和教育理念，就会采取相应的实践举措。同时，我们应该明白教育思想的转变和教育理念的树立，才是所有改革的先导和基础。

那么，何为教育思想？西藏高等教育办学应树立怎样的发展理念？潘懋元先生认为，教育思想和理念是指人们对于教育这种社会活动（现象）的深层次、系统性的认识或理解。② 通常，人的认识有深有浅，也有系统全面和零散片面之别，可以构成两个层次。如果把浅层次的认识称作"教育观念"，则深层次的认识可以称为"教育思想或理念"，它们在本质上并无严格异同。在大多数情况下，教育思想和理念的主要内容包括教育价值观、教育质量观以及教育发展观。在潘懋元教育思想中，明确主张与时俱进的高等教育思想理念与遵从教育基本规律，树立人的发展与社会发展平衡协调的教育价值观，树立全面发展的教育质量观和

① 西藏自治区教育厅编制.西藏自治区教育事业统计资料（高校、中职），2019：1.

② 潘懋元.走向21世纪高等教育思想的转变[J].高等教育研究，1999(1)：1.

可持续的教育发展观。[①]

(一)高等教育价值观

教育价值观主要指的是人们对教育和人的价值关系的正确认识，它能确定教育行为的价值取向。通俗地说，价值观就是“人们真正所看重的那个东西”。教育价值观反映的不是教育内容本身，而是体现人们对教育“看重的程度和取向”。由于人的认识不同，对教育价值的判断也会有所差别，相应的教育行为也就不同。举例来说，人们填报高考志愿所选择的专业，或大学毕业生就业所选择的工作单位，不完全都是根据个人兴趣与能力状况等因素来抉择，而是很大程度上受到大学生本人或家长价值观取向的决定性影响。同理，教育政策的设计、教育问题的解决、教育改革的方向等诸多抉择，也无时无刻不受决策者个人或群体价值观的制约影响。

由此，教育者或受教育者，教育决策制定者或执行者，理应都要持有正确的教育价值观，但其前提是对教育的客观功能理解准确、认识到位。通常而言，教育功能包括社会功能和个体功能两个层面。就高等教育的功能来说，其社会功能主要包括政治、经济、文化等方面的功能；而个体功能则有升迁、成长为主的职业发展功能。显然，高等教育的综合功能始终是客观存在的，只不过人们对这些功能的价值判断因客观现实或主观认识不同而会有所差别。结合西藏高等教育的发展历程举例来说，对于社会功能，因西藏特殊的历史和地理位置等综合因素所致，政治功能始终是西藏高等教育最首要的社会功能，稳定是西藏发展的根本前提。因此，任何时期培养“靠得住、留得下、用得上”的各级各类专门人才是西藏所有高校的首要育人目标；对于个体功能而言，在我国于“文革”之前人们普遍较为重视政治地位的升迁功能，改革开放之后人们则开始注重经济报酬为主的职业发展功能，而在未来我们可能更加重视个性发展或人格完善方面的个体成长功能。

诚然，高等教育的社会或个体功能是客观存在的，人们相对重视某一方面的功能也是很正常的。关键在于如果我们只强调某种功能而忽视或贬抑其他方面的功能。比如，高等教育只强调服务社会的功能或只注重个体发展的功能，那就会出现偏颇的教育价值观，这是应当及时避免的。特别是在当前各种思潮的叠

① 潘懋元.走向21世纪高等教育思想的转变[J].高等教育研究，1999(1):2.

加影响下，部分高校教师或个别大学生都只片面地强调个体功能而不顾教育的社会功能，这也是片面的教育价值观，有待及时调整。因此，基于教育功能的价值判断，潘懋元教育思想主张应当把唯社会需要或唯主体需要的片面价值观转变为在满足社会发展需要的前提下，充分尊重人自身的成长与发展需要，使社会价值与主体价值得到协调平衡发展。①

(二)高等教育质量观

从根本上说，高等教育的质量观与相应的人才观是紧密联系在一起的，可以说有什么样的人才观，就会有相应的教育质量观和教育评价方式。纵观我国民族教育的变迁沿革亦是如此，比如，西藏的传统教育质量观明显是"知识质量观"，人们认为"学富五明"，即通晓内明、工巧明、医方明、因明和声明者，才可谓是真正的圣贤者。② 传统社会以知识的多寡或深浅作为评价教育的质量标准，且至今这种"知识质量观"根深蒂固，影响深远。但是伴随改革开放至20世纪80年代以后，我国不少用人部门不断反馈大学生的能力欠缺问题，以及西方教育思想强调能力培养的重要性等综合因素，社会各界开始反思"重视知识、忽视能力"的不当之处。由此极力提倡能力培养的重要性，又逐步将"知识质量观"转变成"能力质量观"。因此，总体状况是在各个时期二者之间不同程度地存在失衡现象。

那么，究竟应当树立怎样的高等教育质量观？潘懋元教育思想理论明确阐释：高等学校培养各类专门人才，知识与能力同样都很重要。但在人的全面发展教育理论中，知识和能力均属于"智育"的范畴，它是前提和基础，但不是全部。③ 如果我们的教育，仅限于注重知识和能力范畴的智育培养过程，而忽视大学生的非智力因素，诸如思想品德、心理和身体素质以及审美情趣等方面，那就违背全面发展的教育方针。因此，必须把传统的知识质量观或单纯的能力质量观转变为包括知识、能力在内的全面素质教育质量观。

潘懋元教育思想强调，大学生的素质教育是一种教育思想或教育观念，而并非一套模式化的具体方案。④ 正如教学方法"教无定法"，素质教育亦是如此。重要的是在素质教育思想引导下，要探索出基于高校自身资源和基础底蕴的最佳

① 潘懋元.走向21世纪高等教育思想的转变[J].高等教育研究，1999(1)：2.
② 巴果.西藏传统学科教育发展探微[J].中国高等教育评论，2016(6)：24-25.
③ 潘懋元.新时期中国高等教育的质量战略[J].国家教育行政学院学报，2006(2)：5.
④ 潘懋元.走向21世纪高等教育思想的转变[J].高等教育研究，1999(1)：4.

实施途径。比如，通过课堂教学中的渗透，通过校园文化的熏陶，通过社会实践的融入乃至全体教职工的以身作则等。但无论依托什么途径或平台，关键在于"寓素质教育于知识教育之中"，科学精神与人文素养教育相得益彰，培养全面发展的社会主义合格接班人。

(三)高等教育发展观

教育发展观指的是人们如何看待教育发展程度或评价教育发展指标的价值判断。百年大计，教育为本；社会发展，教育优先。这是当前从社会整体角度看待教育发展的一种价值判断。可持续发展是一种新的社会发展观，也是教育发展观的前提和归宿。众所周知，在工业经济时代，社会发展是以工业化水平作为标准，以此划分国家的发达程度，国民生产总值和人均 GNP 作为主要指标。这种单纯物质层面的发展观带来了社会资源的巨大浪费和生存环境的破坏，导致全球生态日益恶化，潜在威胁着人类的生存与可持续发展。在危机面前，人们历经种种教训和深刻反思后最终提出一种全新的社会发展观：人类社会必须可持续发展。这是一种以人为本的社会发展观，人又是通过教育培养和造就出来的。因此，教育尤其是高等教育在人类社会的可持续发展战略中占据极其重要的不可替代性地位。

潘懋元教育思想深入论述可持续发展的教育观，从社会整体可持续发展角度解读我国教育优先发展战略的深远意义。① 我们必须转变急功近利的教育发展观为可持续的教育发展观，克服"重数量、轻质量"的普遍倾向，将"规模、结构、质量、效益"协调发展作为制订我国高等教育战略发展的指导思想，从宏观规划、培养目标、专业设置到课程体系、教学内容、管理育人等方方面面，都可以从可持续发展的教育理念和原则中得到重要启发，获得深刻认识，开拓创新思路。

立足实践、面向未来，西藏高等教育人才培养应首要树立正确的教育质量观，既要注重培养大学生的知识与能力素养，也要兼顾非智力因素的培养，专业知识技能与人文综合素养并重，致力于培养德智体美劳五育和谐发展的社会建设者与合格接班人；西藏高等教育改革与发展应着重秉持可持续发展的教育理念，一是主张"适度超前"的高等教育发展速度；二是积极探索与民族区域经济社会构成良性互动发展的高等教育结构优化路径；三是逐步凝练富有"高原"和"民族"特色元素的错位发展优势；西藏高等教育办学，应始终遵从教育的基本规律，

① 潘懋元.走向21世纪高等教育思想的转变[J].高等教育研究，1999(1)：5.

既要着眼于服务区域经济社会文化的可持续发展，也要兼顾学生个体的成长成才与终身发展需要，实现社会发展与人的发展和谐统一。概言之，办好西藏高等教育，发展民族高等教育，实现我国高等教育强国乃是一脉相承的战略逻辑。

三、潘懋元教育思想对西藏高等教育理论研究的指导

《饮水思源念吾师，高教星火传西藏！》这是笔者写给母校和导师潘懋元先生的随笔感言，全文发表于厦门大学99周年校庆专栏"群贤文苑"主页上。诚然，2010至2013年期间，笔者曾就读于厦门大学教育研究院，师从潘懋元先生，获高等教育学博士，荣幸地成为西藏自治区第一位高教专业藏族博士。从此，指引作者前行足迹和奋斗历程的潘懋元高等教育思想理念犹如星星之火，悄然燎原于高寒冻土的青藏高原，西藏自治区高等教育的专门化理论研究和高教学科建设工作得以启动。潘懋元教育思想对西藏高教的理论指导既体现于高等教育学位点建设方面，更渗透于高等教育学科专业的人才培养全过程。

(一)学位点建设指导

西藏高等教育的总体学科建设起步要晚于全国其他省区，学位点设置工作和学科体系建设相对滞后。截至2019年底，西藏自治区高等院校业已建制起来的学位点布局和学科发展统计详见表1。仅从时空维度考量，西藏高等教育的发展指标与全国其他省区难以保持同期步调。但从民族高等教育的实践探索路径层面看，潘懋元教育思想对西藏高校学科建设和理论研究的指导例证有据可循，窥见一斑。

其一，亲临高原，讲学指导。

1998年7月，西藏大学、西藏民族大学和西藏藏医药大学分别获批中国少数民族语言文学等共七个一级学科硕士学位点，成为西藏自治区第一批硕士学位授予单位，正式拉开了西藏高等教育培养本地研究生和学科建设工作序幕。1999年10月29日，西藏大学隆重举行首届研究生开学典礼，并于2002年7月首批硕士生顺利毕业。[①] 为此该校专程邀请潘懋元先生前往拉萨参加首届西藏高校研究生学位授予和毕业典礼大会，并请先生开展面向全校师生的专题学术讲座。

---

① 蔡秀清.西藏大学学术大事记(1978—2017)[J].中国藏学:2018(SO):36.

这期间，年过八旬的潘懋元先生在进藏沿途参观考察了位于林芝市的西藏农牧学院，并在拉萨市区考察部分高校，当他来到校园面积很小且师生规模还不足千人的西藏藏医药大学时，先生风趣地说："这恐怕是目前中国最袖珍的大学之一啊！"因高原此行，潘懋元先生实地调研和考察指导中国高等教育办学实践的亲历足迹遍布了全国所有的省和自治区，潘懋元先生着实可谓是中国高等教育的一幅"活地图"。

表1　西藏高校学科发展及学位点设置情况统计汇总表

<table>
<tr><th colspan="2" rowspan="2">学科及学位点名称</th><th rowspan="2">博士学位点/设立时间</th><th colspan="2">硕士学位点</th><th colspan="2" rowspan="2">所属高校</th></tr>
<tr><th>一级/设立时间</th><th>二级/设立时间</th></tr>
<tr><td>哲学</td><td>中国哲学</td><td></td><td></td><td>&/2003</td><td colspan="2">西藏民族大学</td></tr>
<tr><td rowspan="2">经济学</td><td rowspan="2">应用经济学</td><td></td><td>&/2018</td><td></td><td colspan="2">西藏大学</td></tr>
<tr><td></td><td>&/2018</td><td></td><td colspan="2">西藏民族大学</td></tr>
<tr><td rowspan="6">法学</td><td>法学</td><td></td><td>&/2018</td><td>*/2014</td><td colspan="2" rowspan="2">西藏民族大学</td></tr>
<tr><td>社会工作</td><td></td><td></td><td>*/2018</td></tr>
<tr><td rowspan="2">民族学</td><td rowspan="2">&/2013</td><td>&/2011</td><td></td><td rowspan="2">西藏大学</td><td>西藏大学</td></tr>
<tr><td>&/2011</td><td></td><td>西藏民族大学</td></tr>
<tr><td rowspan="2">马克思主义理论</td><td rowspan="2"></td><td>&/2018</td><td></td><td colspan="2">西藏大学</td></tr>
<tr><td>&/2018</td><td></td><td colspan="2">西藏民族大学</td></tr>
<tr><td rowspan="4">教育学</td><td rowspan="3">教育学</td><td rowspan="3"></td><td rowspan="2">&/2011</td><td>*/2007</td><td colspan="2" rowspan="2">西藏大学</td></tr>
<tr><td>*/2015</td></tr>
<tr><td>&/2018</td><td></td><td colspan="2">西藏民族大学</td></tr>
<tr><td>体育学</td><td></td><td>&/2018</td><td>*/2018</td><td colspan="2">西藏民族大学</td></tr>
<tr><td rowspan="3">文学</td><td rowspan="2">中国语言文学</td><td rowspan="2">&/2013</td><td>&/2011</td><td></td><td rowspan="2">西藏大学</td><td>西藏大学</td></tr>
<tr><td>&/2011</td><td>*/2018</td><td>西藏民族大学</td></tr>
<tr><td>新闻与传播</td><td></td><td></td><td>*/2014</td><td colspan="2">西藏民族大学</td></tr>
<tr><td>历史学</td><td>中国史</td><td></td><td>&/2011</td><td></td><td colspan="2">西藏民族大学</td></tr>
</table>

续表

<table>
<tr><th colspan="2" rowspan="2">学科及学位点名称</th><th rowspan="2">博士学位点/设立时间</th><th colspan="2">硕士学位点</th><th rowspan="2">所属高校</th></tr>
<tr><th>一级/设立时间</th><th>二级/设立时间</th></tr>
<tr><td rowspan="3">理学</td><td>生态学</td><td>&/2013</td><td>&/2011</td><td></td><td rowspan="5">西藏大学</td></tr>
<tr><td>物理学</td><td></td><td>&/2018</td><td></td></tr>
<tr><td>生物学</td><td></td><td>&/2011</td><td></td></tr>
<tr><td rowspan="7">工学</td><td>计算机科学与技术</td><td></td><td>&/2011</td><td></td></tr>
<tr><td>信息与通信工程</td><td></td><td>&/2018</td><td></td></tr>
<tr><td>网络空间安全</td><td></td><td>&/2018</td><td></td><td>西藏民族大学</td></tr>
<tr><td>地质资源与地质工程</td><td></td><td>&/2018</td><td></td><td rowspan="3">西藏大学</td></tr>
<tr><td>环境科学与工程</td><td></td><td>&/2018</td><td></td></tr>
<tr><td>建筑与土木工程</td><td></td><td></td><td>*/2014</td></tr>
<tr><td>工程硕士</td><td></td><td></td><td>*/2018</td><td>西藏民族大学</td></tr>
<tr><td rowspan="6">农学</td><td>水利水电工程</td><td></td><td></td><td>&/2006</td><td rowspan="6">西藏农牧学院</td></tr>
<tr><td>作物学</td><td></td><td>&/2011</td><td></td></tr>
<tr><td>林学</td><td></td><td>&/2011</td><td></td></tr>
<tr><td>农业资源利用</td><td></td><td></td><td>*/2010</td></tr>
<tr><td rowspan="2">预防兽医学</td><td rowspan="2"></td><td rowspan="2"></td><td>*/2014</td></tr>
<tr><td>&/2003</td></tr>
<tr><td rowspan="8">医学</td><td rowspan="2">基础医学</td><td></td><td>&/2011</td><td></td><td>西藏民族大学</td></tr>
<tr><td></td><td>&/2018</td><td></td><td rowspan="2">西藏大学</td></tr>
<tr><td>药学</td><td></td><td>&/2018</td><td></td></tr>
<tr><td rowspan="3">临床医学</td><td rowspan="3"></td><td rowspan="3"></td><td>*/2014</td><td>西藏大学</td></tr>
<tr><td>*/2014</td><td>西藏藏医药大学</td></tr>
<tr><td>*/2018</td><td>西藏民族大学</td></tr>
<tr><td>中医学</td><td>&/2018</td><td>&/2011</td><td></td><td rowspan="2">西藏藏医药大学</td></tr>
<tr><td>中药学</td><td></td><td>&/2018</td><td></td></tr>
</table>

续表

学科及学位点名称		博士学位点/设立时间	硕士学位点		所属高校
			一级/设立时间	二级/设立时间	
管理学	公共管理		&/2018		西藏大学
	税务			*/2018	西藏民族大学
	工商管理		&/2018		西藏民族大学
	会计			*/2018	西藏大学
				*/2014	西藏民族大学
	旅游管理			*/2018	西藏民族大学
艺术学	艺术学理论		&/2018	*/2009	西藏大学
	音乐与舞蹈学		&/2011		
	美术学		&/2011		
合计		博士点 4	一级硕士 33	二级硕士 3 专业硕士 19	博士授权单位 2 硕士授权单位 4

备注:1.资料来源:根据西藏教育厅高教处提供的数据统计整理汇总所得。

2.表中符号"*"表示专业学位;符号"&"表示学术学位点。

3.因二级至一级学科的逐级申报调整等原因,本表中暂未列入西藏高校首次(1998 年)获批学位点的设立时间。

其二,薪火相传,学科指导。2013 年 6 月,由潘懋元先生培养指导的西藏自治区首位藏族高等教育学专业博士生毕业返藏,投身于西藏高等教育的师资队伍行列。2015 年 9 月,凭借西藏大学"211"平台资源,先生弟子在该校教育学院申请获批设立西藏高等教育学科硕士学位点,并被聘为自治区高校在该领域的首位研究生导师。事实上,西藏高等教育学科的探索性人才培养工作,远比针对西藏高等教育的理论研究本身更加复杂、更为艰辛。每当这个学位点在制定人才培养方案、指导硕士学位论文等方面遇到具体问题时,千里之外的先生总是默默地倾听、关注和解答、指导着,就仿佛当年面对面地坐到先生沙龙上探讨学术一般。潘懋元教育思想犹如指路明灯,春风化雨中启迪智慧,引导西藏高等教育学科的人才培养方向和过程。创办至今,西藏大学高等教育学科方向共招收 15 名硕士研究生,目前已毕业的两届研究生中,连续荣获西藏大学优秀硕士学位论文的研究选题来自于高等教育学科方向。

(二)研究生培养指导

潘懋元教育思想的闪光之处既体现在高等教育的理论洞见方面,也渗透于培养人才的教学方法和过程模式中。某种意义上说，西藏高等教育学科的课程教学方法和研究生学术指导过程，既有所继承、也有所创新地诠释了潘懋元先生高等教育思想的基本内涵。

首先，研究生理论课程授课做到“教、学、研”三者的贯穿结合。对于研究生而言，任何一门课程的学习重点，并不在于书本知识或观点本身的认知和记忆，而是知识的探索过程和认知方法的习得。可以说，思维过程的训练远比获取某一方面的知识更加难能可贵。潘懋元先生常说“教是为了不教”。他指导研究生通常在“教”的过程中安排“学”的任务，无形中促进了“研”的能力。比如，先生自己讲授完一部分内容后，分配给研究生相应的任务，或要求学生接着备课、讲课和主持课堂讨论；或要求学生自主完成相关主题的学术报告及相互点评等。可以说，这些“教”都是为了促进“学”进而提升“研”的能力，这是潘懋元教育思想在高教课程教学方法层面的实践举措。而西藏高等教育学科则在“高等教育学”“民族高等教育学”“西藏高等教育研究专题”等核心课程的授课中，也在践行“教一学一研”三结合模式，特别是在“研”的过程中不仅要求学生通过自主查阅文献来拓展“学”的广度和深度，还引导他们通过探索实践和互动启发来感悟“教”的技巧与方法。“教而后知困，才能自强也！”[①]这是潘懋元教育思想指导研究生课程教学的认知理念。

其次，研究生学术能力训练注重“做中学”，营造交流互动氛围。教科研能力训练跟学习游泳极其相似，如果自己从来没有下过泳池，没有亲自参与过实践操作，游泳能力的提升抑或科研方法的习得终究犹如纸上谈兵。因此，“做中学”才是最根本的教科研能力提升路径。潘懋元先生说：“研究生的成长教育中学术活动甚至比课程学习更为重要。”[②]的确，学术活动及其参与过程最有效地检验一位研究生的综合素养，也能锻炼和提升其核心能力。潘懋元先生在指导和培养研究生过程中一方面非常注重学术氛围的营造，鼓励学生多听学术讲座、多参加学术会议；另一方面也很强调引导和开发朋辈同行之间的互助学习资源，激发研究生学术思想的交锋和学术观点的交流。

西藏高校因整体学术氛围相对匮乏，研究生观摩参与的学术讲座或学术会议资源有限，故而，民族高等教育学科的研究生学术活动因地制宜地探索推行“点对点”的全程参与式调研实训。具体做法是：导师根据每个研究生的学位论文内容主题，有针对性地安排学生到西藏高校的各具体部门开展为期 6～8 个月

---

① 潘懋元口述，郑红整理.潘懋元是如何带博士生的[N].中国教育报，2015-07-13(1).

② 潘懋元口述，郑红整理.潘懋元是如何带博士生的[N].中国教育报，2015-07-13(1).

的跟岗实习活动。比如,研究选题为"学科建设"的学生安排到藏大研究生处学科建设办开展跟岗实习;研究主题为"毕业生就业"的学生安排到藏职院招就处顶岗实习;研究选题为"课程体系"的学生安排到拉萨师专教务处跟班实习等。之后,根据每个学生的交流收获和实习进度,在西藏其他高校的对应部门之间再继续轮岗实习,直至期满完成任务。这种全程参与式顶岗实习,能最大限度地促进学术研究"做中学",理论知识"用中学"。对于研究生而言,潘懋元先生教育思想的重要启迪还是"教之道在于渡,学之道在于悟"。学用结合,重在参与、贵在坚持。

站在历史新起点和地理制高处的西藏高等教育学科人才培养工作使命光荣,责任重大。潘懋元先生高度评价西藏大学建立高等教育学硕士点,他在贺信中强调指出:"这是一项具有特殊重要意义的工作。首先,藏族有自己的民族文化和历史,从而也有不同的高等教育发展史。其次,西藏的高等教育具有在西藏自治区内的,也有在区外的,更有在全国各地大学的西藏生源高校毕业生,情况十分复杂;再次,西藏的现代化建设需要各种专业人才,然而每种专业人才所需的数量不多,可谓种类多而数量少。正因为如此,西藏高等教育需要根据自身的特点探索建立适切的专业人才培养路径,不能照抄内地院校的经验模式,这就需要拥有一批高水平的高等教育研究队伍,更好地解决西藏高等教育'为谁培养人,培养什么人和怎样培养人'的办学宗旨和实践路径。这支队伍要敢于创新,要善于创新,积极创造源自高原精神的新高度和新未来。"①

四、结论与展望

以潘懋元教育思想作为核心标志的中国高等教育思想体系内涵越来越丰富,日益凝聚着来自各方的集体智慧和各民族融合的思想光芒。创建40余年来,潘懋元教育思想沿着两条实践路径发展:一是着眼学科建设的基础理论研究,二是立足国情实际的现实问题研究。② 二者互为表里、相辅相成,将问题研究上升为理论研究,升华为思想体系,折射出高等教育背后的价值观、质量观、发展观及其转变机理。具体来说,把单纯的社会价值观或偏颇的个体价值观转变为满足社会需要的基本前提下,尊重人的主体价值,促使社会价值和主体价值得以协调

① 潘懋元.潘懋元写给西藏大学的贺信,2018-06-10:1-2.

② 潘懋元.30年来中国高等教育研究的轨迹与发展成就[J].高等教育研究,2008(8):3-4.

平衡的教育价值观;把传统的知识质量观转变成包括知识、能力等智力因素与非智力因素全面发展的综合素质教育质量观;把单纯追求数量增长的教育发展观转变为数量增长与质量提升并重,兼顾规模、速度、结构、效益协调发展的高等教育发展观。①

然而上述所言的教育价值观、质量观和发展观通常就一般情况而论,对于主体或客体层面的特殊情况还应根据实际要求而定,着重于把握不同的教育观及其不同向度的转变。比如,对于主体层面的高校教师来说,转变教育价值观就意味着转变教师观和学生观,一方面将传统意义上单纯的知识传授转变为教书育人和为人师表的教师观;另一方面将传统意义上把学生视为被动受教育者转变为将学生作为参与教育过程主体的学生观;而对于客体层面的民族高等教育而言,教育思想的转变,不是指完全抛弃甚至摒弃民族自身传统教育中有价值且合理的思想观念,而是对传统教育有所否定也有所肯定,在继承和创新中树立特色理念并构建适合自身发展的办学模式。西藏自治区作为中国极具特殊性的边疆少数民族地区,其高等教育发展路径显得错综复杂,诸多不确定性和非线性因素深刻影响着高等教育的改革与发展。毋庸置疑,西藏高等教育既需要改革,更需要守正。一方面要改掉那些不适应时代发展要求的思想和做法,寻求适切的创新发展道路;另一方面要守住教育基本规律和优良的办学传统,这是"保持定力和改革创新的和谐统一",②均受制于高等教育基本规律和教育价值观。

诚然,潘懋元教育思想在形成之初"既不是宏观的理论,也不是宏观政策的研究,而是始于微观教学过程的研究"③。直到今天,立足高等学校教学过程的实践应用性研究以及课程、教材乃至教学方法等微观研究依旧是它的重要指向。尽管我们深知宏观理论和政策研究十分重要,它能为我国高等教育改革与发展指明方向。但是,潘懋元先生始终强调:"所有宏观的理论和政策,只有通过微观的教学过程才能真正进入人才培养的实践。"④正因为如此,高等教育的微观教学研究,有赖于宏观理论研究为其指明方向,确定其价值;而宏观的高教研究成果,也只有经过微观的实践探索,才能转化为人才培养的质量效益。因而展望未来,我们应该有更多的高等教育学人、用更多的时间和精力,在微观教学过程和培养

① 潘懋元.规模·质量·特色——中国当前高等教育发展中的若干问题[J].临沂师范学院学报,2007(5):1-2.

② 马陆亭.教育体系是制度性因素[J].国家教育行政学院学报,2020(1):6.

③ 潘懋元.高等教育研究要更加重视微观教学研究[J].中国高教研究,2015(7):1.

④ 潘懋元.高等教育研究要更加重视微观教学研究[J].中国高教研究,2015(7):1.

专门人才的教育教学问题上深入钻研，潜心努力。西藏高等教育正试图沿着这条道路探索前行：一是注重专门人才的过程培养，既“教”书更“育”人；二是注重师生之间的教学相长，有“教”无类，“学”无止境。

展望未来，必须立足现实。每一名高等教育研究者或教育工作者都要善于在多变化中定方向、在多样观中谋共识、在多元论中起主导。必须做政治上的明白人，保证办学方向正确和立德树人根本任务的顺利完成，办好人民满意的教育，奋力推进民族高等教育，助力实现我国高等教育强国目标。

Enlightenment and Guidance of Pan Maoyuan's Educational Thought on Development of Higher Education in Ethnic Regions

—— Taking Higher Education in Tibet Autonomous Region as an Example

Ba Guo

(Tibet Vocational and Technical College, Lhasa, 850030, China)

Abstract: Great progress has been made in building of higher education discipline in Tibet, which owes a lot to Mr. Pan Maoyuan who has been concerned about the development of higher education discipline in this ethic region. Facts have proved that Mr. Pan Maoyuan's theory of higher education has extensive guiding significance, which can help to understand many difficult phenomena in the development of higher education and guide specific practice of higher education reform and development. Based on the theoretical foundation of Pan Maoyuan's educational thought, this Paper tries to discuss in two ways: The first is to learn and comprehend the core meaning of educational values, educational quality view and educational development view, and its enlightenment significance to the practice of running higher education in Tibet; the second is to explore and summarize educational measures in the process of micro-teaching in colleges and universities, and to explore the supporting drive for the sustainable development of higher education subjects in Tibet.

Key words: Pan Maoyuan; Educational Thought; Higher Education in Tibet; Enlightenment; Guidance

探寻卓越教学的内在意蕴*

——潘懋元先生高校教学思想摭论

陈 斌**

（厦门大学 教育研究院，福建 厦门 361005）

摘 要：一流本科教学是“双一流”建设的基础，是实现高等教育内涵式发展的核心，是推动高等教育强国建设的关键。作为我国高等教育研究的大成之师，潘懋元先生躬耕于教学科研第一线八十五载，以个体生命自觉实现了经师与人师的完美融合。潘懋元先生高校教学思想内涵丰富，涉及教学理念、教学原则、教学方法和教师发展多个方面。潘懋元先生教学思想始终与时俱进，绽放出旺盛的思想活力，为我国高校教学事业做出突出贡献，并产生深远影响。

关键词：潘懋元先生；高校教学；教学思想；本质内涵

2015年6月13日，潘懋元先生在“潘懋元高等教育思想研讨会暨从教80周年庆祝会”上指出：“我国高等教育学的研究，开始时，既不是宏观的理论研究，也不是宏观的政策研究，而是开始于微观的教学过程的研究。”他辩证分析了高等教育中宏观研究与微观研究的关系，“微观的高教研究，有赖于宏观的高教研究确定价值，指明方向；而宏观的高教研究成果，只有通过微观的高教研究，才能转化为实践”①。因此，他极力呼吁高等教育研究有责任关注微观教学研究，关注人才培养的实践性问题。可见，在潘懋元先生看来，高校教学研究在整个高等教育研究中具有十分突出的地位，理应受到学界的广泛关注。

其实，早在1985年颁布的《中共中央关于教育体制改革的决定》中就提出，改

---

* 基金项目：教育部人文社会科学研究项目（青年基金项目）“美国一流大学教师教学发展及其促进机制研究”（2019）。

** 作者简介：陈斌（1988— ），男，江西南昌人，教育学博士，厦门大学教育研究院助理教授、硕士生导师，主要从事高等教育基本理论、大学教师发展、学术职业与政策研究。

① 潘懋元.高等教育研究要更加重视微观教学研究[J].中国高教研究，2015(7)：1.

革教学内容、教学方法、提高高等教育质量，是一个十分重要而迫切的任务。20世纪90年代中后期，当时正值高等教育思想大讨论时期，原国家教委(即现在的教育部)总结了教育发展的四大经验，“增加投入是前提，体制改革是关键，教学改革是核心，教育思想和教育观念改革是先导”。此次总结高度肯定了教学在整个高等教育中的地位。近年来，教育部连续颁布多项指导性文件，包括《教育部 财政部关于“十二五”期间实施“高等学校本科教学质量与教学改革工程”的意见》(教高[2011]6号)、《教育部关于中央部门所属高校深化教育教学改革的指导意见》(教高[2016]2号)、《关于加快建设高水平本科教育 全面提高人才培养能力的意见》(教高[2018]2号)和《教育部关于深化本科教育教学改革 全面提高人才培养质量的意见》(教高[2019]6号)等，均旨在强调高校教学，尤其是本科教学在高等教育发展中的突出地位。毋庸置疑，重视高校教学已然成为建设高等教育强国和实现高等教育内涵式发展的题中之义。

一、从教育内外部关系规律看高校教学的重要地位

20世纪50年代中后期，潘懋元先生意识到已有的普通教育学理论难于满足高等教育事业发展的多样化需求：普通教育学是面向18岁以下的未成年人，高等教育是建立在普通教育基础上的专业教育，所面对的是18周岁以上的青年。这就决定了高等教育的培养目标、教学大纲、教学计划、教学内容和教学方法有别于基础教育。因此，潘懋元先生指出，“高等专业教育有许多特殊的问题要研究，是教育理论工作重要与广阔的园地。它的研究工作是整个教育科学的一个重要组成部分，但却不是以普通学校教育为对象的普通教育学所能概括。”[①]同时，潘懋元先生认为，高等教育发展不可能独善其身，必然受社会政治、经历、文化等诸多因素的制约，高等教育必须主动适应社会环境以谋求发展[②]。

针对高等教育发展的现实，在没有现成理论可援引的背景下，潘懋元先生创

① 潘懋元.高等专业问题在教育学上的重要地位[J].学术论坛，1957(3):35-39.

② 潘懋元先生教育外部关系规律最早受杨贤江思想的启发。杨贤江教育思想中的许多观点，特别是“教育是某种经济的社会形态之反映”，“它受制于经济的关系，同时也受制于政治制度”，“教育也有率先领导或促进的功用”等观念，对潘懋元先生研究教育与政治、经济等关系的理论影响较大。

造性地提出了教育的两条基本规律——教育外部关系规律和教育内部关系规律。[①] 其中,教育外部关系规律指"教育要受社会的经济、政治、文化等所制约,并促进社会的经济、政治、文化的发展"。教育内部关系规律强调,"教育过程要受教育对象身心发展所制约,又要引导和促进教育对象身心健康发展;同理,全面发展教育的各育,教育过程诸要素,均存在相互制约与相互促进的关系"[②]。而教育内外部关系规律之间同样存在必然的联系,"内部关系规律的运用要受到外部关系规律的制约,外部关系规律又必须通过内部关系规律来实现"[③]。

教育外部关系规律要求高等教育必须主动适应社会各系统的发展。高等教育只有通过培养德、智、体、美、劳全面发展的人才为社会服务,才能彰显社会价值。人才培养由诸多要素、不同环节构成,但核心在课堂教学。潘懋元先生在倡建高等教育学之初就强调,高等教育具有两个基本特点:一是高等教育以普遍教育为基础,开展以培养人才为目标的专业性教育;二是高等教育的对象为20岁左右的青年,他们身心已近成熟[④]。教育内部关系规律要求高校教学过程必须始终关注学生,包括个体的身心健康、年龄特征、心理特质等诸要素及其内在关联。高等教育只有真正关注教学,以生为本,关心学生个体成长,关注学生个性需求,关照学生内心世界,高等教育发展才能实现内涵式发展,才能推动高等教育强国建设,才能真正实现一流大学和一流学科建设。

二、准确把握潘懋元先生高校教学思想的本质内涵

潘懋元先生从15岁开始从教,迄今已85载。在漫长的教学生涯中,潘懋元先生以内在的生命自觉,孜孜以求的敬业精神,敢为人先的开拓创新,积攒了丰富的教学经验,凝聚成精深的高等教育教学思想,教泽广被,源远流长。

(一)教学理念:以生为本,知行合一

在教育内部关系规律的引导下,潘懋元先生在高校教学活动中,总能做到以

---

① 据潘懋元先生回忆,教育内外部关系规律由潘懋元先生于1980年在湖南大学讲课时第一次正式提出。

② 潘懋元.关于高等教育学科建设的反思[J].中国教育科学,2014(4):1-20.

③ 潘懋元.潘懋元教育口述史[M].肖海涛,殷小平,整理.北京:北京师范大学出版社,2007:179-180.

④ 潘懋元.关于高等教育学科建设的反思[J].中国教育科学,2014(4):3-19,237.

生为本。潘懋元先生以生为本的教学理念贯穿于人才选拔、课前准备、课堂教学、学业考评和课后辅导等人才培养的全过程。潘懋元先生在选拔录取研究生过程中,尤重学生的个人品格和学术潜力。曾经在一次研究生复试选拔中,有位考生有意报考潘懋元先生,潘懋元先生了解到该位考生虽考试成绩更好,但人品欠佳,最终果断拒绝录取该生。潘懋元先生以生为本更多体现在因材施教上。据大连理工大学原党委书记张德祥教授回忆,在厦门大学高等教育研究所(教育研究院的前身)攻读博士学位期间,潘懋元先生获悉他属于在职学生,难以保障足够的在校学习时间。为督促张德祥教授不因工作影响学业,潘懋元先生对他提出了更高的要求,规定他比其他学生撰写更多的学术论文,以保障在学业上有足够的投入。不独于此,为充分解答学生在学业上的疑惑,潘懋元先生除了在课堂教学中重视讨论与答疑,还鼓励大家把思想碰撞的状态延续到课后,久而久之,便有了后来为大家所熟稔的潘懋元先生周末学术沙龙。30 多年来,潘懋元先生独创的周末学术沙龙秉承"平等对话,自由开放,启迪思维,追求真理"的原则,成为前沿思想的"孵化地""民间思想部落""学术精神家园"。

人们常言,"通于古者窒于今,长于论者短于用"。潘懋元先生却总能妥善地处理好古与今、论与用的关系。潘懋元先生认为,教育理论有三个重要的理论源泉:第一是教育史研究,第二是国际比较研究,第三是对现实实践的总结概括。因此,无论是从事高校教学活动,还是开展高等教育研究,潘懋元先生都十分注重理论联系实际,做到知行合一。潘懋元先生认为,要做到理论与实际有机结合,第一,"必须使学生从分析理解理论所由发生的实际而掌握理论的精神实质,才能指引学生从理论实质,从方法论来联系实际。"第二,"必须根据实际的问题,深入实际问题的核心,引导学生运用理论去解决它。而不是顺便地涉及一下,把偶然的事例凑合在一起。"①事实上,潘懋元先生早在本科时期在长汀县中兼课时,就有意识地在将教学过程中做到理论与实践有机结合。例如,在给中学生讲授动物学课程时,潘懋元先生经常从县中自备标本室或厦门大学生物系借用动物标本带到课上展示;在上写作课时,时常带领中学生到郊外观察、记录,待回到课堂再写作文。②

"好问力学,好动力行。"潘懋元先生认为科学知识并非束之高阁的"雅致"之物,而是始终与社会现实需求紧密关联的"营生"。潘懋元先生在给学生授课时

---

① 潘懋元.试论理论联系实际的教学方针[J].厦门大学学报(社会科学版),1956(3):1-17.

② 潘懋元口述,郑宏整理.鹭江学人潘懋元[M].厦门:厦门音像出版有限公司,2015:41-45.

视野开阔，旁征博引，生动形象，如临其境。这得益于他数十年来积攒的高等教育实践调查。改革开放初期，潘懋元先生就随教育部访问团出访科威特、泰国和尼泊尔三国，切身感受到一个国家综合国力对教育的影响至深。此后，他还曾前往菲律宾、新加坡、日本、荷兰、立陶宛、挪威、英国、美国等多个国家以及我国香港、澳门和台湾地区，了解不同国家（地区）的高等教育现实与特色，并将中国高等教育研究成果向世界推介。同时，潘懋元先生鼓励并尽可能地创造条件让更多研究生接触高等教育实践。作为厦门大学教育研究院人才培养的重要环节，潘懋元先生每年都会带领新一届博士生赴各地进行为期一到两周的高等教育实践教学①。从20世纪80年代至今，厦门大学教育研究院历届博士生曾赴宁波、西安、北京、长沙、南京、武汉、赣州、南宁、广州、汕头、泉州、上海等数十个城市的高校开展实践调研。如今，每年一次的博士生专题实践调研已成为厦门大学教育研究院人才培养的重要环节，对提高博士生培养质量发挥了关键作用。与此同时，在潘懋元先生的号召和影响下，厦门大学教育研究院还与龙岩学院、浙江工商职业技术学院、四川电影电视学院、上海电机学院、泉州职业技术大学等国内数十所高校建立战略合作伙伴关系，并在合作学校设立实习实训基地，每年定期向实习基地选送数名研究生开展实践学习，帮助研究生增进对高等教育的感性认知，深化对高等教育实践的理解与思考。

潘懋元先生凭借对高等教育教学敏锐的洞察力和积攒的丰富经验，总能体察入微，尊重并善于激发每位学生的内在潜能，做到以生为本。同时，潘懋元先生对理论与实践关系的深刻理解，掌握理论实质，丰富实际经验，并自觉在高等教育教学活动中践行知行合一理念。

（二）教学原则：求同存异，辩证统一

在高校教学理论中，教学原则既是高等教育区别于基础教育的重要标志，又是连接教学诸多要素的桥梁，具有承上启下的作用。“因为教学原则既是教育和教学规律的反映，又是教学内容、教学组织、教学方法、考试考查以及教学工具的运用等一系列活动的准则。”②可见，高校教学原则不仅影响课堂教学的组织和方

① 潘懋元先生在选择调研院校时倾向于民办高校、地方本科院校和高职院校。因为在他看来，这些院校更能反映中国高等教育实践一线的热点与难点问题。从这里我们不难看出潘懋元先生一贯的高等教育研究的平民化立场。

② 潘懋元.潘懋元教育口述史[M].肖海涛，殷小平，整理.北京：北京师范大学出版社，2007：197.

法的实施,还制约课程与教材的质量。

潘懋元先生曾敏锐地提出,我们不能把大学生当小学生教,必须尊重和探究大学生学习的成长规律。高校教学原则相较于中小学教学原则,既有内在的关联性和一致性,又有其自身的特殊性。潘懋元先生在已有研究基础上,结合自身的发现,创造性地提出了高校教学原则体系。该体系由10大教学原则组成:(1)科学性与思想性相结合原则;(2)理论联系实际原则;(3)知识积累与智能发展相结合原则(或称传授知识与发展智能相结合原则);(4)在教师主导下发挥学生自觉性、创造性与独立性原则;(5)专业性与综合性相结合原则;(6)教学与科学研究相结合原则;(7)量力性原则;(8)系统性与循序渐进性原则;(9)少而精原则;(10)统一要求与因材施教原则。

"文贵约而指通,言尚省而趋明。"10大教学原则既是对高校教学过程提纲挈领地概括,又是高校教学基本任务的全面展现。其中,第一条是立德树人的具体表征,是方向性原则;第二条是一般与特殊的矛盾统一,是基础性原则;第三条是传递知识与发展能力的双向驱动,是发展性原则;第四条是师生双边关系的辩证统一,是主体性原则;第五条体现了大学人才培养目标专业性与能力发展全面性的有机结合;第六条反映了大学教学中承继传统与开拓创新的有效融合;第七条反映教学难度设置与学生身心发展规律的相互适应;第八条体现了科学知识内在逻辑与学习科学客观规律的相互融合;第九条反映了大学教学内容的数量累积与质量提升的动态平衡;第十条反映了高校教学中的普遍性与特殊性的兼容。

以上10大教学原则对推动高校教学改革发挥了关键作用,产生了深远影响。10大教学原则部分汲取了基础教育教学中的有益成分,如前四条教学原则;也有不少教学原则体现了高校教学的特殊矛盾,如第五、六条原则;还有部分属于拓展性原则,是对高校教学实践教学中不同矛盾的及时回应,如第七、八、九、十条原则。

潘懋元先生坦言,关于高校教学原则不可能罗列无遗,只是根据当时的教学实际创造性地提出了以上10条教学原则。无疑,以上教学原则是特殊时代的产物。我们毫不讳言,时移世易,高校教学原则应与时俱进,适应新时代高等教育教学的发展。在信息技术无孔不入的今天,部分高校教学原则需要调整。譬如,在传统教学中处于次要地位的直观性教学原则、巩固性教学原则,在当下勃兴的网络教学中应当受到足够重视。

(三)教学方法:三位一体,翻转教学

如果说教学原则是对纷繁复杂的教学实践的抽象概括,那么教学方法则是组织课堂教学的具体方略。潘懋元先生认为,规律不仅存在于宏观的高等教育,同样存在于微观的教学过程之中。潘懋元先生将高校教学过程中的规律概括为:"教学过程是在教师有目的、有计划的引导下,学生主动引导地掌握知识技能,发展智力能力,形成正确的世界观、人生观、价值观,全面发展个性的统一过程。"①据此,我们可将高校教学的基本任务概括为:传授知识、发展能力、涵育品德。作为高等教育基本特点的衍生物,高校教学过程具有三个显著特点:一是高等教育是培养专门人才的教育,具有典型的"职业倾向性";二是作为教育对象的学生大多为20岁左右的青年,具备一定的抽象思维能力;三是注重将科学研究引入教学过程中。高校教学既有一般教学的共性,又内含鲜明的特殊性。概而言之,高校教学过程的特殊性是一个螺旋上升的过程,需要在遵循普遍性的基础上探寻特殊性,在发展特殊性的同时上升为普遍性。

高校教学本质上是一个促进个体社会化的过程。高校教学的根本目的在于通过有效的教学方法,调动学生个体的自觉性和创造性,培育科研和创造能力。潘懋元先生很早就意识到传统灌输式教学视学生为被动的学习者,严重束缚了创新意识和创新能力的培养。为此,潘懋元先生在承担饱满的教学过程中,对高校教学,尤其是研究生教学方法进行了有益探索。

潘懋元先生历经数十年的高等教育理论研究与教学实践,逐步探索出了一套"学习—研究—教学"三位一体课程教学法(以下简称"三位一体教学法")②。潘懋元先生在讲授一门研究生课程时通常由以下几个环节构成:首先,潘懋元先生对本门课程的性质、任务、基本框架、研究方法与要求作简要说明,博士生据此选择参考书自主学习;其次,学生在阅读书目过程中明晰课程研究方向,并独立开展课题研究;再次,学生就各自研究成果进行讲课和答辩(通常每位博士生需做两次报告,每次报告有一个半月时间准备),其他学生展开讨论;最后,潘懋元

① 潘懋元.高等教育学讲座[M].北京:人民教育出版社,1983:153.

② 也有学者将潘懋元先生的教学方法概括为"三阶段,九环节"。具体表述为:第一阶段包括研究任务、了解学生,精讲核心知识,学生自学知识,自选研究课题,学生独立专研;第二阶段包括学生独立探索,教师给予必要帮助,完成论文、研究报告、写讲义等任务后,师生共同讨论;第三阶段包括举行专题报告、学生自行主讲,除指定一位同学事前做好准备,先做点评外,听讲者提问,参与者热烈讨论,教师评价和小结讨论。

先生就每位学生的研究成果和教学表现进行综合点评，并特别关注报告中方法论适合恰当和教学姿态是否得体。

相较于传统教学，三位一体教学法不仅是教学顺序的简单调整，而是在充分考量培养目标、能力基础和师生互动等综合因素基础上的创造性实践，其本质是一种“大翻转教学”，是对教学组织和师生关系的再造与重构，是对研究生教学的有益探索，具有示范性和开创性价值。三位一体教学法实现了学习、科学研究和教学实践三者的有机结合，做到为了研究而学习，为了教学而学习，缓解了以往研究生与导师“单线联系”的现状。师生在课堂讨论中各言尔志，切磋琢磨，砥砺思想，激励创新。三位一体教学法在高等教育界产生了广泛影响[①]，并为不少高校采用和推介。

(四)教师发展：由外向内，敬业乐群

无论是教学理念的落实，还是教学原则的实施，或是教学方法的创新，其关键在高校教师。因此，调动教师积极性既是高校教学改革的核心环节，又是高校教学改革的最大挑战。高校教学改革能否有效落实，关键在于能否提高教师的主体意识，激发教师的参与积极性。为此，2007年潘懋元先生首次在国际会议上倡议高等教育理论与实践要重视高校教师发展议题，可谓“发于未显”。潘懋元先生始终认为，高校教师是提高高等教育质量的关键主体。高校教师要与时俱进，并从传统被动培训向主动发展转型。高校教师需主动依托教研室、教师发展中心等基层学术组织，在师德修为、专业素养、教育知识和教学能力等方面实现突破。高校教师需在发展中彰显自主性，满足个性化需求。而无论是自主性的彰显，还是个性化的满足，都需要动力支撑，包括外部动力和内部动力。对于高校教师而言，外部动力易得，内部动力难寻。

潘懋元先生始终重视高校教师动力的激发与培育，因为高校教师发展的策略与成效，在很大程度上取决于教师发展动机。在潘懋元先生看来，外部动力包含“物质与非物质的奖与惩；行政上所制定的业绩考核与评估，职称(学衔)的晋升，工资及其他待遇的提高，优秀教师的评奖；社会声誉的提高……”[②]。由于外

① 2001年，由潘懋元先生牵头主持的“高等教育学学科建设、人才培养与教学改革咨询”获评“中国优秀教学成果奖一等奖”。“三位一体教学法”为其中重要的内容。

② 潘懋元.大学教师发展论纲——理念、内涵、方式、组织、动力[J].高等教育研究，2017(1)：1-4.

部动力具有激励和导向作用，高校在制定激励政策时必须审慎运用。尽管外部动力能起到立竿见影的成效，但往往难以持久。只有激发高校教师的内部动力，才能有效激发教师的潜能与创造力。潘懋元先生认为，内部动力涉及三个维度：自我价值追求、发展性的自我评估和敬业乐业的境界①。内部动力能有效唤起教师发展的自主性、自觉性和持续性，实现“不待扬鞭自奋蹄”。

高校教师作为现实生活中的个体，高校不能苛求教师仅有内部动机而忽略外部动机。外部动力是激励教师发展的制度保障，教师只有在满足外部条件基础上，将外部动机转化为内部动机，唤起自我发展的激情与动力，探微钩沉，从容深思，才能超越自我。马克斯·韦伯在论及学术工作的三种状态时说道：“在学问的领域里，唯有那纯粹向具体工作(sache)献身的人，才有人格。不仅研究学问如此，就我们所知，伟大的艺术家，没有一个不是把全部心力放在工作上；工作就是他的一切。”②潘懋元先生一生敏而好学，将生命自觉、学术自觉和文化自觉融为一体，达臻教师职业的最高境界。

三、“互联网＋”时代潘懋元先生高校教学思想新发展

随着大数据、云计算、移动互联、人工智能等互联网技术的跨越式发展，虚拟现实与增强现实的深度融合，催生了日新月异的“互联网＋”时代。信息技术更迭速度之快，应用领域之广，影响程度之深，超乎想象，难以预料。

(一)“互联网＋教育”是高校教学改革的必然趋势

互联网技术对高等教育的影响愈演愈烈，高校教学必须主动适应互联网的发展及其影响。高校教师必须适时转变观念，变革传统教学模式，实现由传统灌输式教学向互动式教学转变。在“互联网＋”大背景下，世界各国企业、个人、高校管理者和教师依托现代信息技术展开了有益尝试，诞生了可汗学院(Khan Academy)、慕课(MOOCs)、微课(SPOC)和翻转课堂(Flipped Classroom)等新型教学模式。“在信息技术时代，如何利用信息技术改革教学方式、提高教学效率、

① 潘懋元.大学教师发展论纲——理念、内涵、方式、组织、动力[J].高等教育研究，2017(1)：1-4.

② 马克斯·韦伯.学术与政治[M].北京：生活·读书·新知三联书店，1998：27.

扩大教学规模、实现学生自主学习等,是高等教育教学改革发展的必然趋势。"[①]无疑,"互联网+教育"具有丰富的内涵,它秉持开放的教育理念,对教师教学提出了更高要求,有助于推进教育民主化进程和实现智慧教育目标。

(二)"互联网+"对高校教学的现实挑战

然而,"互联网+教育"催生网络课程的同时,也在教育质量、教学管理、师生互动、学习成效等方面引发了不同程度的负面效应。概而言之,"互联网+教育"将对高校教学带来4方面的挑战。第一,网络教学质量难以保证。尽管个性化学习作为一种学习理念,因其契合学习者的个性需求、自主意愿和自定步调等特征而备受推崇。但个性化学习必须基于教师充分掌握每位学生的个性差异,同时学生应具备良好的自主性。显然,这对师生双方都提出了更大的挑战。"如果这些所谓的'新'不是辅助于学生批判性思维的养成,其效果即难免让人存疑"[②]。第二,非认知能力培养难以实现。网络教学的有效推广得益于其信息海量、速度即时、方便获取等优势。面对日益复杂和不确定性加剧的现实世界,我们除了要掌握甄别、理解和解决复杂现实问题的能力,还需具备善于合作、情绪管理、心理抗压等方面的非认知能力。无疑,现有的网络教学难以达成上述目标。第三,非正式学习成果认证面临挑战。作为一种新型学习模式,非正式学习正在全球推广。不过,无论是在信息技术高度发达的美国,还是刚刚起步的中国,对非正式学习的监督与认可机制均尚未完善。第四,大学生可能因信息超载陷入信息迷航的困局。20世纪70年代,托夫勒(Toffler)首次在其经典著作《未来震撼》中提出"信息超载"(Information Overload)。嗣后,沃曼(Wolman)在《信息焦虑》中对该概念进行了系统阐述。面对海量信息,如果学生未能及时反思和有效甄别,学生终究只是信息检索者。

(二)"互联网+"时代高校教学变革趋向

潘懋元先生认为,"互联网+教育"是高校教学改革的必然趋势,高校师生无法规避互联网带来的影响。面对这一极其复杂的教育创新工程,潘懋元先生富有远见地指出,高校教学要审时度势,与时俱进,顺应变革。首先,"注重虚实结

① 潘懋元,陈斌."互联网+教育"是高校教学改革的必然趋势[J].重庆高教研究,2017(1):3-8.

② 阎光才.本科生的质疑态度及其对学习行为的影响[J].江苏高教,2020(3):1-7.

合”。潘懋元先生认为，包括慕课在内的网络教学相较于传统教学具有明显优势。但要确保学习成效，网络教学需与课堂教学紧密结合。过去广播电视大学为确保学习成效，除在家收听、收视之外，通常需到站集中学习。当前，翻转课堂的兴起在于合理重置教学顺序，有效兼顾线上与线下的关系。其次，“加强制度保障”。近年来，慕课备受争议之处在于学习保持率和完成率较低，严重影响学习者的效果。巴特查里亚（Bhattacherjee）通过研究发现，学习者的持续体验是决定信息技术成败的关键，并据此提出期望确认模型（Expectation Confirmation Model）①。潘懋元先生强调，学习者为获取证书投入的学习形式既有教师的指导，也包括自主学习和学业测试。再次，“倡导人际互动”。潘懋元先生认为，无论在任何时代，教学活动中师生双主体的地位不因信息技术等因素发生改变。诚如马克思所言，人在本质上是一切社会关系的总和。同理，教学活动在本质上是师生之间和生生之间互动的结果。因此，在互联网时代，教育教学活动要更加注重学生情商（或非认知能力）的培养，尤其是创造性能力、批判性思维的养成。

潘懋元先生始终与时代同行，关注前沿。在信息技术不断更迭时代，他认为教育对象除了传统的自然人，还应关注机器人的教育。2018 年 5 月，潘懋元先生在厦门大学教育研究院 40 周年庆祝大会上倡议：“高等教育既要培养自然人，还要培养机器人，使之成为专门人才。”他强调，“这只是初步的思维能力，如何形成和发展机器人的创新能力将是新的根本性问题。②”在未来社会，自然人与机器人如何和谐共处，并让机器人更好地造福人类社会，需要对机器人进行必要的伦理教育、情感教育和美育，构建人机命运共同体，共同促进社会有序发展。

四、潘懋元先生高校教学思想溯源及其影响

加拿大著名教育学者许美德（Ruth Hayhoe）曾在访谈潘懋元先生时问道，是什么因素对他的教育事业影响最大时，潘懋元先生半开玩笑地说：是过去被批判的三种意识形态——封、资、修③。首先，潘懋元先生早年修习的儒家经典和古典文学，为他奠定了获益终身的道德基础，如他曾经就读的中学——时中中学，意

① Bhattacherjee R Jee A. An Empirical Analysis of the Antecedents of Electronic Commerce Service Continuance[J]. Decision Support Systems，2001（2）：201-214.

② 潘懋元.主动适应新时代新形势，发展高等教育中国学派[J].高等教育研究，2018(6)：1-2.

③ 许美德.思想肖像：中国知名教育家的故事[M].周勇，等译.北京：教育科学出版社：111-112.

在表明孔子作为儒家思想的代表被颂为"时中之圣",与时俱进。潘懋元坚持终身学习,关注时事,持续增补教学内容,无不受此影响。其次,民国时期的厦门大学名师荟萃,潘懋元先生大学时期师从毕业于哥伦比亚大学师范学院的李培囿教授、阮康成教授和著名教育史学家陈景磐教授、著名经济学家王亚南教授(厦门大学前校长)、著名哲学家虞愚教授系统学习了教育学、经济学和哲学课程,并担任著名文学家施哲存教授的教学助手[①]。潘懋元先生汲取各家所长,兼收并蓄,尤其是李培囿教授作为杜威的学生,在厦门大学讲授杜威的实用主义理论,潘懋元先生据此习得生动教学方法和课程设置理论。同时,潘懋元先生大学期间还担任过级会主席、教育学会会长,经常和同学讨论卢梭的《爱弥儿》,卢梭的自然主义教育对其影响至深,潘懋元先生因此在教学中十分注重学生的个性和自主发展。他所提出的"在教师主导下发挥学生自觉性、创造性与独立性原则"即受惠于此。再次,潘懋元先生在20世纪50年代系统学习了苏联的教育理论与模式,逐渐理解了苏联实行统一的学术标准,系统的课程教学和设置教研室协作备课的价值,这对潘懋元先生高校教学理论,尤其是构建高校教学原则体系影响甚深。其中,潘懋元先生反复强调的高校教学要注重系统性与循序渐进相结合的原则即来源于此。

如果说"封""资""修"奠定了潘懋元先生高校教学思想的理论基石,那么丰富的教育教学实践则为潘懋元先生教学思想的成型插上了健硕的双翼[②]。潘懋元先生15岁开始从教,积攒了饱满的教学经验。1935年,潘懋元先生初登讲台,精心准备的一堂课,由于过度紧张,才讲十几分钟就把所有备课内容讲完,余下的时间不知怎么办,最后以"失败"告终。不过,这次特殊的教学经历没有挫败他的信心,反而激发了他的教学热情,"为什么别人能当好老师,我不能?"他暗自发誓,"一定要教好书,当个好老师"。就读师范学校期间,潘懋元先生为改善经济条件,曾到汕头市立第三小学附属夜校兼课,在担任青抗会成员期间先后在锲金小学和高埕小学教书,大学期间先后在乐育小学、中山小学兼课教书,并担任县立中学的教务主任。大学毕业时,潘懋元辞去长汀县立中学工作,陪同爱人前往

① 民国时期的厦门大学教育系可谓名家荟萃,大师云集。孙贵定、雷通群、庄泽宣、钟鲁斋、杜佐周、姜琦、邱椿、朱君毅、陈友松、李相勖、李培囿、陈景磐、林砺儒、郭石岑、吴江霖等教育理论大家均曾任教于此。

② 除与教育教学直接相关的实践经历以外,潘懋元先生还于1969年随同教育部人员下放到安徽凤阳的"五七"干校接受劳动改造,1971年被分配到云南接受改造。这些特殊的经历同样对他后来的教学思想的形成产生深远影响。

江西工作，先在雩都县立中学工作，嗣后又在葆龄女中任教，并担任教务主任。1946年，潘懋元先生收到母校厦门大学的一封电报，旋即前往厦门复建厦门大学附属小学，并任校长①。1952年，时任厦门大学校长王亚南任命潘懋元先生为新成立的教育学教学研究指导组（简称教育学教研组）主任。当时，教育学教研组职能主要是承担汉语言文学、历史、数学、动物、植物等专业的教育学、分科教学法的教学任务。可见，思想形成于实践，服务于实践，并在实践中日趋成熟；实践是在思想指引下的实践，并在思想的指导下行稳致远。

潘懋元先生曾经在总结自己数十年的人生经历时说道："理想，是要有兴趣为支柱的，但兴趣所在，不一定就是理想所在；理想的形成，也不一定是从兴趣开始的。有意义的理想，往往和困难相始终。"②潘懋元先生从教八十五载，一生赤诚向学，潜心育人，以学术为业，以教学为乐。作为一位大成之师，潘懋元先生始终心系学生，与时俱进，春风化雨，润物无声。潘懋元先生不仅是一位著名的教育理论家，而且是一位优秀的教师、一位优秀的教育活动家。数十年来，潘懋元先生培养了大批高等教育学人才，他们遍布世界各地，服务于各行各业。我们无法逐一列举这些学生的突出成就，也难以表达他们对既是经师又是人师的潘懋元先生的景仰和感激。2014年，潘懋元先生荣获全国"教书育人楷模"，在人民大会堂受到习近平等党和国家领导的亲切接见，这是对潘懋元先生的至高褒奖和肯定。

我师典范，德配天地。研习潘懋元先生崇高师德风范、传奇教育人生和深刻思想内蕴是我辈后生的责任使命，此自不待言。然则，潘懋元先生高校教学思想博大精深，源远流长，我们只能绠短汲深，管孔入览。或许，作为大学教师的我们应为且可为的是，坚守重视教学的初心，砥砺前行，以夯实大学的根本。

---

① 潘懋元先生在担任厦门大学附属小学校长的同时还担任厦门大学教育系的助教。

② 潘懋元.潘懋元教育口述史[M].肖海涛，殷小平，整理.北京：北京师范大学出版社，2007：33.

The Spring Breeze Changes the Rain, Moistens the Matter Silently

——Discussion on Professor Pan Maoyuan's College teaching and Learning Thought

Chen Bin

(Institute of Higher Education, Xiamen University, Xiamen 361005, China)

Abstract: First-class undergraduate teaching is the foundation of "Double First-Class" construction, the core of realizing the connotative development of higher education and the key to promoting the construction of a powerful country in higher education. As the master of higher education research in China, Professor Pan Maoyuan has devoted himself to the teaching and research for 85 years, realized the perfect integration of the master of classics and the master of human beings. Professor Pan Maoyuan's college teaching and learning thoughts in colleges are rich in connotation, involving teaching concepts, teaching principles, teaching methods and teacher development. Professor Pan Maoyuan's teaching thought always keeps pace with the times, displays the exuberant thought vigor, makes the outstanding contribution for our country university teaching cause, and produces the far-reaching influence.

Key words: Professor Pan Maoyuan; college teaching and learning; teaching thought; connotation

笔谈

教学方法探新

编者按:翻转课堂可谓是当前教学改革中一个非常时髦的话题,但究竟翻转课堂是什么,翻转课堂该怎么用,翻转课堂适合哪些学生,这些都是值得探索的问题。始终站在教育改革发展前沿的潘懋元先生,很早就开展了教学改革探索,他将自己的教学方法概括为"学习—研究—教学"三结合方法,这一教学改革成果曾获得过福建省教学改革成果一等奖,国家教学改革成果二等奖。所谓"学习"是指以学生开展课前自学为前提,属于学生个别学习阶段;"研究"指在教师引导下展开集体探讨,这是课堂教学的核心环节;"教学"是指让每个学生作为教师讲授一个专题内容,形成个体独立研究与教学能力。从这个实践序列看,潘先生的教学方法中就蕴含了翻转课堂的基本思想,换言之,翻转课堂早不是什么新鲜玩意,而是博士生教育中经常运用的教学方法。不仅如此,潘先生还使课堂再次翻转,即师生角色翻转,让学生扮演教师的角色。可以说,这是翻转课堂的升级版。所以说,高等教育学大师不仅在高等教育理论探究方面发挥引领作用,而且在高等教育教学实践中也发挥着率先垂范的作用,这也是理论与实践结合的经典范例。本次笔谈是由厦门大学教育研究院2019级博士生在上过潘先生"高等教育学专题研究"课程后的反思总结,从中反映出潘先生作为高等教育学奠基者在教育教学改革实践中的引领作用。

翻转课堂在博士生教学中运用

——以潘懋元先生的"高等教育学专题研究"课程为例

杨振芳 黄蕴蓓 徐 琼 罗青意
李 勇 苟菲菲 江 艳 张 斌

摘 要:翻转课堂概念虽然起源于国外基础教育教学改革实践,但在国内高等教育教学改革实践中广受推崇,它是否适合研究生教育教学仍然是一个问题。其实,早在翻转课堂概念提出之前,国内教育界就已经拥有了丰富的翻转课堂实践经验,尽管并未使用翻转课堂概念。中国高等教育学奠基人潘懋元先生很早就开始运用翻转课堂理念开展教学改革实践,他的"学习—研究—教学"三结合的教学方法就蕴含了丰富的翻转课堂思想。但翻转课堂是否适合博士生教学,博士生翻转课堂教学效果如何,翻转课堂中教师发挥什么样的作用,博士生翻转课堂的优势何在,以及翻转课堂如何进行小组讨论,翻转课堂对人文社会科学的意义,翻转课堂需要注意什么问题,翻转课堂如何避免对知识系统性的影响等都是值得探讨的。通过潘先生“高等教育学专题研究”教学实践对这一系列问题均给以清晰的回答。

关键词： 翻转课堂；潘懋元；“高等教育学专题研究”；博士生教学；“学习—研究—教学”三结合

翻转课堂能成为博士生教学的基本形式吗？

（一）博士生教学中实施翻转课堂的价值

1.有助于实现博士生培养目标

对于博士生教育的定位，潘懋元先生一直有清晰的界定。他认为博士生的培养是通过自主的科研活动，表明其具有独立从事科研的能力并能够做出创造性的成果，成为某一学科的领军人才。要实现这一目标，对于博士生的课堂教学，其教学的重点不再是知识的讲授与学习，而是学生科研能力和自学能力的养成与提升。翻转课堂的核心理念是将知识的讲授移至课外，让学生借助视频等媒介进行自我学习，课堂则主要用于成果交流、问题解决和其他深层次学习活动。潘懋元先生在其主讲的课程“高等教育学专题研究”就采用了翻转课堂的教学模式，课程的教学形式主要为“总体组织课程—学生自由学习与研究—研究成果汇报”，这种翻转课堂的形式不同于传统的针对本科生的翻转课堂形式，其要求博士生在课外要进行广泛且有深度的自由学习，并且在一段时间的自由学习后要从老师提供的话题中选定一个主题独立开展研究，然后在课堂上汇报自己的研究成果。从翻转课堂的核心理念以及本人参与潘懋元先生“高等教育专题研究”的学习体验看，这种教学模式有助于实现博士生的培养目标。

2.有助于促进博士生的全面发展

潘懋元先生认为，对于博士生的成长，关键在于自我成长；学会学习是一名合格的博士生必须掌握的能力；潘懋元先生还认为以往的教学方法过于重视灌输式的教学，在传统的教学中教师将学生看成是被动的服从者，会严重影响学生创新意识和创新能力的培养、发挥。要提升博士生的教学质量，需要不断探索教学规律、创新教学方法。翻转课堂将知识讲授移出课堂外，让学生通过视频及其他媒介进行自主学习，课堂主要用于深度学习。在潘先生的“高等教育学专题研究”课上，学生不仅需要在课外独立自主地学习相关的理论知识，在自学完理论后还需要选择自己感兴趣的主题开展研究，并将研究成果在规定的时间在课堂上进行汇报或展示，此外学生在课堂上还需要对其他同学的汇报或作品展示进行点评或提问、交流，这些都助于博士生理论修养的提高及多项能力的发展，尤其是自学能力、独立开展研究的能力、创新能力以及教学能力的提高。

3.翻转课堂是“学习－研究－教学”的具体体现

潘懋元先生率先开展了研究生培养模式改革试验，在研究生教学中推行“学习—研究—教学”(简称“学—研—教”)三结合的教学模式探索。以潘先生开设的“高等教育学专题研究”为例，这门课程的教学需要完成系列环节：首先是课程的总体组织，具体是潘先生在开讲第一课对本门课程作必要的准备和说明，包括修订讲义，拟定讨论话题，说明本门课程的目的、意义和争论之处，并为大家推荐必要的参考书。二是自主学习，学生在课外自主学习课程的理论知识。三是自主研究，学生在自主学习一段时间后需要自主选定一个主题独立开展研究。四是研究成果汇报与答辩，每位学生需要在规定的时间就自己的研究成果在课堂上进行汇报与答辩，其他学生就汇报的内容展开深度讨论，潘先生则对每位学生的汇报内容和教学能力等进行点评。我认为，从本质上看，现行的翻转课堂实际上是“学习—研究—教学”这一教学模式的一种具体体现，并且潘先生早在翻转课堂这一名词提出之前就对这一教学模式开展了大量的实际探索。

4.“互联网＋教育”是高校教学改革的必然趋势

潘懋元先生认为就互联网进入高等教育领域而言，高校师生必须创造性地利用互联网的优势，主动变革传统教学模式，提升大学师生学习生活质量，着力实现从传统灌输式课堂向互动式课堂转变；“互联网＋教育”是高校教学改革的必然趋势。翻转课堂是“互联网＋课堂教学”的一种形式，它将互联网技术与课堂教学相结合，重构了教学环节与教学结构。课堂主要用于学习困惑答疑、讨论、交流、汇报、展示、点评等而不是用于知识的传授与讲解，教师在课堂的角色不再是知识的搬运者、讲授者而是学生阶段学习后的指导者、帮助者、咨询者，有助于提升有限课时的教学深度。学生则不仅需要在课堂外利用互联网及其他媒介进行知识自学或进行知识探究，还需要进行研究方案的设计与实施、发现问题并解决问题等，在课中则需要充分参与讨论与交流等，主动进行学习与研究，从而有助于提升学习的深度。

(二)博士生教学中实施翻转课堂的可行性

1.博士生具备翻转课堂所需的学习者心理特征

潘懋元先生认为博士生与本科生、硕士生的区别在于前者已经具有独立从事科学研究的能力，其学习方法主要是通过导师指导下的自学与科学研究来掌握科学理论知识与提高科学研究能力 。博士生整体上比本科生、硕士生具有更强的学习自觉性和自制力，自主学习的需求也更大，对学习的目标与规划也更为清晰，与他人进行思想、观点讨论、交流的需求也更大，思维的发展也更成熟、更独立、更深刻；他们愿意接受新思想、新事物，也能够进行独立思考，对已有的思想、观点、事物等有更多自己的独立判断与思考；他们虽然尊重有学问的老师，但对老师的观点、思想又不会盲目服从。他们的这些学习特点能够较好地与翻转课堂的理念、教学流程、教学模式相契合。此外，博士生基本都是成年人，经过了本科、硕士阶段的学习，不仅身心发展更加成熟，他们的自主学习能力、思想交流能力、学习资料检索能力也得到了较大提升，同时，还拥有比较扎实的知识基础和丰富的学习经验，这些都能为翻转课堂的有效开展提供必要的保障。

2.具备客观的教学条件

翻转课堂的有效开展不仅需要学生具备相应的心理特征，还需要具备客观的教学条件。从客观条件看，翻转课堂的有效开展至少需要以下几个条件的支持：一是具备比较丰富的学习资源；二是需要学生拥有比较充裕的并可自由支配的学习时间；三是需要教师拥有较高的教学能力与学术水平；四是一定的信息技术条件，如便利的上网条件等；五是小班规模。博士生教育是大学的最高层次教育，他们的课时要求比本科生、硕士生都要低，选课的自由度也更高，这使得他们拥有更充裕的自由学习时间；博士生课程的授课教师，一般都是副教授、教授职称的教师担任，这些教师整体上拥有比较丰富的教学经验与比较高的学术水平，能在讨论、交流与学习咨询上满足学生的需求；现在随着互联网技术的发展，几乎所有的高校都实现了网络全覆盖；图书馆的线下、线上学习资源也很多，随着慕课的发展，互联网上的学习资源也很充足；博士生的招生名额有严格的规定，所以班级规模一般都比较小。这些都为翻转课堂的顺利开展提供了必要的客观条件。

（本节作者杨振芳系厦门大学教育研究院 2019 级博士研究生）

博士生翻转课堂的教学与效果

翻转课堂(Flipped Classroom)概念源于2007年美国科罗拉多州落基山林地公园高中的两位化学教师乔纳森·伯尔曼(Jon Bergmann)和亚伦·萨姆斯(Aaron Sams)的教学实践,[①]是将传统的课上教师讲解内容,课后学生做作业的教学管理模式翻转过来,让学生在课前观看教师录制的教学视频讲解,将课堂时间留给教师指导的作业或实验,但教学视频的录制对教师们提出了新的要求,并不是所有教师都愿意且能够制作出适合翻转课堂使用的讲解视频。

2011年,大规模开放在线课程(Massive Open Online Courses),即慕课(MOOCs)开始流行,[②]这种网络共享课程的出现为部分无法制作教学视频的教师提供了材料。在新的教学探索中,有教师将慕课与翻转课堂两种教学方式结合,发挥各自的优势与长处,使整个流程更加清晰完整,也降低了翻转课堂实施的难度。

翻转课堂的特点在于强调教师与学生、学生与学生间的交流与互动,开创翻转课堂的两位化学教师后来强调,“翻转学习”一词比“翻转课堂”更能凸显这种教学模式的核心——即从传统的以教师为核心转变成了以学生为核心,强调学生自主学习与自主探究的能力。在发展初期,翻转课堂多被运用于中学课堂中,中学阶段学科的结构化和统一性也使教学视频的制作更加便利和高效。随后,新兴的翻转课堂也受到了高校的关注与欢迎,这种模式被引入本科教育中,成为高校教师课堂改革尝试的重要部分,关于翻转课堂现状、效果与挑战等方面的研究也越来越多。

潘懋元先生的“高等教育学专题研究”课程是针对博士生开设的,其课程教学模式是以两次报告为主干,学生在课前自行选题、搜集相关文献并进行深入的研究。在课程报告时,先由事先指定的一名同学对报告进行深入地点评,再鼓励同班同学提出自己的建议、疑问和看法,最后由潘懋元先生对报告内容做出点评,而报告结束后,报告人则需要根据课堂上获得的反馈,在七天之内将报告内

① 宋艳玲,孟昭鹏,闫雅娟.从认知负荷视角探究翻转课堂——兼及翻转课堂的典型模式分析[J].远程教育杂志,2014(1):105-112.

② 何克抗.从“翻转课堂”的本质,看“翻转课堂”在我国的未来发展[J].电化教育研究,2014(7):5-16.

容整合修改成一篇论文。与本科生不同，博士生的学习强调其科研能力的培养，对其自学能力提出了很高的要求，高等教育学专题研究这门课程的教学方式并非严格意义上的翻转课堂，其设置也更多是根据实际的博士生培养方式出发，但其核心与翻转课堂这一概念却有许多相似之处。

在高等教育学专题研究课程中，学生与教师的互动主要出现在三个阶段，第一个阶段是学期初的统一授课，这次课程讲明了整个学期的教学计划和课程要求，使学生得以对自己一学期的学习有所规划，并且对高等教育学专题研究讲义做了大致介绍，以保证学生能够充分利用起这本内容丰富、范围广阔的教学讲义。第二个阶段是报告的选题阶段，学生需要按照要求给出自己的选题，老师和助教则会对学生的选题给出相应的建议，有可能是对选题具体内容的启发，也有可能是对选题方向提出的修改建议。对于研究者而言，如何选择一个合适且有价值的题目是非常重要的，如果选题出了问题，那么后续的研究就会缺乏针对性，让研究的质量大打折扣，甚至使得研究者的努力都成了无用功，因此，这也是博士生必须掌握的技能。在这一阶段，学生可以和老师以及助教深入地探讨自己的方向，在不断的互动中雕琢自己的选题。第三个阶段就是报告以及老师点评的阶段，这是学生学习成果的集中展现，学生也可以在这时候将自己研究中遇到的困惑与同学和老师分享，以寻求帮助。虽然学生们在课下也可以自行对各自的报告内容进行讨论，但课堂报告与点评的方式给学生带来了一定的压力，逼迫学生对其他同学的报告甚至点评进行思考。在报告阶段，潘懋元先生要求将学生的报告以录影的形式保存，并在报告结束后将视频发给学生，让学生进一步对自己的学习成果进行反思、总结与改进。这种学习模式压力与成果并存，在带给学生压力的同时，也让他们在反复的磨砺中扎扎实实地打下了研究的基础。

要衡量这门课程的教学效果，学生作业的质量是不可忽略的有力证明。在高等教育学专题研究课程中，学生最终需要上交五份纸质作业，两份是根据各自报告内容整合而成的论文，一篇是期末上交的自选题论文，两篇是读书报告。这五份作业包含了学习的各个维度，既督促了学生的“输入”，即对高等教育学相关经典文献的阅读与探究，也保证了学生的“输出”，即多看的同时也要多写。而从这五份作业入手，教师和学生自己都能够对该门课程的学习效果有一个比较明确的感知。值得一提的是，对于学生而言，报告阶段让他们有机会接触到其他同学的研究内容，既开阔了学生的思维，也为每个学生提供了相对的参考，让他们能够对自己的报告水平有一定程度的了解。而报告阶段的点评环节，则在学生的自我评价以外，增加了学生间的互评与指导老师的评价，从三个维度保障了对学生学习成果的评价。

（本节作者黄蕴蓓系厦门大学教育研究院 2019 级博士研究生）

博士生翻转课堂中教师作用浅析

翻转课堂通过对知识传授和知识内化的颠倒安排，改变了传统教学中的师生角色并对课堂时间的使用进行重新规划，实现了对传统教学模式的革新。[①] 翻转课堂仍然以促进学生学习发展为核心目标，但与传统教学模式相比，教师在翻转课堂中的作用则发生了改变。厦门大学高等教育研究院教授潘懋元先生在博士生课程“高等教育学专题研究”中采取翻转课堂的教学模式授课，在课程中强调理论联系实践，并设计出独特的课程实施体系，取得了很好的教学效果。

翻转课堂颠覆了传统上教与学的关系，具有突破传统课堂局限、重构教学结构、体现教学新理念的特点，这就需要教师课前做好充分的准备和安排。[②] 课程实施前，潘先生会针对课程基本内容、发展目标、授课形式和作业要求等进行全面性说明，对整个课程内容重点进行提纲挈领式的概括，使博士生能够充分了解课程安排，进行有目的的学习。先生安排的课程内容基本涵盖整个高等教育领域，又分解为多个专题，并在专题下提供更为具体的题目供博士生参考，以此引导博士生通过选取感兴趣的内容进行广泛阅读和思考，最终确定研究主题进行研究成果报告，通过学生互评、主评后，先生进行最后的总结。潘先生说过，高等教育有自己特殊的问题，有自己的特殊规律。从潘先生创设的博士生翻转课堂出发，可以发现教师应重点发挥以下几大作用。

一是明确研究主导式的翻转课堂教育理念。翻转课堂的理论基础主要包括掌握学习、建构主义、认知负荷和有效教学等理念。[③] 潘先生针对博士生学习的特点与目标，强调学习此门课程要理论联系实践，理论基础较强的学生要多接触具体实践，实践经验较丰富的学生则要以理论研究为主要内容，从而全面促进博士生提高研究能力和研究成果质量。以重点培养博士生的研究能力为根本目标，潘先生的翻转课堂安排紧密围绕促进博士生研究能力提升，始终坚持研究主导式的翻转课堂教育理念。博士生根据潘先生提供的相关资料自行选取研究内

① 张金磊，王颖，张宝辉.翻转课堂教学模式研究[J].远程教育杂志，2012(4):46-51.

② 朱宏洁，朱赟.翻转课堂及其有效实施策略刍议[J].电化教育研究，2013(8):79-83.

③ 杨春梅.高等教育翻转课堂研究综述[J].江苏高教，2016(1):59-63.

容、确定研究主题，助教会对博士生所选择的主题是否可行提供建议，在确定可行的基础上博士生先课外自行查阅资料进行研究，形成初步研究成果后进行学术汇报，通过同学和教师的反馈进行修改，撰写成文形成最终的研究结果。教师在整个翻转课堂中秉持以提升博士生研究能力为主导的教育理念，重点引导博士生发现研究过程中存在的问题、促进博士生研究能力的提升、形成良好的研究素养。

二是实现互动生成式的翻转课堂教学设计。翻转课堂把学生学习新知的过程放置于课前，而把课内时间用于讨论、分享和质疑。① 这种教学模式实际上非常适合运用于博士生教学，一是促使博士生在课外发生真正深入自主的学习，二是可以高效利用课堂时间进行研究经验的交流与观点的相互碰撞，进而深化博士生的知识建构。翻转课堂实际上是"生成课堂"这一全新理念的充分体现，②博士生需要在广泛的基础知识上进行深入的科学研究，从本质上来说是一种新知识不断生成的过程。潘先生的翻转课堂将"既定的"目标变成"将成的"目标，从初步选定研究主题、确定研究问题到展示研究成果，以师生互动的方式促进博士生知识生成，形成自己的研究问题和思路。这种翻转课堂不仅仅传授研究知识，而是成为师生展现与创造生命意义的动态生成过程，为博士生不断实现自我超越进而为自我的可持续发展奠定基础，尤其是为博士生未来研究发展提供了切实有用的指导和帮助。

三是引导自主个性化的翻转课堂学习方式。博士生由于个人思维特点、专业素养、研究兴趣、研究基础甚至研究计划等差异，往往倾向于自身比较擅长的研究领域和使用自己熟悉的研究方法。潘先生在翻转课堂中让博士生根据自己的兴趣自主选择研究题目和方法进行研究，同时针对博士生如何更好地研究所选课题进行必要的点拨，引导博士生通过系统的课前研究和阶段性展示研究成果的过程构建起新的知识体系，真正做到了"以学生为中心"，促进博士生实现自主个性化的学习。在这一过程中，教师从知识传授者和课堂管理者转变为学习指导者和促进者，潘先生尤其倡导学生的个性化、多元化和自由协作。为引导博士生实现自主个性化学习方式，潘先生通过对博士生学习时间的重新分配，给予博士生较多的自主支配时间，使博士生能够根据自己的步调控制学习进程，这种

---

① 马秀麟.翻转课堂教学实践及教育价值[J].教育学报，2019(4)：127.

② 何克抗.从"翻转课堂"的本质，看"翻转课堂"在我国的未来发展[J].电化教育研究，2014(7)：5-16.

学生学习主体性的回归进一步深化了个性化学习，实现教学流程的逆序创新，并具体体现在经验融入、概念探究、意义建构和问题探讨等环节，弥补了集体授课无法实现和促进博士生个性化研究的短板。

四是开创深入延续式的翻转课堂评价体系。与其他层次和类型的翻转课堂相比，博士生翻转课堂的评价需具有深入延续性。深入评价要求教师要深入了解博士生研究领域，指出研究存在的问题并为博士生提供更宽广的研究视野，引导博士生的深入思考；评价具有延续性则需要教师基于博士生翻转课堂的表现，对博士生整体甚至未来的研究生涯提供有益指导，这就需要教师具有深厚的研究功底和学术眼光。潘先生在翻转课堂中对博士生进行评价时，往往鞭辟入里地针对博士生研究领域进行全景式的综合评价，指出现有研究存在的优点与不足，重点提出该研究存在的意义和未来研究的方向，对博士生的影响是显而易见的。因此，翻转课堂评价体系的建立须从翻转课堂的特点出发，以促进博士生研究为根本目的，着重为博士生研究学习提供思路和启发。潘先生在课程评价过程中重视指导博士生能将研究结果与具体实践相结合，完善已有研究的不足、开拓更宽阔的研究领域，尤其注重评价博士生的研究素养，引导博士生树立良好的研究观念，其开创的评价体系具有深入性和延续性。

总的来说，博士生的翻转课堂不能仅仅停留在翻转“教”与“学”的初步阶段，必须针对博士生的研究需要和发展要求确定教育理念、教学设计、学习方式和评价体系。博士生的翻转课堂对于教师和博士生来说都是一项挑战，教师需要基于博士生的知识特点、学习方式和研究风格决定授课内容与方式，博士生需要强烈的自主学习欲望，能将系统性研究目标转化为阶段性学习过程。博士生的学习以研究为核心，这是博士生翻转课堂最为重要的特点和目标，因此对于博士生翻转课堂的教师来说，其研究能力和水平的高低是能够成功实施翻转课堂最为关键的因素。潘先生的课程以提升博士生研究能力为出发点，设计出总体课程介绍、研究思路释疑、初定研究范围并研讨、确定研究主题、听取研究报告、运用多种方式评价研究过程、收取最终研究成果的系统流程。同样的课程安排对于博士生来说，则经历了确定课程主要目标、明确课程教学模式、进行初步研究并确定研究内容、准备报告研究结果、获得相应评价与反馈、修改和完善研究的过程。

作为一种新兴的课堂教学范式，课堂教学改革对于博士生人才培养质量具有重要影响。潘先生的“高等教育学专题研究”课程通过采取翻转课堂教学，对于探索博士生培养方式具有一定的启发意义。总体而言，潘先生的翻转课堂实现了理论与实践的统一、方法与目标的统一、教与学的统一以及评价与发展的统一，以促进博士生研究能力提升为主线，引导博士生提前进入研究过程，在课上进行研究内容分析、研究成果展示、研究过程评价和研究问题答疑，尤其注重针对存在的问题进行深入分析，促进博士生知识的内在建构。潘先生将翻转课堂运用于博士生培养过程中，在运用翻转课堂过程中根据博士生培养的特点，明确研究主导式的翻转课堂教育理念、运用互动生成式的翻转课堂教学设计、实现自主个性化的翻转课堂学习方式、开创深入延续式的翻转课堂评价体系，在翻转教学的过程中注重博士生研究能力的提升，取得了较好的教学效果，对博士生翻转课堂中教师应发挥何种作用具有一定的参考意义。

（本节作者徐琼系厦门大学教育研究院2019级博士研究生）

博士生课堂使用“翻转课堂”教学的几点优势

“翻转课堂”（flipping classroom）作为一种创新教学模式，是近年来全球教育界关注的热点。这种模式大体做法是，学生在课前进行自定步调的学习（观看视频讲座或阅读文献），课堂时间则用来深化概念和参与合作性的问题解决。翻转课堂是对知识传授和知识内化的颠倒安排，改变传统教学中的师生角色，从而实现“先学后教”以及对传统教学模式的革新，其实质是从被动学习转向主动学习。这种全新的教学模式首先在基础教育方面取得了成功，而高校一般认为翻转课堂在大学生的学习自主性、团队协作精神、创新精神、课堂氛围以及知识的内化等方面均比传统课堂更有优势。特别在数学、科学等程序性知识的课堂教学中，翻转教学模式是受欢迎的，只要技术应用恰当，学生似乎更愿意接受课堂交互和个别指导。但是，文学、历史、哲学等学科内容的教学似乎不能翻转，这是受到人文学科自身的特点所制约的。翻转教学模式对改善此类教学结果的意义不大。高等教育界对翻转课堂总体仍表现出了认可态度和浓厚的兴趣，甚至在博士生教育等高级专门人才的培养上具有一定的启发和优势。2019年12月以来，受“新冠疫情”的影响，高校的线上翻转课堂教学模式得到迅速推广和发展。笔者也在此期间切身体会翻转课堂的实施效果及其影响。因此，下面谈论关于博士生课堂使用“翻转课堂”教学的几点优势。

1.学习资源的多样化符合博士生培养的要求

教育教学的首要条件是学习资源的供给及其展现方式的选择。通常这一步骤是由教育部门、学校和教师来进行，尤其在课堂上教师对学习何种教材、采用何种教学方式具有决定权。博士生教育是国家培养的高层次专门人才，强调对其创新能力、批判思维和团队合作等核心竞争力的塑造。博士生的课堂教学相对其他层面的教育显然是更加开放、自由，不仅学习资源要丰富多样，教学形式生动变化，而且应该体现博士生在教学当中的自主性和创造性。这里不是说拒绝学校和教师提供的资源，而是博士生在面对大量的学习资源时能够掌握识别、判断材料的真实状况和价值，从而选择符合自身学习方式和兴趣的材料。除此之外，即使同一份学习资源在不同学生之间的学习其真实感受和收获也将会有一定差异，特别是处于课前的个人熟悉并喜欢的学习方式下更能凸显这种难以言表的特殊性。因此，这里才说翻转课堂在课前准备中提供的大量学习资源，对于博士生如何在浩瀚无垠的知识海洋学会赏心悦目、高效快捷的泳姿是对其真正的考验。

2.交互与合作是博士生培养的关键

科教融合是现代大学的核心特征，博士生教育是人才培养和科学研究的最佳结合点。需要注意的是，现代科学的发展再也不是单打独斗的时代，即使是人文学科也不能闭门造车、脱节于社会，甚至人文思想的进步更加需要新知识的输入、新观点的碰撞以及新视角的发掘。翻转课堂的颠覆性变革就在于对于学习时间和空间的变换，“先学后教”使学生能够对知识进行充分思考，带着问题进入课堂，课堂不再侧重知识的传输，“互动与反馈”为博士生的培养创造了深度学习机会和知识内化的有利条件。此外，学生还可根据不同的主题和个人的兴趣爱好，在不同的社交平台（比如微信、QQ、钉钉等）上构建起互助、协作、交流的亚群体，并随着亚群体人员的聚集，学习社区的不断扩大，又进一步衍生出与本课程相关的网站和资源库。通过以上两种方式——加强“互动与反馈”和倡导“在线学习社区”，就使学习者能在参与翻转课堂教学的过程中产生一种“沉浸感”和“全程参与感”，这是现代博士生教育中翻转课堂的优势之处。

3.有助于构建新型师生关系

传统的面对面教学过程中，不管是教师讲授还是与学生对话，都是“以教师为中心”的一对多的形式；而翻转课堂则完全改变了这种形式：不管是学生在家观看教学视频，还是在课堂上师生面对面地互动交流，都是围绕着“学生为中心”展开；学生可以掌控自己看教学视频的进度，可以提出自己的问题、想法，与教师或同伴交流，从而获得了学习上的主动权。这是从新型师生关系角度来看待“翻转课堂”的作用与效果的一种代表性观点。另外一种观点认为，“翻转课堂通过对学习时间的重新分配，给予学生更多自主支配的时间，使学生能够根据自己步调控制各自的学习，真正做到了学习向学生的回归，体现了学生学习的主体性；同时，与传统教学模式相比，教师角色也发生了很大的转变，教师逐渐由知识传授者向教学资源开发者、教学帮助者、指导者转变。”实际上，随着博士生教育规模的扩大，我国博士研究生的教学面临诸多挑战。例如同一教学下，教师需要面对来自接受不同程度专业学习的学生，且各个学生的对于同一专业的学习又存在着不同学科背景及其思维方式。因此造成：要么博士生的课堂教学尽管讨论不绝，但终归争论不到一点上；要么各自呈沉思状，混个过关。疫情期间的线上翻转课堂给我带来最大的感触是，在老师有条不紊讲解问题的同时，同学们亦可同时间交流信息，交谈的内容都是公开可见的，甚至直播讲课老师也是可见状态。那么似乎并不妨碍正常的教学流程，学生间大可大大方方地讨论，老师亦可针对学生谈论的内容适时解答，让人感觉虚拟的翻转课堂教学亲近而且真实。

（本节作者罗青意系厦门大学教育研究院 2019 级博士研究生）

博士生翻转课堂中的小组讨论如何组织

小组讨论作为日常教学的一种形式，具有非常重要的意义。尤其是在博士生翻转课堂中。在翻转课堂中，学生通过课前学习对教学内容已经有一定了解，小组讨论作为翻转课堂的一种重要的教学手段，对于检验学生课前学习成果、培养独立思考能力、提升课程教学参与积极性、消化吸收所学知识并转化为自己思想里的内容十分重要。同时小组讨论还有助于培养博士生的团队合作意识与精神、培养博士生的竞争意识、锻炼语言表达能力、耐心倾听他人并抓取他人谈话中的要点等等多方面的能力与意识。此外，小组讨论还给人人创造了参与的机会，对于教育公平性的提升也有一定的积极作用。

如何有效组织小组讨论，提升博士生课堂效率和巩固教学成果是在开展翻转课堂教学前应该认真考虑的问题。了解清楚小组讨论中常见的误区和问题，对于提升翻转课堂小组讨论的成功性具有重要的意义。个人以为小组讨论中常见的误区和问题主要包括：部分学生的参与度不够、讨论的问题难易程度不太恰当、讨论时缺乏合作意识、讨论的效率不高。

针对以上存在的问题，建议在组织博士生翻转课堂上的小组讨论时，应该从以下几个方面进行考虑：

(一)关于小组讨论的分组

在翻转课堂上课之前,学生已经对课程进行过自主学习,但可能每个人学习的程度和次数不同,每个人对于课程内容的理解也可能存在偏差。因此,在对博士生小组讨论进行分组时,应该从以下两个方面进行考虑:

1.小组讨论的形式

兹以为,小组讨论可以根据博士生课程的科目和课程中教授环节的不同分为两种形式,第一种为所有小组讨论同一个主题,最后在不同小组的发言中将讨论的结果进一步升华,形成最终的结论(可能达成共识,也可能既有共识又有分歧)。第二种方式为教师为每个小组分配不同的主题,可以将本次课程的要点进行分割,"每个小组负责自己的部分,通过小组内部讨论后将小组成员打乱,新的组合成员再向其他组员介绍自己之前小组的讨论内容,鼓励其他组员发表新的看法。最终通过这样的形式,使每个人都参与到不同的主题讨论,对于多个主题的讨论既快速又能让博士生留下深刻的印象",[①]既提升了效率又强化了教学成果。这两种小组讨论的形式各有利弊,可以在实际教学中选择适合的小组讨论形式。

2.小组讨论的人员构成

为了解决部分学生的参与度不够问题,在分组时每组成员不宜过多,具体可以视课堂人数来定,不过一般建议3~6名为宜,通过限定人数来保证每个学生的参与度。"分组时一部分教师采用随机分组的形式,这样做具有两个好处。一来可以避免强强联合",[②]避免个别同学在分组时的尴尬,二来可以促进不同背景不同性格学生之间的交流,更加有利于碰撞出新的火花。也有一部分教师会在教学初期,"采取向学生发放'兴趣和目标'调查问卷的形式,了解学生的学习兴趣范围和学习目标情况,并以此作为课堂讨论分组的依据",[③]这样做有利于兴趣相近的博士生进一步深化所学知识。

通过设计讨论小组分组的形式和人员的构成,既提高了学生的参与度,保证

---

① 彭向.高等教育中如何引导学生主动学习——以小组讨论为例[J].课程教育研究,2016(36):130.

② 彭向.高等教育中如何引导学生主动学习——以小组讨论为例[J].课程教育研究,2016(36):130.

③ 刘海红.美国大学社会科学领域课程的翻转课堂教学模式探析[J].中国高教研究,2016(8):89.

每个学生都能够参与进来。又促进了博士生之间的交流，通过这样对小组讨论的分组来达到一举两得的目的。

（二）如何引导学生深入讨论

由于博士生的背景比较复杂，有的博士生可能程度较好，而有的博士生可能是跨学科考博士进来的，学科背景会比较薄弱。有的学生可能是硕士毕业直接升读博士，理论知识丰富却缺乏实践经验，有的可能是工作多年后重新读博，社会经验丰富。因此，教师在设置讨论的主题时首先要避免讨论的问题不恰当，而要设计具有讨论价值、难易程度适合讨论的问题。难易适当的主题也有助于进一步引导学生深入讨论。

具体来说，教师可以从以下三个步骤来做：

1.引入思维导图。教师在设置课堂环节时事先引入思维导图，帮助博士生对所要讨论的主题形成一个宏观的概念，并在思维导图的过程中设置小组所要讨论的主题，引导博士生进行发散性思考、联想性思考、辩证性思考。

2.下沉到讨论小组中去。在小组展开讨论后可依次或随机下沉（可根据情况灵活变通）到讨论小组中去，与小组成员互动，引导小组成员深入讨论形成小组看法。

3.层层深入进一步引导。在小组的看法展示给全班同学面前时，鼓励同学进一步补充，进一步抛出问题引导博士生深入思考，层层深入，碰撞出新的火花。

（三）如何正确对小组讨论进行评价和反馈

虽然小组讨论是小组智慧的结晶，然而为避免博士生在小组讨论时缺乏合作意识或部分学生不重视小组讨论，教师应该正确对小组讨论进行评价和反馈，“将学生讨论过程中的各方面表现纳入考量，如讨论参与度、团队协助能力”。[①] 对于一些关键性或重大性问题，可以引导小组成员“出具讨论简报，将讨论的要点以简报的形式来将每个人的主要观点呈现出讨论的过程”，[②]引导小组成员积极贡献自己思想的火花，避免磨洋工，也能进一步提升课堂讨论的效率，同时也

---

① 邓莅芊，等.澳大利亚高校翻转课堂教学模式的经验与启示——以新南威尔士大学商学院为例[J].教育现代化，2019(59):269-273.

② 彭向.高等教育中如何引导学生主动学习——以小组讨论为例[J].课程教育研究，2016(36):130.

能够发现小组成员中学习薄弱的环节，课上或课下进行单独的辅导，帮助个别薄弱的同学加深理解，强化学习成果。

(四)小组讨论的教学设施

为了更好地提升小组课堂讨论的效率，高校教师在对博士生进行课堂讨论时，还可以进一步选择适合的教学设施。可以“打破教学空间与学习空间之间的传统分歧，选择具有高度灵活、鼓励互动的物理场地作为教学场地，方便小组之间的移动、分组和讨论”。①

在翻转课堂上，如果在组织小组讨论时，从以上四个方面着手灵活处理，相信能够帮助高校教师解决文章开头所述的高校博士生在小组讨论时所面临的四个问题，也能够增加学生和教师的互动和个性化沟通，将课堂的主动权交还给学生，进一步引导博士生独立思考，同时对于善于读书善于搞科研做实验的同学来说，通过日常的锻炼，进一步增强在表达自己学术观点时的口头表达能力，将自己的所思所想更有技巧地展现在众人面前，对于今后在科研道路上的成长也具有重要的意义。

(本节作者李勇系厦门大学教育研究院 2019 级博士研究生)

翻转课堂：人文社会科学博士生课堂教学方式的新变革

学者克里斯·帕克曾指出，博士生教育到底是以“增进知识”为目标还是以“训练学者的过程”为目标的问题，不仅影响到博士生培养规格标准的问题，而且也牵涉到如何开展博士生教育的问题。其一，如果博士生教育目标以“增进知识”为主，那么博士生在整个培养生涯中就应当将大部分时间用于独立的研究，从而训练博士生的科研能力；其二，如果博士生教育目标以“训练学者的过程”为主，那么博士生的培养就不再仅仅是以科研为主，还要让博士生将其主要的时间用于接受学术训练，以此来获得作为学者所必备的技能、素质和方法，这就需要提升博士生课程教育质量。那么以帕克的学术观点纵观我国的博士生教育可发现，长期以来我国的博士生教育主要以“增加知识”为目的，在博士生教育的过程中重视科学研究，而课程教育在其中的重要性及地位较低，这可能会导致博士生

---

① 邓莅芊，等.澳大利亚高校翻转课堂教学模式的经验与启示——以新南威尔士大学商学院为例[J].教育现代化，2019(59)：269-273.

教育在追求增进知识时，往往将对基础知识的积累、研究能力的提升及学术品质的培养忽略，不利于博士生之培养。[①]

事实上，博士生的教育不仅仅是一种知识的创造性过程，而且更是一种形塑博士生拥有学者素养的过程。在这一过程之中，育人是最本质的特性，即博士生教育不仅要培养博士生如何从事科学研究，而且还应该培养博士生对基本学术研究方法的认知，因此应该重视和加强博士生课堂教育。那么，如何加强博士生课堂教育尤其是人文社会科学类博士生的课堂教育，则需要重新审视课堂教学模式，审视翻转课堂在其课堂教育中发挥的重要作用。这主要是源于：

1.学科的属性：人文社科博士生教育的特质是课堂变革的主要动力

作为人类知识体系组成部分的人文社会科学和自然科学，各自有着属于自身性质的研究对象、研究方式及范式，也有各自特定的作用和作用方式。爱因斯坦曾指出："科学虽然伟大，但它只能回答'世界是什么'的问题，而'应当如何'的价值目标及取舍问题，却在它的研究视野和研究范围之外"，这表征着相对于自然科学而言人文社会科学在本质上与自然科学有着很大的差异，自然科学面对的是确切的知识，具有可验证性、科学性；而人文社科要求的不仅仅是对社会客观现象的正确描述，更多倾向于揭示社会客观现象背后之原因，并用这些原因对为什么会出现这样的社会现象进行解释和剖析，从而来更好地指导人们管理社会、改造社会，最终推动社会的发展与进步。要求研究者具有"问题意识""学理意识""方法意识"，而对"问题意识"的探究与解答具有主观性和不可控性，这就形塑了自然科学与人文社会科学两者其高等教育人才培养方式有差别，作为训练学者素养的课堂教育也有所不同。其一，在人文社会科学博士生的课堂教育中主要以逻辑性、精致性、研究性、灵活性为原则而展开，其中的研究性原则要求博士生的课程教育应于研究之需要、以科学研究为导向、为研究及"准学者"服务的专题研讨类课程，以训练学术批判思维能力和创新性研究能力；灵活性原则即要求课堂教育方式之灵活，不再拘泥于传统的教学模式。[②] 其二，人文社科博士生课程教育重在课堂讨论，通过讨论与他人之间进行互动、与教师之间进行交流，不仅能够收获为科学研究做基础的基本知识，同时也能掌握科学规范的研究方法。以上两种特性也决定了人文社会科学博士生课堂教育不仅仅是教师教与

① 包水梅.美国学术型博士生课程建设的特征与路径研究[J].高校教育管理，2016(1)：116-124.

② 刘兰英.论我国人文社科博士生课程结构的重建[J].学位与研究生教育，2019(07)：43-48.

学生听之间的“单一”态势，而是教师和学生之间共同迸发思想、共同成长的趋势。因此对于训练人文社会科学博士生教育的课堂而言，翻转课堂的教学模式更能发挥其育人之作用，更能激发博士生问题意识、培养批判性思维。因此需要翻转课堂式教学，从而实现以学生为中心，进行学术思考。

2.翻转课堂的特点：翻转课堂的本质能够推动人文社科博士生课程教育良好发展

翻转课堂(Flipping Classroom)是一种新的课堂组织形式和教学形式，最初起源于美国科罗拉多州落基山林地公园高中。[①] 关于对翻转课堂的理解和诠释，学界有不同的看法，但主要分为两种：第一种看法认为翻转课堂是在现代的信息技术发展的大力支撑之下，任课的教师提供给学生以教学视频为主要形式的学习资源，学生须在上课之前完成对教学视频等学习资源的观看和学习及思考，教师和学生在课堂上一起完成问题答疑、写作探究及其互动交流等活动的一种与传统教学不同的教学模式。持第二种看法的学者以翻转课堂的先驱亚伦和伯格曼在《翻转你的学习》中谈到的对翻转课堂之理解为主要观点，亚伦和伯格曼认为，“当教育者论及翻转课堂时，往往最先想到的事情是教师制作微视频，学生课前学习。其实不是这样的，翻转学习的本质，不是如何使用微视频，而是如何最好地使用课堂学习时间，进而创造一个以学生为中心的教学环境。”[②]因此，在这部分学者(笔者也赞同)看来教学视频并不是构成翻转课堂的核心要素，其真正的本质特征在于对传统教学流程及模式的颠覆以及“以学生为中心”的思考方式，也在于让学生更加自主地、主动地参与到学习过程中来，从而通过学生的自主性学习、课堂上师生之间的互动、学生之间建立学习共同体进行探究及合作对话，来实现教与学之间的及时互动与问题反馈，能够尊重学生个体间的差异和多元，发挥学生的个体优势，弥补劣势，取长补短，如此使学生的主体地位得以凸显。同时也能够集合教师和学生之团队的力量，发挥团队合作之作用，而教师在其中的角色已不再仅仅是传统的知识授受者，而是起指导者、引导者、探究者、合作者的作用，充分利用课堂时间，进行合作性学习、探究性学习、钻研性学习等，保障每个学生的参与权和学习权。[③] 诚然，技术只是翻转课堂实现本真目的之手

① 汪晓东，张晨婧仔.“翻转课堂”在大学教学中的应用研究——以教育技术学专业英语课程为例[J].现代教育技术，2013(8)：11-16.

② Aaron Sams，Jonathan Bergmann. Flip your Students' Learning [J]. Educational Leadership，2013，70(6)：16-20.

③ 王鉴，哈斯朝乐.试论课堂教学的“两次翻转”[J].社会科学战线，2017(8)：220-226.

段，翻转课堂本质上是不同于以传授知识为目的的传统教学模式的一种生成性及建构性课堂，传统的以传授知识为主的教学模式是预设性的，而翻转课堂注重强调课程的创造性和生产性，强调课堂应该是在教师、学生、教材、环境等多种因素的持续相互作用中而动态生长的建构性课堂，从而使课堂教育变成为师生之间展现与创造生命意义的动态的生成建构过程，而不只是单纯的认识活动和传授知识之活动，在这样的课堂教学中，学生不再追求已知的、确切的结论性知识，而是向迸发思想火花之转变，从而为自我的可持续发展奠定基础。[①] 总之，翻转课堂的成功得益于探究性学习和学生的主动性学习，这在人文社会科学博士生课堂教育显得尤为重要。

3.目标的契合：人文社科博士生教育的特质与翻转课堂的本质两者间的目标诉求一致性使翻转课堂成为人文社科博士生课堂教育的重要形式

事物与事物之间的目标诉求一致性能够为两者之间建立某种联系，这体现在博士生教育与翻转课堂中亦是如此。首先，人文社会科学博士生的培养致力于以研究为需要、以研究为导向、为研究服务的专题研讨类课程，从而训练博士生学术批判思维能力和创新性研究能力；其次，翻转课堂的本质目标在于强调课堂的建构性及生成性，强调教师、学生、教材及所处环境之间的良性互动，为学生带来探究性学习从而使课堂成为“自我知识”建构的过程。翻转课堂的生成性及建构性之特质为人文社会科学类博士生专题研讨类课程提供了可能，因此博士生教育的目的与翻转课堂的目标之间存在着一致性，这使得翻转课堂成为人文社会科学博士生课堂教育的重要形式。

（本节作者苟菲菲系厦门大学教育研究院2019级博士研究生）

博士生翻转课堂教学应注意的问题

与本科教学重知识传授不同，博士生教学更侧重基于专题的师生互动、答疑解惑、培养独立研究能力。教师明确学习专题，然后抛出待研究的问题，组织博士生讨论，以启发式教学模式促进博士生对某一研究问题进行探究，经历思考、互动、突破、困顿、再探究、再思考、顿悟，然后将研究推向深入。翻转课堂教学模式切合博士生教学特征与要求，深受教师与博士生的欢迎。在翻转课堂教学中，

① 何克抗.从“翻转课堂”的本质，看“翻转课堂”在我国的未来发展[J].电化教育研究，2014(7)：5-16.

为了提高学习效果,博士生应注意以下问题。

第一,正确把握课前自习与课堂学习的关系,并合理分配课前自习与课堂学习时间。翻转课堂的课前预习如果不能保证,课中的讨论则难以开展。① 二者属于准备与效果的关系。在课前自习过程中,疑难点需要及时解决。如果这些疑难点没有及时有效解决和消化,将会积压更多的困惑,影响后续内容的自习效果。此外,课前自习阶段的学习任务要及时完成,避免跟不上翻转课堂的教学进度。② 翻转课堂的有效教学是建立在有效的课前自习的基础上的,如果课前自习效果不佳,就会影响翻转课堂中师生互动的效果,进而推迟"顿悟"发生的时间。博士生课前学习时间也是在实施翻转课堂中需要考虑的。课前任务量的多少会影响翻转课堂的效果与可持续性。如果课前任务过重,需要花费学生很多时间与精力,部分学生可能会因此放弃课前准备。课上翻转的效果也因此受到影响。③ 所以,博士生可以根据课程特征及课前任务量的实际情况合理安排课前自习时间,提高自习效率和效果。

第二,形成高效的、分工明确的合作学习小组。在翻转课堂教学实践中,小组合作是一种常见的教学组织形式,有利于学生的思维能力、口头表达能力得到锻炼和发展。④ 博士生之间要根据教师的要求,根据讨论专题的特质组成讨论目标明确、任务分配明确、成员积极互动的合作学习小组。如果没有形成合力的合作学习小组,在翻转课堂的讨论环节,就只能自己单打独斗,讨论效果则会受到极大影响。此外,如果小组任务分配不明确,合作讨论的目标缺失,大家合作中就难以足够积极、主动,讨论就会浮于问题表面,不够深入;还可能出现讨论时间僵化,一直在讨论,就是没有讨论结果的尴尬情况。甚至个别学生在小组学习时浑水摸鱼,就会影响小组整体的学习效果。

第三,翻转课堂上要有强烈的问题意识,带着问题进课堂,带着更多的问题出课堂。翻转课堂模式的主结构可以精炼为"学、测、研"三个环节。⑤ 其中,在"学"这一环节,主要体现为课前自学。在课前自习阶段,博士生可能会遇到难以

① 容梅,彭雪红.翻转课堂的历史、现状及实践策略探析[J].中国电化教育,2015(7):109.

② 范文翔,马燕,李凯,等.移动学习环境下微信支持的翻转课堂实践探究[J].开放教育研究,2015(3):95.

③ 缪静敏,汪琼.高校翻转课堂:现状、成效与挑战——基于实践一线教师的调查[J].开放教育研究,2015,21(5):78.

④ 田爱丽."慕课加翻转课堂教学"成效的实证研究[J].开放教育研究,2015(6):91.

⑤ 祝智庭,管珏琪,邱慧娴.翻转课堂国内应用实践与反思[J].电化教育研究,2015(6):68.

理解和解决的问题，也可能会在探究原有的研究问题的基础上生成新的、有价值的研究问题。有了问题，师生一起集中精力“研磨”大家在课前自习过程中遇到的问题或在思考的基础上提出的新问题，通过师生互动、小组内合作学习以达成问题解决，或者提出更难的问题，为下次翻转课堂的学习任务打好基础。在“测”这一环节，其属性为诊断性评价，即教师通过课堂提问、博士生提交自学报告等途径对博士生的自学效果进行诊断，以掌握博士生的自学进度、已解决的问题、未解决的难题，为后续的师生互动和“研”提供依据。在“研”这一环节，其前提是存在的待解决的问题。如果不存在问题，“研”则失去了存在的必要。如果缺乏问题意识，在翻转课堂中其“翻转”流程就会中断，无法在师生互动环节碰撞出新的问题火花，翻转课堂就无法持续、深入下去。

第四，基础弱的博士生要自觉、主动提前“补课”，确保跟得上翻转课堂学习进度。相比传统教学，翻转课堂更加突出学生的主体地位和主体性作用。在翻转课堂中，教师不再扮演知识的传授者角色，即不再反复讲解和示范基础知识点，而是扮演着组织者、引导者、启发者等角色。基础弱的博士生要根据翻转课堂的特点和自身的知识储备量，在课下自觉、主动提前补足缺失的专业知识，筑牢专业基础。只有筑牢专业基础知识，才能在翻转课堂中处于主动地位，确保跟得上课堂进度，避免被课堂推着走，进而出现压迫式学习状态。

第五，时刻保持谦虚的学习态度，戒骄戒躁，避免出现成绩下滑。有研究指出，翻转课堂并未能全面提升学生的学习成绩，反而导致高分学生人数和课堂出勤率有所下滑。[①] 该研究进一步指出，学生自主性学习不足是翻转课堂教学效果不佳的主要原因。翻转课堂将学习的主动权交还给学生，凸显学生的自主性作用，这也在很大程度上造成了翻转课堂教学模式对学生约束力的丧失。有研究者指出，部分学生在课前自主学习过程中自以为解决了课程中罗列的研究问题，对课堂中的师生互动、讨论不以为然，放松了学习的强度。因此，博士生务必时刻保持谦虚的学习态度，以一种批判性思维实现知识的内化和迁移，进而生成新的研究问题。

翻转课堂教学模式于2012年引入我国，正处于探索阶段，这期间难免会出现些许问题和困难。只要博士生能在翻转课堂教学中认识到应该注意的问题并及时合理解决，翻转课堂教学肯定会取得较理想的效果。

（本节作者江艳系厦门大学教育研究院2019级博士研究生）

① 李赟，林祝亮.高等教育翻转课堂教学效果分析与思考[J].电化教育研究，2016(2)：83.

翻转课堂对知识系统性获得的挑战

翻转课堂是一种以“先学后教”为主要特色的全新教学方式，它颠覆了传统的教学方式，被称为高等学校课程教学改革的突破口。翻转课堂已经在高等教育领域炙手可热，但与此同时，它也使教与学面临着诸多挑战。其中，翻转课堂对于知识系统性获得的影响就不容忽视。

有学者认为，现代科学知识的系统性首先表现在知识内容内在联系的紧密性，其次是知识形成存在的主观形式的内部逻辑结构（即思维逻辑）的严密性，再就是客观内容和主观形式的高度统一性。① 基于此，本文将从知识内容内在联系的紧密性和思维逻辑两个方面分析翻转课堂对知识系统性获得的挑战。

翻转课堂不利于形成紧密性的知识结构。翻转课堂要求学生课下学习相关知识的微视频，课上师生进行讨论、探究等深层次学习活动。这些微视频一般比较简短，很难像传统教学一样条分缕析，将课时内容讲解清楚，而课上学习却默认学生已掌握基础知识，将重点放于其他能力的培养上。所以，课下的视频学习虽然节省了大量的课上讲授时间，但学生获得的却是相对零散的、“碎片化”的知识。这种“支离破碎”的状态影响了学生对知识的深入理解，不利于知识的联结、迁移，不利于形成紧密性的知识结构。实际上，不论是自然科学还是人文社会科学，其中每一门学科发展至今都已具有比较系统完整的知识结构和体系，然后再不断进行学科内的分化或者学科间的交叉融合，以完善、形成一个多维的、网状的、大的现代科学知识体系。如果学生无法习得系统的知识，又如何建构起关于一个学科的完整知识结构？如何建立起对于一个学科的感情与信仰？如何促进学科建设及跨学科研究的发展？

翻转课堂对于思维训练的成效有限。首先，支离破碎的知识结构进一步阻碍了学生思维的发展。康德认为，“没有知识的思维就是空虚”。② 也就是说，知识是拓展思维的基础，知识与思维密不可分。而如上所述，学生未能通过翻转课堂获得系统性的知识，建构起紧密相连的知识结构，对知识的浅尝辄止使得思维训练成为无源之水，学生陷入“思而不学则怠”的境地。其次，课下自学和课上讨论都可能使得思维训练面临形式化的风险。建构主义认为，知识并非客观的、绝

① 刘星.试论知识结构系统性[J].延边大学学报(社会科学版),1985(1):13-21.

② 康德.纯粹理性批判[M].蓝公武,译.北京:商务印书馆,1982:71.

对的，而是主观的、相对的，个体以自己的经验为基础来建构现实，或者通过与学习共同体的协商对话、合作实现知识的建构。所以，有人希望从课下自学与课上讨论两个方面实现有意义学习，并锻炼学生的思维能力。但是，就课下自学而言，它对学生思维拓展的益处是很有限的。因为课下自学对学生的自律能力、学习能力等要求极高，学生的思维活动可能会因为缺乏紧张有序的学习节奏而停滞不前，也可能会因缺乏教师的及时指导、师生的交流互动而偏离学习主题。就课上讨论而言，讨论的时间多于讲授的时间是否一定有益？讨论一定比讲授更有利于学生的有意义学习和思维发展？显然，答案是否定的。一方面，没有充分的知识为基础的讨论必定是肤浅的、没有价值的，它使得思维训练有名无实。另一方面，无论是讨论还是讲授，或者说无论是翻转课堂还是传统教学模式，只要满足了有意义学习的条件和标准，即用于呈现的言语材料能够同学生原有知识结构或认知结构建立实质性和非人为的联系，并且学生具有内部学习动机和意义学习的心向，那么学习就是有意义的，学生的思维就能得以锻炼。

所以，翻转课堂无法有效地帮助学生形成紧密相连的知识结构，无法有效地激发、拓展学生的思维，导致知识与思维之间难以实现相辅相成，难以达到高度统一，最终对知识系统性获得形成一定的挑战。当然，相比于高等教育领域，这种挑战在基础教育领域更加突出。

如何应对翻转课堂带来的上述挑战？首先，优化微视频内容。微视频的制作对教师提出了更高的要求。教师要根据清晰的教学目标制作重点突出、简短生动的教学视频，并布置相应的任务或练习，附上评价标准，以帮助学生明确疑难点；也可以提供其他优秀的慕课资源、拓展资料等，帮助学生更便捷、更全面地掌握知识。当然，教师也要不断提高视频处理技术。其次，合理设计课堂教学活动，控制好课堂讲授和讨论等活动的比例。翻转课堂并不意味着摒弃课堂讲授，教师要根据学生的自学情况做出适当的讲解，在学生掌握与理解知识的基础上开展讨论、探究等形式多样的活动，以培养学生解决问题的实际能力。每一项活动都要制定明确的主题、具体的开展形式，每一节课都要做出总结与评价。最后，要对翻转课堂的适应性做出评估。翻转课堂在教学中具有一定的优势，但并不是每一个专业都适合采用这种教学方式，可能有些专业、有些课程就适合传统的教学方式，所以，如何开展教学不能一概而论，要根据专业或课程的特点做出更恰当的选择。此外，提高学生的自主学习能力、优化学习平台等也是应对挑战的有力措施。

综上所述，翻转课堂为高等学校的课程教学改革注入了新鲜血液，但与此同时，它在具体实施过程中也存在一些问题，对知识系统性获得等造成一定的影响。对于高校来说，要客观看待、合理利用翻转课堂这一新生事物，使其成为改善教学质量的利器。

（本节作者张斌系厦门大学教育教育研究院2019级博士研究生）

The Application of Flipped Classroom in Doctoral Teaching A Case Study of Pan Maoyuan's "Special Research on Higher Education"

Yang Zhenfang, Huang Yunbei, Xu Qiong, Luo Qingyi,
Li Yong, Gou Feifei, Jiang Yan, Zhang Bin

Abstract: Although the concept of Flipped Classroom originated from the teaching reform practice of foreign basic education, it is widely respected in the teaching reform practice of domestic higher education. Whether it is suitable for graduate education and teaching is still a problem. In fact, long before the concept of Flipped Classroom was put forward, the domestic education community had rich practical experience of Flipped Classroom, although it did not use the concept of Flipped Classroom. Pan Maoyuan, the founder of Chinese Higher Education, began to use the concept of flipped classroom to carry out teaching reform practice early. His teaching method of "Learning-Research-Teaching" contains rich Flipped Classroom ideas. But whether the Flipped Classroom is suitable for the teaching of doctoral students, how is the teaching effect of the Flipped Classroom for doctoral students, what is the role of teachers in the Flipped Classroom, what are the advantages of the Flipped Classroom for doctoral students, how to conduct group discussion in the Flipped Classroom, the significance of the Flipped Classroom for the humanities and Social Sciences, what problems should be paid attention to in the flipped classroom, and how to avoid the systematic knowledge was damaged in the Flipped Classroom, etc., all these are worth discussing. Through Mr. Pan ' s teaching practice of " Special Research on Higher Education", this series of questions are answered clearly.

Key words: flipped classroom; Pan Maoyuan; Special Research of Higher Education; Doctoral teaching; combination of learning-research-teaching

研究生论坛

治史与致用

试论潘懋元先生高等教育史治学思想及其启示

毛鹏程*
（厦门大学　教育研究院，福建　厦门　361005）

摘　要：来源于个人从学教研之实践经历与长期对高等教育理论的总结与反思，潘懋元先生逐渐形成了以“唯物史观”为哲学导向，坚持“以论（理）论史”“古为今用”“比较分析”“实事求是”为主要特色的高等教育史治学思想。其广博深邃与唯物辩证的治史思想启示我们做学问应脚踏实地，通史以致用，积极拓宽学科领域，博采众长，同时，须重视高校校史研究，以弥补传统高教史与高教基本理论研究之不足。

关键词：潘懋元；高等教育史；唯物史观；以论（理）论史；古为今用；多（跨）学科；校史研究

潘懋元先生（以下简称“潘先生”）思想“通幽洞微、钩深致远”①，引人入胜，以至于“在中国高等教育研究中，研究潘懋元先生，本身就是一种高等教育研究”。②在潘先生治学的众多方面中，对高等教育史的研究可谓颇具特色，成果亦不少③，以至于有学者认为潘先生“堪称教育史学家”④或直接称其为“名副其实的高等教

---

* 作者简介：毛鹏程（1994—　），男，浙江衢州人，厦门大学教育研究院博士研究生，研究方向为高等教育理论与历史。

① 李泽彧．通幽洞微 钩深致远——《潘懋元高等教育文集》评略［J］．教育评论，1993(6)：78.

② 张应强．像潘懋元先生那样做高等教育学大学问［J］．高等教育研究，2010(8)：16.

③ 笔者以潘懋元著《潘懋元教育文集》（新华出版社，1991）、《潘懋元文集》（福建教育出版社，2000）、《潘懋元论高等教育》（广东高等教育出版社，2010）、《大学的沉思》（商务印书馆，2017）与黄宇智编《潘懋元高等教育学论集》（汕头大学出版社，1997）为主要参考书作，结合互联网（含中国知网 CNKI、厦门大学博硕士论文等数据库）检索结果并同时综合前人之研究，对潘先生有关教育史学术成果与历年指导的有关教育史研究的硕博士论文做一不完全统计分析（注：书作有收录论文之重复篇目者，按单篇计数）。结果如下：发表专题与会议论文等（含独作或合作）（53 篇）、为其他专著题写序言（文）与读后评介（55 篇）、出版著作（含编著、专著、合著及修订本）（11 册）、指导或联合指导硕博学位论文（13 篇），访谈录（1 篇）。

④ 张亚群．潘懋元高等教育史学思想初探［J］．山东高等教育，2015(9)：82.

育史学专家”。①

不过，从目前所能搜集到的与潘先生思想研究相关并已刊发或出版收录的论文中，笔者发现以往教育学界对其高等教育基本理论思想体系等方面的研究甚多②，而对其教育史治学思想的研究关注远不及前者，颇有几分“门庭冷落”之感。公开发表的专题论文共五篇，有李均的《潘懋元先生与高等教育史研究》(1990)、《潘懋元先生的高等教育史学思想》与《开拓历史通往现实之路——潘懋元先生在高等教育史研究上的建树》(1999)，田建荣的《“论从史出”与“以论治史”的辩证统一——潘懋元的高等教育史学理论》(2002)，张亚群的《潘懋元高等教育史学思想初探》(2015)。其余多为散论，可见于学者论著中的章节或片段中，如林金辉的《潘懋元学术风格的基本内涵》(2001)与其主编的《潘懋元高等教育思想》一书(2010)都有简述潘先生的“高等教育史学思想”，覃红霞等人也有类似论述③。这些研究成果大致总结了潘先生对高等教育史的看法(学科性质、研究对象与方法、与其他学科的关系等)，并对其治史原则、态度与功绩给予一定关注与评价。不过，研究始自 20 世纪 90 年代初，至今已有二十年的历史，此时间跨度不可谓之短，但成果却屈指可数、并不相称；研究人员大多出身“一家”(厦门大学教育研究院)、专业背景“相似”(都有教育史理论功底)，可见并未引起学界足够的重视。据此分析，对潘先生高等教育史治学思想的研究尚处在初步探索阶段，广度与深度都有待完善与加强。基于此，本文拟对潘先生高等教育史治学思想基础做一系统梳理，尝试概述其治史思想内容及特色研究，并探讨从中所受启发与教益，为潘先生高教史治学思想做点“添砖加瓦”的工作，以期不负先生平日谆谆之教诲。

---

① 林金辉．潘懋元学术风格的基本内涵[J]．中国高等教育，2001(10)：39.

② 参见杨清．对潘懋元高等教育思想文献的研究[J]．教育评论，2019(1)：165-168．该文对历来研究潘先生高等教育思想的期刊或会议论文(暂且不论文献来源完整性)进行分析，发现自 1993 年研究起，学者对有关潘先生的高等职业教育体系、高等教育大众化、民办高等教育、产学研合作、高等教育科学发展、应用型本科院校、社会责任等主张或思想关注较多。笔者以为从此分析中，可大致了解潘先生思想研究之现状与趋势。

③ 覃红霞．潘懋元与中国高等教育学派的建构[M]//潘懋元主编．中国高等教育评论(第 2 卷)——高等教育研究的社会责任．北京：教育科学出版社，2011：316-317.

一、治史思想之基础

潘先生治史思想有着扎实的理论与实践来源与基础。就学期间曾选修过历史类课程,对历史学有一定了解与基础训练。执教后,他曾教授与教育史相关的专业课程,发表数篇教育史论文,指导学生书写高教史学位论文等,对高等教育理论与高等教育史的关系随教学与研究的开展渐有更深入的认知。

(一)实践来源:早年求学与教研经历

潘先生早年执教中学时,便以历史与中文课程教学为主,并曾在大学选修过相关课程,对历史有所涉猎。20 世纪 50 年代以后,与高等教育理论研究几乎起步,他开始系统讲授与研究中国近现代教育史。1954 年其在厦门大学开设“中国近现代教育史课程”,将张之洞、蔡元培、杨贤江等人作为现代教育思想家予以讲解。从 1953 年起他便陆续在《厦门大学学报(文史版)》上发表论文,其中代表性的有:《杨贤江(李浩吾)教育思想》(1954 年第 3 期)、《毛泽东同志教育思想试述》(1954 年第 5 期)、《胡适教育思想的错误及其在教育学上的影响》(1955 年第 1 期)、《蔡元培的教育思想》(1955 年第 4 期)、《鲁迅的教育思想》(1956 年第 5 期)等。此后,研究也不曾间断,他以独作或合作的方式发表数篇有关中国大学校史、人物教育思想史、教育制度史、教育史学科建设等方面的论文。其中,以人物教育思想史的研究为主,共发表 22 篇论文,占其教育史论文总发文量的 41.5%。除上提及,他还对邓小平、周恩来、刘佛年、黄炎培、陈嘉庚、王亚南、林文庆等人的教育思想有过具体研究①。对杨贤江教育思想的研究潘先生可谓走在国内同行之前列,值得一提。从共和国解放前夕接触杨贤江教育论著起至今,潘先生曾于课程讲授中介绍其思想,后又发表与其有关的多篇专题论文与著作②,研究较

① 潘懋元. 潘懋元文集:卷四[M].广州:广东高等教育出版社,2010:3-234.

② 代表性论著有:潘懋元.杨贤江(李浩吾)教育思想——中国近代教育史研究资料[J].厦门大学学报(文史版),1954(3):127-139;潘懋元,王增炳.杰出的青年运动领导人杨贤江[J].人民教育,1981(8):17-19;潘懋元.关于杨贤江教育思想若干问题的我见[J].中国教育学刊,1981(4):37-41;潘懋元.杨贤江青年教育理论的现实意义——关于“全人生指导”的简介[J].天津教育,1988(2):16-17;潘懋元.素质教育思想的先驱——杨贤江的“全人生指导”思想[J].河北师范大学学报(教育科学版),2001(3):5-6;潘懋元.马克思主义教育理论家杨贤江[M].北京:人民教育出版社,1983;潘懋元,宋恩荣,喻立森.马克思主义教育理论家杨贤江[M].北京:光明日报出版社,2005.

为深入并成体系。潘先生之于杨贤江研究的重要意义，笔者在这用其曾于高平叔著《蔡元培年谱长编》读后感中写到的那句话："……为后世保存一代学界泰斗宝贵的文化遗产，使后人得以全面深入地了解蔡元培的思想和生平，高平叔教授首当其功"①，将之稍作修改成"为后世保存一代马克思主义教育理论家宝贵的文化遗产，使后人得以全面深入地了解杨贤江的教育思想与生平，潘懋元教授首当其功"。以此来类比，想来应不为过。

在20世纪50年代院系大调整时，当得知厦门大学教育系将被并入福建师范学院（今为福建师范大学）时，潘先生便很想动身前往，"专心于教育史的研究和教学"②，却被当时主持厦门大学的王亚南校长极力挽留，之后，他便继续担任厦门大学的教学与管理工作，此举为其日后创建中国高等教育学新学科奠定基础，也改变了其日后的工作与生活方向。虽未专门从事教育史理论研究，但在其往后的教学与研究生涯中也没有完全抽身其外。改革开放后，他又在厦门大学执讲教育史、高等教育史等相关课程，据其回忆："在1985年，我曾同时招了3名硕士生和一个10人的硕士课程班。我给这13人上了"高等教育学""中外高教史""比较高等教育"三门课"③。此后，潘先生就坚持要求教育学研究生修习"高等教育发展史"这门课程，以期加深研究生对高等教育学的学习与研究。

（二）理论反思：从事高教研究之需求

事实上，纵观国内具有深厚教育理论功底的知名学者都有相当的教育史知识积累与储备，对其涉猎与训练更是学术生活不可或缺的部分。身为高等教育学理论大家的潘先生，对教育史研究也格外的重视。自高等教育学学科创建之初，潘先生就从高等教育史的研究中寻找到许多基本概念、基本理论的解释与理解。他曾说道："每有求于教育史，希望能从历史研究中了解教育发展的规律与经验，获得某些启示与论据。"④如最著名的"教育内外部关系规律"说，便是其在长期的实践中，对历史的经验教训加以总结的基础上提出来的。

---

① 潘懋元．蔡元培与高平叔——《蔡元培年谱长编》读后有感[M]//潘懋元．潘懋元论高等教育．福州：福建教育出版社，2000：685．

② 许美德．思想肖像：中国知名教育家的故事[M]．周勇，等译．北京：教育科学出版社，2008：110．

③ 余斌．潘懋元教授谈我国三十年研究生教育[J]．高教探索，2009(1)：135．

④ 潘懋元．致《教育史研究》编辑部的信[M]//潘懋元高等教育文集．北京：新华出版社，1991：654．

潘先生指出，深入加强高等教育史的研究于高等教育学学科及理论建设大有裨益，他曾有“高等教育理论研究，尤其是高等教育规律的探讨，同样离不开教育史的研究”①，“高等教育理论呼唤高等教育史研究”②等言语。之所以如此重视教育史研究，“不仅因为教育史是教育学科的重要组成部分，而且是因为高等教育史是高等教育理论的重要源泉”③。潘先生关于教育史研究意义的精辟论述是源于其扎实深厚的史学功底，“是对教育理论来源的科学总结，也是对教育史学价值的充分肯定”④。就如，笔者某次在厦门大学教育研究院资料室翻阅学术期刊时，恰逢潘先生路过，闻其与助手低声耳语，内容大致是有关高教资料室对其研究生涯的重要性云云。其间，他坦言先前为讲解张之洞教育思想，在资料室查阅相关的教育史论著，从中受益良多。可见早年执教教育史课程为潘先生打下坚实的史学基础，使其对教育问题的历史经验与总结有了系统的认知，为其后从事教育问题研究提供历史思考维度、理论与实践来源与方法训练。

二、治史思想及特色

古人云：“以史为镜，可以知兴替。”通过对历史事件与人物的梳理与分析，可揭示一定社会兴亡交替的变化周期与规律。于个人而言，可拓宽视野、启迪思路、增长智慧；于社会而言，为当今提供以往经验与教训，给未来以一定启示。同样地，学习与研究高等教育史，不仅出于深化高等教育理论研究之需，还能“为高等教育改革的现实服务，并进一步促进高等教育学这门学科的完善与成熟”。⑤鉴于前人之研究，笔者将潘先生高等教育史治学思想及特色加以完整与系统化，将其概括为以下五条：持“唯物史观”之哲学导向、持“以论（理）论史”之理论指向、持“古为今用”之实践面向、持“比较分析”之方法倾向与持“实事求是”之态度取向。

（一）“唯物史观”之哲学导向

潘先生治史具有浓厚的历史唯物主义哲学导向。如在提到欧洲高等教育近

---

① 潘懋元．高等教育研究的新进展与展望[J].中国高教研究，1993(3)：33.

② 潘懋元，陈兴德．高等教育理论呼唤高等教育史研究[J].教育研究，2004(10)：28.

③ 潘懋元．教育史是教育理论的源泉[J].河北师范大学学报（教育科学版），2013(1)：5.

④ 张亚群．潘懋元高等教育史学思想初探[J].山东高等教育，2019(9)：83.

⑤ 潘懋元，陈兴德．高等教育理论呼唤高等教育史研究[J].教育研究，2004(10)：28.

代化的问题,他便从唯物史观的基本原理出发予以分析,认为生产力提升是推动社会发展最基本的动力,从古代到近代,生产力的变化是从对手工工具的使用过渡到机器的大规模生产,而机器之所以生产又得益于科学技术。如此而言,生产力与科技的发展是制约近代高等教育最根本的力量,紧随其后的才是经济与政治制度,然后是其他。基于此,潘先生得出结论:"近代大学之所以是'近代'的,最根本的动力与标志就是科学技术以知识的形态,转化为课程进入大学,成为大学内部的核心,推动大学自身方方面面的变化和发展。"①

此外,潘先生认为:"历史是延绵而复杂的。一种历史现象或制度,往往是多种因素交错形成。"②对此,他指出学界曾把建国初期我国高等教育模式及其变革,都归结于学习苏联,而"对所谓的'苏联模式',又不做具体分析,一概予以否定"③,这种"一刀切"的研究观点,是不符合唯物史观的,且此类研究方法也不是历史唯物主义的研究方法,既无助于搞清历史事实与真相,又不利于总结历史经验与教训。并且,潘先生还认为评价历史人物及其思想应秉持"回归实然"的基本原则。即需将人物及其教育思想"放回到当时特定的社会背景下,置身在人类思想长河中,进行考察分析,比较鉴别"。④ 比如他曾对蔡元培教育思想进行研究,就将其放在清末民国的特定时代背景下考察并作出恰当的评价。拿蔡元培执掌北京大学校长期间,提倡思想与学术自由,"兼容并包"思想来说,潘先生认为此举为新思潮的萌芽起着保驾护航的作用,也为马克思主义在中国的传播提供了便利,认为"这是蔡元培一生政治活动与教育活动中特别应予肯定的地方,也是最值得我们借鉴的思想遗产"⑤,并特别扩之说明,只指他的民主与科学的精神,而不是指他的资产阶级性。紧接着潘先生就举例指出蔡元培在新文化运动中思想的局限性,批判其资产阶级的软弱性与妥协性,这种分析方法是符合马克思历史唯物主义与辩证唯物主义哲学观的。

---

① 黄福涛.欧洲高等教育近代化:法、英、德近代高等教育制度的形成[M].厦门:厦门大学出版社,1998:序2.

② 大塚丰.现代中国高等教育的形成[M].黄福涛,译.北京:北京师范大学出版社,1998:序一.

③ 大塚丰.现代中国高等教育的形成[M].黄福涛,译.北京:北京师范大学出版社,1998:序一.

④ 潘懋元,宋恩荣,喻立森.马克思主义教育理论家杨贤江[M]//潘懋元,华长慧,宋恩荣.纪念杨贤江诞辰110周年丛书.北京:光明日报出版社,2005:6.

⑤ 潘懋元.蔡元培教育思想[J].辽宁高等教育研究,1982(1):59.

(二)"以论(理)论史"之理论指向

如果说研究高等教育理论需要"论从史出",那么"以论(理)论史"可表述为研究高等教育史对高等教育理论的需求,即高等教育史的研究需以高等教育理论为依据和指导。在潘先生看来,"以论(理)论史"强调研究教育史在充分占有现存史料的基础上,还须具备充分的教育理论基础,要在掌握马克思主义教育理论的基础上进行。若是没有理论支撑,则教育史研究很可能成为材料的堆砌,很难从中发现系统的、有价值的、可供参考的经验与教训,对探讨教育规律,对教育现象与教育思想等作深入、全面、正确的认识与评价也会无从下手。[①] 比如,对于中国近代高等教育起源的问题。潘先生指出因为没有一个统一的对概念的界定就很容易造成研究者各执一词之偏见与混乱,如有学者认为古代书院可视为近代大学的雏形,或者大部分认同从1862年京师同文馆开始的观点。但如果按照近代高等教育的特征:以科学分化来设置分科课题而言,潘先生则认为"1866年的算学馆才算得上近代高等教育"[②]。因此,以理论为指引与根据,才能避免盲目搜寻与罗列历史材料的问题,让教育史研究更好地发挥其作用。

其实,高等教育史的研究总是需要接触到许多高等教育理论,例如,制度层面:高等教育的基本特点及规律、高等教育发展的功能与动力、高等教育与科技的关系、高等教育的运行机制,以及人才培养观与质量观等一系列理论原则在一定程度上皆适用于解释与指导高教史研究问题的开展。至于思想层面:高等教育史研究高等教育思想或对思想家进行评论,便更需要高教理论作支撑与依据,才能更显理论深度。[③]

(三)"古为今用"之实践面向

若视"以论(理)论史"为潘先生从学治史之方法论层面上的高度概括,则"古为今用"可视为其在研究高教史对现实意义层面上的实践总结。潘先生曾说过,"不了解中国高等教育的昨天,我们就不能更全面地认识中国高等教育的今天和

---

① 潘懋元.从高等教育理论建设看高等教育史研究的重要性——在高等教育史研讨会上的发言[J].中国高教研究,1994(6):15.

② 潘懋元.从高等教育理论建设看高等教育史研究的重要性——在高等教育史研讨会上的发言[J].中国高教研究,1994(6):15.

③ 潘懋元.从高等教育理论建设看高等教育史研究的重要性——在高等教育史研讨会上的发言[J].中国高教研究,1994(6):15.

明天，也就很难深入理解什么是有中国特色的高等教育体系，更好地走自己的发展中国高等教育的道路”。[①] 正如教育史学者陈东原曾言：“历史的‘故事’，虽然是旧的，他的意义，却永远是新的。”[②]研究历史总会赋予其以一定的时代意义，使之愈有历久弥新之效。纵然历史已作古，或是许多人眼中的“明日黄花”，可今日之学亦将成为明日之史，今日之学又是昨日之史的概括与总结，研究历史一定程度上便是研究当下，似乎印证了著名历史学家克罗齐那句名言，“一切历史都是当代史”。

历史与现实是不可分割的，高教史研究对象虽属过去，但研究起点与归宿是面向现实，面向未来的。[③] 因此，潘先生认为研究高教史应秉持“古为今用”的态度，取其精华，去其糟粕，为高教研究提供可资借鉴的历史经验和教训，从而避免重蹈覆辙，更好地把握教育规律与实践。如潘先生认为现今国内盛行的“国学热”现象必须要“与时俱进，跟现在的社会结合起来，不能完全照搬过去的”。[④] 不应该搞高考状元游街这类迷信活动，需积极学习与发扬孔子中庸之道、时中之圣的精神，将古代与现代予以结合，从而更好地为社会主义教育事业服务。

至于如何看待高教史的“古为今用”的问题，潘先生认为，一方面，不能将其单纯地作狭隘的实用主义理解，要求高教史的每篇文章都要有直接与之对应的实际问题，并提出具体的解决方案。相反，“教育史解决教育现实问题应当站在历史的高度，透过历史长河的演变能更好地认识教育发展规律”[⑤]，甚至他还建议《教育史研究》杂志多发刊发“一些有学术价值纯史学研究的论文”[⑥]，但同时也提醒其不应忘记作为当下我国教育改革理论与实践“好顾问”的宗旨。另一方面，是有关“知今通古”的问题。潘先生表示，“实际上，一个人越是了解现实社会的一些问题，也就越容易认识历史上相似问题的真相。”[⑦]若是高教史研究者能对现

① 潘懋元. 中国近代高等教育的开拓者——《百年之功》序[J]. 中国高教研究，1993(5)：90.

② 陈东原. 中国教育史[M]. 上海：商务印书馆，1936：自序 1-2.

③ 潘懋元，刘海峰. 高教历史与高教研究[J]. 高等教育研究，1992(1)：3-4.

④ 潘懋元，魏彦红，陈斌. 孔子是时中之圣，儒家要与时俱进——潘懋元先生访谈录[J]. 衡水学院学报，2016(6)：封二彩插 3.

⑤ 潘懋元. 中国高等教育研究的历史与未来[J]. 中国地质大学学报(社会科学版)，2006(5)：5.

⑥ 潘懋元. 致《教育史研究》编辑部的信[M]//潘懋元高等教育文集. 北京：新华出版社，1991：656.

⑦ 潘懋元. 中国高等教育研究的历史与未来[J]. 中国地质大学学报(社会科学版)，2006(5)：5.

实问题或多或少有所关注的话，便能使其工作更富生机与活力。总之，在一定程度上，古与今是互为补充，互为应用的。

(四)“比较分析”之方法倾向

教育之比较，尤其是国际教育比较，是潘先生所强调的教育理论三条来源之一。如美国比较教育学家康德尔(I. Kandel)所言：“(比较教育)是教育史研究在今的延续”[①]，潘先生亦认为教育史与比较教育研究是相互联系、相互贯通的。同样，在方法的使用上，更是如此。潘先生就曾多次运用比较的眼光和方法来进行高教史研究。如，其曾与学生石慧霞合作发表了《长汀时期的厦门大学与西南联大之比较》一文。文如题示，主要运用比较法，通过对比抗战时期两所著名大学在后方的办学历史与成就，以丰富对抗战时期中国大学的历史与特色研究，从而更好地为当前大学改革提供启示与借鉴。他们指出，两所学校同历内迁，同受物质匮乏之影响，却能同时保持基本教学活动的开展，坚持进行自由的学术探讨，吸引与汇聚大批学术大师与优秀学生，校园文化一度呈现活泼与生气。同时他们还对比了当时执掌两校的校长萨本栋与梅贻琦教育理念的异同，认为虽然萨本栋出任长汀时期校长时曾表示要效仿清华办学体制，两校对基础知识的教授、基本技能的训练、通才教育的培养方式等的注重确实也有高度相似处，但“萨本栋并非完全照搬清华(联大)模式办学，……根据长汀厦大自身的条件和特点，在学习梅校长治校理念的同时，也形成了适合本校的教育理念”[②]。其中就提到梅贻琦在联大推行教学与科研并重的策略，而长汀厦大限于条件不足，萨本栋将教学放在首位，对科研却基本不做任何要求。潘先生能于细微处发现研究对象之异同，对所比对象了然于胸，运用比较法辅以论证，得出的结论是比较令人信服的。

再如，对教育史研究著作的评价，潘先生也使用过比较法。他曾联合学生陈兴德对黄福涛主编的《外国高等教育史》(上海教育出版社，2003)与贺国庆等著的《外国高等教育史》(人民教育出版社，2004)两本著作进行细致的对比分析。笔者试举一例，如他们指出两书视野都较为开阔，贯通古今。不过，黄福涛主编

① Issac I. Kandel. Comparative Education[M]. New York: Greenwood Press, 1933: appendix X-IX.

② 潘懋元，石慧霞.长汀时期的厦门大学与西南联大之比较[J].厦门大学学报(哲学社会科学版)，2008(9):52.

之书"更注重高等教育制度的演变，准确把握高等教育发展变化与社会政治和经济等因素之间存在的直接的因果关系，……作者还深入到高等教育机构内部，从课程设置和教学活动以及管理体制等方面入手，通过整理和分析具体史料，揭示高等教育的内在本质。此外，……量的分析是该书又一新的尝试"[1]。贺国庆等著的这部则"将高等教育制度和高等教育思想结合起来，同时注重对一般外国教育史上较少关注但对高等教育发展史相对重要的事件和人物的高等教育思想加以关照，……不仅丰富了外国高等教育的研究内容，同时也有益于后续着的研究"[2]。凡此种种类比，其观念建立在充分阅读与深入比较的基础上，所作出的评述是较为公正客观的。

(五)"实事求是"之态度取向

潘先生认为教育史研究须坚持"实事求是"的严谨治学态度，以史实说话，不虚美，不隐恶，客观评价历史。在多年研究大学校史的经验总结中，"实事求是"原则始终是其书写信史、秉持论证校史的态度。因为校史意义非凡。从现实角度来看，它关涉学校办学传统与文化特色、校风与学风、师生认同感与凝聚力、声誉与影响以及许多隐性财产与附加利益等，从研究层面上出发，"如果写的是不真实的历史，就不能显示一所学校真正的发展历程，也就不能作为探索高等教育理论的依据，更不能为国家制定高等教育发展战略提供借鉴"[3]。由此可见，校史的论证与编写工作不容丝毫马虎与懈怠，潘先生强调"必须实事求是，写成信史"。[4]

例如，武汉大学校史问题曾引起国内舆论的轩然大波。无论是在1992年校方突然宣布次年举办"百年校庆"活动，令人对其先前以1913年为建校日期所举办的校庆活动感到费解与咋舌，还是2012年末校方于"119周年校庆活动"中再次宣布次年将举办"120周年校庆活动"，引发包括校内学者在内的大量质疑。那么，武汉大学上延建校时间为1893年，张之洞创办的自强学堂；还是应上溯到1913年，创办的武昌高等师范学校？在其后，校方组织专家进行校史论证，潘先生应邀参与其中。根据搜集与整理相关的一手史料，潘先生和时为其助手的刘

---

① 潘懋元，陈兴德. 高等教育理论呼唤高等教育史研究[J]. 教育研究，2004(10)：29.

② 潘懋元，陈兴德. 高等教育理论呼唤高等教育史研究[J]. 教育研究，2004(10)：29.

③ 潘懋元. 大学的沉思[M]. 北京：商务印书馆，2017：104.

④ 潘懋元. 南开信史八十年[M]//潘懋元. 潘懋元文集：卷四. 广州：广东教育出版社，2010：302.

海峰教授对武汉大学建校时间上溯到1893年的"官方"看法提出异议,并委婉地表示"只要这些第一手资料中或武昌高师15年间的其他资料中,有提到与此前的湖北方言学堂(此前隶属自强学堂)有继承关系,武汉大学校史起算时间上延至1893年的论证便可以成立"。言下之意,没有进一步史料证据显示两者间存在一定联系的话,则上推1893年为建校时间结论不能成立。就是如此严肃并极具压力的校史论证工作,潘先生与刘教授仍秉承公正客观,"有一份材料说一分话",持实事求是、一丝不苟之态度,值得敬佩与学习。

三、治史思想之启示

潘先生虽谦称自己"不是教育史专家,最多只能算个散兵游勇"[①],但其实从其学术经历来看,并非"散兵游勇"那么简单。他始终密切关心高等教育史领域发展,多次参加有关教育史的学术会议,保持与教育史学界的联系。因深感当前高教史研究还有许多不足之处,他积极建言献策,撰文数篇详述高教史的重要作用,为扩大高教史研究的影响尽力发声。其深谙高教史研究的长远深意,深知其对理论研究之功用,能熟练运用史学研究方法,具有深厚的史学理论功底与深邃的高等教育史学思想,如此看来,其之于高教史领域可谓地道实在的研究专家。潘先生有关做高教史研究的精辟论述,如今视之仍熠熠生辉,予后人以启示。

(一)脚踏实地,通史致用

"踏实"就是要静下心来做学问。潘先生曾将一位历史学家的名言"板凳甘做十年冷,文章不写一句空"改上句一字"甘"为"敢",改下句一字"一"为"半",作为自己的座右铭,数十年如一日的坚守与实践着。从"甘"到"敢",更需勇气也更见主动与自信,从"一"到"半"则更见对自己要求之严格。总之,若无毅力与踏实之决心,治学恐难见长久功效。从事教育史研究需以大量时间与精力为投入作前期准备与积淀,加之科学的史学方法训练,才有有为之可能。即便大多治史者对此心知肚明,却受学术环境之功利导向,心态难免"患得患失"、略显浮躁。教育史领域有许多基础性很强的研究,其成果可能只呈现学术价值,从短期来看,对现实教育实践的开展与指导意义并不显著,可为迎合学术市场与考评升迁之

---

① 潘懋元. 致《教育史研究》编辑部的信[M]//潘懋元高等教育文集. 北京:新华出版社,1991:654.

需，有些学者不得不冠以“现实启示”之名，胡诌空谈，生搬硬套。此类文章似刘海峰教授语“催肥的猪”“速生的树”，质量与价值还有待进一步检验。潘先生曾在《九十感言》中表示：“在人的一生中，……许多成就往往要靠一辈子的辛勤劳动与不懈探索才能取得。”①因此，治史心态首先要摆正，不断扎实研究功底，并持长远眼光，耐得住学术研究之寂寞，应如潘先生般踏实，锻炼出坐冷板凳多年的恒心、定力与持守。

当然，肯定教育史基础研究的学术价值并非否定其实践研究的现实意义，相反从上一节的讨论中，我们可知潘先生研究高教史是出于现实之需，具有强烈的实践关怀与导向。在其看来，高教史研究需要并应该为高教实践提供可资借鉴之物，这是其能长期立足于现实并永续生命的动力源泉，要“既能为理论研究提供参考，又能为教育改革提供借鉴的东西”②。由此视之，判断教育史研究是否有价值，关键在于是否“有用”，无论是有学术价值之“理用”，抑或是有现实意义之“实用”。潘先生认为做高教史研究，坚持“鉴古知今”而能“古为今用”，方可视为大有用处。总之，做教育史研究需脚踏实地，研究以致用，是潘先生为后辈树立的目标与其殷切的期盼所在，是吾辈应为之努力奋斗的方向。

(二)会通诸科，博采众长

潘先生曾指出，“从高等教育各个专业、各门学科的内部关系上，都有必要从不同的学科观点，运用不同的学科方法来认识高等教育功能与价值”③，因为高等教育研究“不论横看、侧看、山中、山外，都只能看到其中的一部分。也就是说，不同的学科观点考察高等教育，都有其局限性”④。因此他强调高等教育研究者须具备多学科、跨学科的视野，尽可能多融集各种学科研究方法于高教研究中，使其永葆学术生命力。仔细想来，这何尝不是高等教育史所需的研究视野与方法？从一级学科来看，高教史具备教育学和历史学的双重性质，若言高教史是高等教育学与历史学的交叉学科则更为准确贴切；从二级学科上看，高教史为教育史学科中的一个专门研究方向，又是高等教育学学科的重要组成部分之一。因此，无论如何看待高教史，在本质上它都属于跨学科、跨专业与多学科的研究。

---

① 潘懋元. 九十感言[J].高教探索，2010(6)：5.

② 李均. 潘懋元先生的高等教育史学思想[J].有色金属高教研究，1992(2)：10.

③ 潘懋元.多学科观点的高等教育研究[M].上海：上海教育出版社，2001：总论 3.

④ 潘懋元.多学科观点的高等教育研究[M].上海：上海教育出版社，2001：总论 4.

长期以来,高教史似乎与其他学科走得不是“很近”。虽说具备历史研究的性质,但大多数研究者缺乏坚实的史学基础与系统科学的方法训练,研究成果很难被历史学界所“承认”,这也是长期困扰教育史研究者的一个问题。此外,高教史因其研究对象的特殊性(以过去发生在高教领域的一切人与事为主)与研究方法的单一性(主要是对历史文献、文本的分析与研读),似乎不易与现实的诸多学科进行“现实性”与“实质性”的互动与交流。况且,在实际中发现,高教史似乎更偏向历史,较少使用高等教育或教育之理论与研究框架等进行研究,与一级学科保持着“若即若离”的微妙关系,可能也是其不被教育学“承认”的另一个现实困境。

不过近年来,高教史研究确实有尝试跨出原有研究之视野局限,在新领域不断开拓,尤其是与高等教育学及其他学科分支的交叉合作上有较大突破,如出现高等教育比较史、高等教育管理史、地方高教史、高校课程与教学史、师生心态史等多领域研究。虽然跨学科、多学科研究有着看似众多且难以逾越的障碍,但若能跨出第一步,确实能对领域及研究带来莫大帮助。例如,近年来,由厦门大学教育研究院刘海峰教授领衔组建的考试研究中心,从“高等教育学、历史学、社会学、法学、测量学、考试学的角度研究高考、自学考试与中国考试史(科举学)问题”①,很好地体现了潘先生提倡的多学科研究观点,“在研究高等教育的过程中,对某些问题可以而且必须着重就一门适当的学科观点进行深入探讨,不能眉毛胡子一把抓,但不要忘记同其他学科观点的联系。只有把多门学科观点的研究成果综合起来,比较分析,才能获得比较全面的认识”。② 如此集不同学科于考试史研究,可谓视野既广且深,特色鲜明,并卓有成效,在学界产生一定的影响。

(三)视角下移,聚焦校史研究

传统高教史乃至教育史研究比较偏重制度与思想两方面③,因其史料较富足

① 佚名.中国考试研究重镇——厦门大学考试研究中心简介[J].教育与考试,2016(1):封面.或佚名.厦门大学考试研究中心简介——依托学科[EB/OL].[2014-12-29].https://ksyj.xmu.edu.cn/info/1002/1564.htm.

② 潘懋元.多学科观点的高等教育研究[M].上海:上海教育出版社,2001:总论4.

③ 华东师范大学杜成宪教授曾谈及中国教育史研究中的三次“视角下移”现象,其所谓“视角下移”,是指在研究中,关注点从“宏观层面的教育制度与思想等内容”转向“教育的具体实施层面的内容”,即每次研究视角的下移呈现“从关注制度化教育转向关注非制度化的教育”的转变趋势。倘若暂且不论研究视角上下移动之“钟摆”现象,从这一现象本身出发,便可知主流教育史研究长期偏重思想与制度两块领域是事实,否则何来“下移”之说。参见杜成宪.中国教育史研究中的三次视角下移[J].河北师范大学学报(教育科学版),2013(1):49-53.

且易得，研究成果丰富且供参考，研究方法与范式较为成熟且制度化，给后人研究提供诸多便利。不过，此类研究大多从宏观上位的视角出发，解析教育政策的文本变迁、考察教育制度的推行与变革、挖掘著名教育家的思想等。长此以往，势必缺少对以师生个体为中心的实践史或活动史的考察，即以教育者和受教育者具体日常教学活动的开展为主的历史研究。潘先生亦曾指出："现在教育史的研究一般都是通过教育政策来认识，这显然不够，因为教育政策跟教育实际存在一定的距离，往往政策所强调的正是实际所缺乏的。"[①]就如现今政策提倡大学不仅要发展规模与数量，更要注重质量与效能，提倡内涵式发展，便说明我国当前高等教育数量虽多，但质量实际不似数量那般尽如人意。

政策所言大多侧重应然层面，实然层面则并非如此，大多还会对政策加以具体问题具体分析，灵活调整并执行。由此，便可见教育实践活动对教育史研究是如此重要且不可或缺，在一定程度上弥补了"自上而下"的传统研究之不足。潘先生亦指出，教育史研究的实然层面应集中在教育实践中，并认为前人大量的教育实践被保存在校史里面，"学校的校史是教育理论最重要的源泉之一"。[②] 校史因较为真实且详细记载着学校历史上所进行的课程教学活动、发生的相关人事与组织机构发展与变迁、学校大事记等，可视其为研究具体高校办学活动历史最重要的原始史料，因此，潘先生视校史为在特定角度体现整个高教史，研究校史便是研究高等教育基本理论的重要渠道[③]，也是合理的。

基于此，潘先生呼吁应重视与加强校史研究，包括制度史层面的：校、院系、组织机构史等；文化史层面的：校名、校徽、校歌、校训、校庆、校园特色建筑等；人物思想史层面的：校长书记、行政人员、教职员工、杰出校友等；专门史研究层面：学校的革命史、对外交流史等，以期弥补传统史学研究之不足。潘先生以其所在厦门大学为例，认为学校的"历史与文化值得研究"[④]。如校长研究，潘先生建议学校需对有代表性的校长，如陈嘉庚、林文庆、萨本栋、王亚南等进行深入研究，此外还需对做出贡献却未被充分重视的校长进行研究，如汪德耀（厦门大学建校

---

① 何志伟．世界一流大学建设 校友支持不可或缺——访我国著名教育家潘懋元先生[J]．中国高等教育，2017(13/14)：46.

② 何志伟．世界一流大学建设 校友支持不可或缺——访我国著名教育家潘懋元先生[J]．中国高等教育，2017(13/14)：46.

③ 潘懋元．大学的沉思[M]．北京：商务印书馆，2017：104，106.

④ 潘懋元．实践—理论—应用——潘懋元口述史[M]．郑宏，整理．武汉：华中科技大学出版社，2019：33.

后第四任校长，对1949年前学校最困难时期做出卓越贡献，使厦大成为当时东南革命的摇篮）与曾鸣（厦门大学建校后第四任书记、第五任校长，在改革开放初期，对学校快速恢复正常教学秩序做出重大贡献）[①]等等。同时潘先生还指出只要对校长研究得充实到位，此类文章是可以“当作信史来读的”[②]。再如校庆研究，潘先生认为厦门大学几乎每年都会搞校庆，此传统不曾有过中断，在其他大学甚为少见，俨然已成为每个厦大人的身份来源与认同之文化符号与仪式象征，且研究校庆对于联络、凝聚与增进校友感情、传承厦大文化又有着十分重要的意义，因此亦值得研究一番。

四、结语

潘懋元先生教育史治学思想是唯物辩证且广博深邃的，具有强烈的理论意义与现实关照，笔者虽不能穷尽研究，但从中受益不浅。研究潘先生高等教育学理论与实践，离不开对其治史思想的探析；同样，研究潘先生治史思想，亦不能离开对其教育理论与实践的把握。否则，研究很可能成为“无源之水”与“无本之木”，导致片面看待其思想，甚至有产生误解的可能，便也很难走进与深入了解其高等教育思想，研究者应注意并予以避免。如今，高等教育史学渐渐走上正轨，似有“渐入佳境”之态势，取得了一定的研究成果，引起一定关注，这是广大史学研究者共同努力的结果，值得庆贺。但同时它仍不能突破“冷门”之困境，还不为学界所普遍关注与认可，研究也绝不能称达至“兴盛”或“高潮”期，从学者仍需保持高度警惕，继续努力耕耘学术并不断为自己壮大与发声。潘先生曾在本世纪初呼吁高等教育史研究，想来不仅是对高等教育史专门从业者的认可与鞭策，更是对广大高等教育理论研究者的提醒与要求，话语虽早以言之，却仍言犹在耳，历久弥新。

---

① 潘懋元.实践—理论—应用——潘懋元口述史[M].郑宏，整理.武汉：华中科技大学出版社，2019：34.

② 潘懋元.中国高等教育的开拓者——《百年之功》序[M]//潘懋元.潘懋元论高等教育.福州：福建教育出版社，2000：661.

Preliminary Exploration and Enlightenment of Pan Maoyuan's Thought of History of Higher Education

Mao Pengcheng
(Institute of Education, Xiamen University, Xiamen 361005, China)

Abstract: Based on his personal practical experience of learning, teaching, researching, and his long-term summary and reflection on the theory of higher education, professor Pan Maoyuan gradually formed the thought of history of higher education research, which took "historical materialism" as the philosophical orientation, took "the past serving the present", "comparative analysis" and "seeking truth from facts" as the main principle. His extensive, profound, materialistic thought of research of history of higher education enlightens us that we should keep our feet on the ground, make good use of history, expand the field of study actively and learn from the advantages of others, meanwhile, it is necessary to pay attention to the study of university history, so as to make up for the deficiency of study of the traditional history and basic theories of higher education.

Key words: Pan Maoyuan; history of higher education; historical materialism; history manifested by theory; the past serving the present; cross-disciplinary (multidisciplinary); study of university history

论潘懋元教授独立学院转型发展思想的理论意义及其路径设想

陈泽光*
（厦门大学　台湾研究院，福建　厦门　361005）

摘　要： 独立学院作为我国民办教育的重要组成部分以及扩充高等教育资源的有益补充形式，在经过近20年的繁荣发展之后开始面临日渐紧迫的转型发展问题。在学界尚在探讨独立学院转设中的产权与民办属性问题之时，潘懋元教授所提出关于独立学院向应用技术大学转型发展的思想更凸显出深刻理论意义与实践指导价值。他指出，独立学院具有国家政策支持、本科生培养经验成熟、契合地方发展实际等优势，应该向完全民办、独立自主的应用技术大学方向转变，这是满足国家当前发展高等职业教育、夯实产业发展高质量技术人才基础的战略需求。转变思想、投入经费、改革教学、师资建设，是潘懋元教授为独立学院转型为我国高等职业教育的本科层次培养单位所提出的行动策略。

关键词： 独立学院；转型发展；潘懋元

独立学院作为伴随着中国高等教育发展而来的一种办学模式，在其近20年的发展历程中，既为中国高等教育向大众化发展做出了贡献，也有其自身因内在问题而导致面临着前景不明、身份尴尬的困境。2008年，教育部发布《独立学院设置与管理办法》，对独立学院做出了进行转设发展的要求②之后，学界开始探讨独立学院在转设中最明显的产权问题，如李道先等（2012）指出独立学院产权制

---

* 作者简介：陈泽光（1994—　），男，山西高平人，厦门大学台湾研究院博士研究生，主要研究方向为两岸高等教育。

② 中华人民共和国教育部.独立学院设置与管理办法[EB/OL].（2008-02-22）.[2019-12-01].http://www.moe.gov.cn/srcsite/A03/s181/200802/t20080222_170538.html.

度与国家政策间的矛盾是其转设困难的原因①，张烨（2013）借用社会学概念提出独立学院关系产权的分析视角②，万卫（2014）提出通过调整独立学院的产权政策来助推独立学院健康发展③。在对产权问题进行充分研究的基础上，学者对于独立学院的关注面向逐渐上移，开始探讨独立学院的转型定位问题，如李家新等（2016）指出独立学院应转型为完全独立的民办高校，强调独立学院的民办性质④，阙明坤等（2019）提出独立学院应转型为普通本科高校，并划分完全公办、完全民办、回归母体三条道路⑤。可以看出，学界关于独立学院转设问题的探讨，从最初关注产权这一微观问题，再到关注转型道路的选择这一宏观问题，在研究视角上有所扩展，但对于独立学院究竟应向哪条道路发展、采取何种策略发展，未有更深层次的见解，对于独立学院转型的现实指导缺乏明确思路。而在其他学者仍在关注独立学院产权问题之时，潘懋元教授就曾高屋建瓴地指明，独立学院在纳入职业教育体系、向应用技术本科高校转型上将具有机制灵活适应的优势⑥。因此，如何找准独立学院转型发展的路径策略，不仅是解决独立学院的发展问题，也是在为中国职业教育体系的完善提供思路。独立学院的成功转型发展对于中国探索高等教育发展新路的意义重大，潘懋元教授在这一问题上富有远见的看法，是探讨独立学院转型所绕不开的理论根据。

一、独立学院的发展历程

（一）独立学院发展历史

独立学院的出现始于 20 世纪 90 年代，最早可追溯至 1992 年创立的天津师

---

① 李道先，罗昆，阙海宝．转设背景下独立学院产权制度的困境与对策[J]．中国高教研究，2012(10)：76-79.

② 张烨．独立学院的产权问题：一个关系产权的视角[J]．黑龙江高教研究，2013(2)：1-5.

③ 万卫．论我国独立学院产权政策的调整[J]．江苏高教，2014(5)：78-81.

④ 李家新，李玲玲．独立学院"转设"民办高校：形势、现状与前景[J]．现代教育管理，2016(4)：48-52.

⑤ 阙明坤，王慧英，原珂．我国独立学院转设发展效果的实证研究[J]．教育与经济，2019，35(4)：52-59.

⑥ 潘懋元．独立学院的转型定位和发展[J]．西南交通大学学报（社会科学版），2014，15(5)：1-6.

范大学国际女子学院[①]，当时被称为“民办二级学院”[②]。在随后几年里，新的独立学院陆续创立，拉开了其在中国迅速发展的序幕。

独立学院初创之时适逢1999年中国“高校扩招”，高等教育招生规模扩大，因此在随后几年中独立学院吸收了很大一部分扩招的新生名额，加速了中国高等教育大众化的进程，也为独立学院的发展积累了包括声誉与资金在内的原始资本。与此同时，高校、地方政府、组织与个人看到了建设独立学院的优势，有能力的各方都在积极寻求合作建设独立学院，独立学院的数量在2002年就达到了300多所[③]。独立学院在随后的发展历程中，面对国家政策的逐步规范，有的进行了转设，截至2019年共有独立学院265所[④]。

不过，独立学院在短时期内的过快发展也导致一些矛盾与弊端日益凸显，比如，学校的办学条件与教学质量良莠不齐、违规招生现象时有发生、领导决策机构的混乱等等，既影响了高等教育的质量，也破坏了高等院校的声誉。因此，为了规范独立学院在运作过程中的行为，引导其走向制度化、合理化的发展道路，教育部于2003年发布《关于规范并加强普通高校以新的机制和模式试办独立学院管理的若干意见》(即教育部“8号文”)，这是教育部首次以官方政策文件形式对独立学院从创办到终止的所有活动进行了全面规范。首先，“独立学院”的概念被首次提出并被官方加以确认，它“专指由普通本科高校按新机制、新模式举办的本科层次的二级学院。一些普通本科高校按公办机制和模式建立的二级学院、‘分校’或其他类似的二级办学机构不属此范畴”[⑤]。其次，提出了创办独立学院双方的身份属性，申请者应为普通本科高校，合作者可以是企业、事业单位，社会团体或个人，以及其他有合作能力的机构。最后，提出了独立学院应具备的七个独立特征：具有独立的校园和基本办学设施、实施相对独立的教学组织和管理、独立进行招生、独立颁发学历证书、独立进行财务核算、应具有独立法人资格、能独立承担民事责任。“8号文”的出台实施指明了独立学院的性质、办学双

① 张兴.国有民办二级学院的起源与类型[J].当代教育论坛，2003(9)：91-93.

② 王富伟.独立学院的制度化困境——多重逻辑下的政策变迁[J].北京大学教育评论，2012，10(2)：79-96.

③ 姜代武.我国独立学院的十年独立之路[J].现代教育科学，2009(4)：41-44.

④ 钟秉林，周海涛.独立学院发展再审视[J].教育研究，2019(4)：83-90.

⑤ 中华人民共和国教育部.教育部关于印发《关于规范并加强普通高校以新的机制和模式试办独立学院管理的若干意见》的通知[EB/OL].(2003-04-23)[2019-12-02].http://old.moe.gov.cn/publicfiles/business/htmlfiles/moe/s3014/201206/138410.html.

方的身份以及独立学院应具备的“独立”资质，在一定程度上规范了独立学院的发展路径。不过也应看到，“8号文”在关于独立学院的一些细节规定上仍是语焉不详，没有给出明确界定。比如，地方政府在某种意义上也属于“其他有合作能力的机构”，而校办企业也属于“企业”的范畴，这些组织与普通高等院校合作创办的独立学院是否属于真正意义上的独立学院，《意见》中未给出明确限定；而关于独立学院应具备的七个独立资质，也还是有部分独立学院未达到规定要求而仍然正常办学的情况存在。此类与“8号文”规定打擦边球或是钻漏洞的行为，仍然为独立学院的后续发展埋下了隐患。

为进一步促进独立学院健康发展，教育部于2008年发布《独立学院设置与管理办法》(即教育部“26号令”)，继续厘清独立学院设置与运作过程中的细节问题。第一，明确界定独立学院是“实施本科以上学历教育的普通高等学校与国家机构以外的社会组织或者个人合作，利用非国家财政性经费举办的实施本科学历教育的高等学校”[①]。第二，对参与办学双方所需提供的资源进行划定，普通高等学校主要给予学校名称、知识产权、管理资源、教育教学资源等，社会组织或个人主要给予资金、实物、土地使用权等资源。第三，理事会或董事会是独立学院的决策机构，其成员由参与举办独立学院的普通高等学校代表、社会组织或者个人代表、独立学院院长、教职工代表等组成。第四，独立学院在扣除办学成本、预留发展基金以及按照国家有关规定提取其他必需的费用后，出资人可以从办学结余中取得合理回报。第五，规定了对独立学院的五年考察期，考察期满验收合格的，核发办学许可证，对于独立学院的未来发展路径有五种选择：维持独立学院的状态、收归公办高校、转设为民办高校、合并到民办高校、终止办学[②]。

“26号令”的公布实施，标志着国家对独立学院的管控进一步规范化、具体化、标准化，而对独立学院五年考察期的设置，更是一种促使其通过转型实现持续性发展的有效手段。通过考察，淘汰不符合规定要求的独立学院，帮助扶持一批有能力的独立学院向民办高校转设，进而真正实现独立学院在市场机制下的民营化，是国家的政策指向所在。

2017年9月1日，新修订的《中华人民共和国民办教育促进法》正式实施，规定了民办学校举办者可以自主选择设立非营利性或者营利性民办学校，非营利

---

① 中华人民共和国教育部.独立学院设置与管理办法[EB/OL].(2008-02-22)[2019-12-03].http://www.moe.gov.cn/srcsite/A03/s181/200802/t20080222_170538.html.

② 黄炳超.新形势下我国独立学院转型与发展的战略思考[J].教育与职业,2015(18):5-9.

性民办学校的举办者不得取得办学收益，其办学结余全部用于办学，营利性民办学校的举办者可以取得办学收益。这一规定对独立学院来说，如何选择自己的盈利模式将决定自身的未来发展走向，这也是兼顾教育作为一种事业还是一种产业所需进行的矛盾平衡。

(二)独立学院转设现状

表1 2008—2018年全国独立学院数量一览表

年份	2008	2009	2010	2011	2012	2013	2014	2015	2016	2017	2018
数量	322	322	323	309	303	292	283	275	266	265	265

数据来源：整理自教育部历年《全国教育事业发展统计公报》

由上表可以看出，自2008年"26号令"出台以来，我国独立学院在数量上有一个较为明显的回落，从2008年的322所减少到2018年的265所，减幅达到17.7%。不过若从国家出台一系列相关政策的意图导向考虑，可以认为目前我国独立学院的现状并不能很好符合国家试图将其转向完全民办高校的预期。独立学院在今天之所以还有一定存续空间，转设耗费成本过高部分学校难以承担、转设过程中会打破办学双方现存的利益格局等经济因素固然重要，比如要想清晰界定母体高校为独立学院提供的诸如师资、品牌等无形资产的价值，以将双方财产权利进行合理分割实属困难①。此外，一个更重要的问题是，独立学院转设后因缺乏母体高校的统一规划，而难以找到适合自己的清晰定位策略，不知道自己独立之后的发展道路究竟如何。在对未来发展道路缺乏清晰规划的情况下，大多数独立学院不愿进行转设的原因就此凸显，这也导致它们现在多持观望态度，对于转设所带来的前景预期并不乐观。独立学院的担忧主要涉及转设后其能否达到先前利益规模的问题，这其中既有独立学院本身在发展过程中表现出的问题，也有因其发展而伴生的对整个民办高等教育领域的负外部性影响。因此，要实现独立学院真正的独立自主办学，首先就要找到抑制其健康发展的痼疾所在。潘懋元教授对此进行了详细分析。

① 阙明坤.我国独立学院转设现状分析及对策研究[J].教育研究，2016(3)：64-71.

二、独立学院转设中存在的问题

(一)徒有独立学院之名,未见社会力量注资之实

潘懋元教授认为,虽然国家在"8号文"中特别指出独立学院的合作者应是学校之外的企事业单位、社会团体或个人,但实际上一些独立学院根本没有社会力量注入资金,而是以一个空壳套取学生学杂费办学,将学生学杂费收起来注册一家公司以冒充合作者[①]。目前我国独立学院的出资方多为民营企业,但仍有部分学院是由当地政府或母体高校自身投入经费、土地、设备等资源而成立的,国家虽在"26号令"中已对独立学院的出资方明确规定为"国家机构以外的社会组织或者个人",不过由于既得利益巨大,公办院校和地方政府不愿放弃投资独立学院而获得的高额回报,此类独立学院也就一直处于"悬而未决"的状态而继续存在,这就由此导致了本应为"民有民办"性质的独立学院成为"国有民办",即非完全民办性问题。

独立学院的非完全民办性所带来的结果,最重要的就是对国有资产的不当占用[②],因为投资主体是公办院校或政府,其建设所需资金也必然是从国家财政拨款中划取,这就违背了"26号令"中"利用非国家财政性经费举办"的要求,不符合独立学院吸收民有资本发展教育的初衷。

(二)师资的不稳定性削弱独立学院教育质量

潘懋元教授认为,一些独立学院成为母体高校安置下岗分流教师的去处,独立学院的师资队伍缺乏中青年骨干教师的补充,教育质量无从保证[③]。师资是任何一所学校发展所必不可少的关键资源,独立学院因其办学性质的特殊性而在师资上对母体高校依赖甚重。但母体高校出于首先发展自身实力的现实需要,不会轻易将优质的骨干教师队伍分流至独立学院开展教学工作,这就导致独立学院的教师队伍主要是由母体高校退休返聘的老教师与新招聘的应届毕业生所组成。老教师缺乏管理学生的精力,新教师缺乏管理学生的经验,可以说,这样的师资队伍对于独立学院想要保障教育质量是十分不利的。优秀师资的欠缺,

---

① 潘懋元,吴玫.独立学院的兴起及前景探析[J].中国高等教育,2004(13):30-31.

② 周游.独立学院产权设计的若干问题分析[J].教育研究,2012(12):41-45.

本科教学质量的平庸，严重削弱了独立学院在本科院校竞争中的实力。

(三)社会力量办学的逐利性损害独立学院长效发展

潘懋元教授认为，有些公办本科高校申请试办独立学院，合作者愿意出资合作办学是出于寻利动机，在保证公益性方向以及保证教育质量上动力不足，可能导致独立学院办学的短期行为①。由于独立学院实行的是校董事会领导下的院长负责制，由董事会授权院长进行学校行政管理工作，院长负责学校各项事务，这就会引发在独立学院管理中的委托一代理问题②。一方面，董事会委托院长进行学校事务管理，作为委托人的董事会及其背后的母体高校、企业组织与作为代理人的院长之间会存在信息不对称的情况，即董事会无法明确观察或考核院长在学校管理中所付出的努力程度，对院长行使各类资源决策权的情况也因实施成本过高而无法明细化，这一问题在财务管理上的风险尤为明显。另一方面，独立学院在法律原则上属于民办性质，运营模式以企业式管理为主，这样就会在一定程度上导致参与独立学院管理的委托一代理双方存在以利益最大化为目标的发展理念，董事会的决策行为以牟利为导向，只顾短期利益获取而损害学校长期发展的情况时有发生。

(四)享有品牌与成本优势的独立学院对普通民办高校的挤压

潘懋元教授认为，独立学院既能依托母体高校的品牌声誉进行本科层次的招生与学位授予，还能以民办运营机制优化办学成本，所以享有着品牌与成本的双重优势，这必定会对其他类型的民办高校带来冲击，独立学院所表现出的这一负面作用甚至有可能抵消它的正面效能③。因此，完全民办高校限于社会资本力量的薄弱，在学校软硬件建设上难以实现跨越式发展，而“国有民办”独立学院利用充裕的国家财政性经费可以在较短时间内提升教学品质，从而形成对完全民办高校的非公平性竞争，抑制了社会资本进入高等教育领域的积极性。如何完全实现独立学院范围内的“民有民办”性质，引导社会民间资本投入其中并形成与其他民办高校的公平竞争，完善民办高校的市场化机制，也是从外部环境上需要妥善解决的问题。

---

① 潘懋元，吴玫.独立学院的兴起及前景探析[J].中国高等教育，2004(13):30-31.

② 阙海宝.基于委托代理理论对独立学院董事会的分析[J].中国高教研究，2009(3):61-63.

三、独立学院转型发展的路径设想——应用技术大学

(一)应用技术大学对于中国高等教育发展的意义

自教育部“26号令”提出转设要求以来,独立学院需要从多条路径中选择自己未来的发展方向,除终止办学外,还有维持独立学院现状、收归到公办高校、转设为民办高校、合并到民办高校四条路径可选。因此,独立学院究竟向何处发展,俨然成为影响独立学院生存发展的头等难题。从现实考察出发,潘懋元教授认为,独立学院应该向完全民办、独立自主的应用技术大学方向转变。

推动独立学院向应用技术大学转型,最重要的一点就是满足国家当前发展高等职业教育、夯实产业发展高质量技术人才基础的战略需求。早在2003年国家公布的“8号文”中已经提出要求:“独立学院的专业设置,应主要面向地方和区域社会、经济发展的需要,特别是要努力创造条件加快发展社会和人力资源市场急需的短线专业。”已经指明独立学院的发展方向应是面向当地发展需求,以培养专业技术型人才为目标。2014年,教育部等六部门在印发的《现代职业教育体系建设规划(2014—2020)》中提出要“系统构建从中职、专科、本科到专业学位研究生的培养体系”[①],而在这一体系中,发展一批应用技术类型高校将是建设本科职业教育的重要抓手,与此同时,“鼓励独立学院转设为独立设置的学校时定位为应用技术类型高校”又是推动这一体系完善的有效手段。

潘懋元教授认为,过去职业教育到专科层次就断了,高职成为断头路,现在不单可以延升到本科,还可以延升到研究生,断头路变成升学通道[②]。因此,《规划》预示着独立学院可以实现专科教育与本科教育之间的桥接作用。以往的高等职业教育在进入专科层次后就是终点,而现有的“专升本”渠道也是通过理论知识学习将学生纳入本科中进行另一体系的培养,这一方式无疑是迫使学生放弃实践操作能力培养而专注于理论学习,相当于是“转轨”,职业教育的培养目标与人才定位也会就此丧失。而如果独立学院可以承担起桥接作用的话,它将是

---

① 中华人民共和国教育部.教育部等六部门关于印发《现代职业教育体系建设规划(2014—2020年)》的通知[EB/OL].(2014-06-23)[2019-12-03].http://old.moe.gov.cn/publicfiles/business/htmlfiles/moe/moe_630/201406/xxgk_170737.html.

② 潘懋元.独立学院的转型定位和发展[J].西南交通大学学报(社会科学版),2014,15(5):1-6.

高等职业教育体系中从专科上升为本科乃至未来研究生教育的重要支持力量。

职业教育培养体系

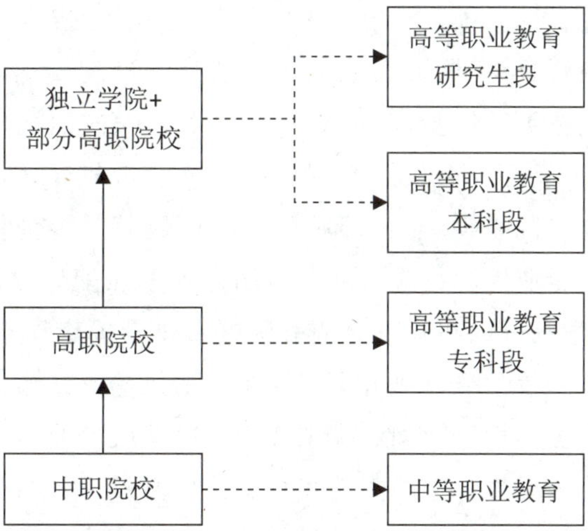

图 1　独立学院在职业教育培养体系中的作用

(二)独立学院转型应用技术大学的优势

第一,国家政策的支持鼓励。不论是 2014 年《现代职业教育体系建设规划(2014—2020)》中提出的"鼓励独立学院转设为独立设置的学校时定位为应用技术类型高校",还是 2019 年《民办教育工作部际联席会议 2019 年工作要点》中提出的"明晰独立学院发展的路径和政策,深化独立学院体制改革,促进健康发展"①,国家都以文件形式明确提出鼓励独立学院改革发展的目标,尤其是应用技术大学的类型定位,为独立学院的转型指出了明路,受到了国家政策的支持。而且,现在国家倡导的产教融合、校企合作的本科院校发展模式与独立学院的现实条件十分契合,作为由企业投资举办的高等院校,独立学院已经具备产教融合、校企合作的先决条件,学校可以利用企业的市场资源制定专业技术导向的人才培养方案,企业可以利用学校的师生资源建立商业合作关系提升市场竞争力,由此形成双赢的局面。

第二,具备相对成熟的本科生培养经验。职业教育要想在本科层次培养人

① 中华人民共和国教育部.教育部办公厅关于印发《民办教育工作部际联席会议 2019 年工作要点》的通知[EB/OL].(2019-03-28)[2019-12-04].http://www.moe.gov.cn/srcsite/A03/s3014/201904/t20190408_377035.html.

才，如果是将原有专科职业院校简单升格为本科，院校就会在调整过程中出现教学方式、课程设置、师资队伍等方面的不适应，难以快速有效地达到本科层次职业技术人才的培养目标。依附于公办大学的独立学院在创立之时就能得到公办大学较为优质的教育资源，因此其最初定位就是本科院校[①]，对于如何进行本科生的培养较高职院校更具经验，其转型发展就具有了先天优势。

第三，契合地方经济社会发展实际。对于最初依靠母体高校优势专业来设置自身专业的独立学院来说，它们面临的一大问题就是专业同质化导致的毕业生竞争压力大以及专业生源供应与就业市场需求不匹配导致的专业不对口及失业现象，如果独立学院可以在政策支持下调整专业设置格局与人才培养模式，不仅可以避免与母体高校争夺就业市场，还可以充分挖掘学生人力资源潜力投入到当地社会建设中去，对独立学院、母体高校、当地政府是一举三得的好事。应用技术大学的人才培养目标着眼于培养具有一定理论基础知识与专业实践能力的应用型人才，其人才输送也主要是面向当地社会经济发展所需的各类行业。因此，在当前许多独立学院纷纷在普通县市区迁建的现实背景下[②]，它们与当地社会的联系也将日益密切，其人才培养方向也将与地方经济社会发展的实际相契合，符合国家支持应用技术大学发展的政策设计初衷。潘懋元教授也明确指出，独立学院办学特色应体现地方化，依据地方发展需要和地域特色开设专业，为当地社会发展做出自己独特的贡献[③]。

四、独立学院转型发展的行动策略

(一)转变思想，提升对职业教育的社会认知

潘懋元教授认为，在中国传统思想影响下，社会大众普遍认为高职不如本科重要，这既体现在高考招生时专科批次在本科批次之后，也体现在家长对于希冀子女入读本科而非专科的强烈倾向，还体现在很多企业事业单位招聘时要求本

---

① 潘懋元.独立学院的转型定位和发展[J].西南交通大学学报(社会科学版)，2014，15(5)：1-6.

② 袁金祥，向永胜，蒋关军.独立学院迁建发展的多主体协同及其演进——基于“浙江现象”的多案例研究[J].教育学术月刊，2019(3)：20-27.

③ 潘懋元，吴玫.独立学院的兴起及前景探析[J].中国高等教育，2004(13)：30-31.

科以上学历的硬性标准[4]。因此,转变社会对于职业教育的刻板印象与固有认知,是实现独立学院转型发展的社会基础。这一方面需要国家出台相应政策制度保障职业教育的应有地位,如降低一般企事业单位对招聘人员的学历要求、提升职业技术人才的待遇等;另一方面也应在媒体舆论中加大对职业教育的正向宣传与曝光度,体现国家对职业教育的重视。以此引导社会大众正确认知职业教育、正确看待职业教育培养体系下的专业技术人才。

(二)投入经费,保障职业教育培养质量

潘懋元教授认为,高职收费高于本科但生均经费却是本科的一半,这是非常不合理的事情,原因就在于国家对于高职教育的经费投入不足,只能由学校提高收费来弥补培养经费的短缺[1]。虽然目前国家对高职教育的投入也在逐渐增长,但比重相较于本科教育仍然有待提升。因此,合理调整国家在各级各类教育中的经费投入数额与比例,保持职业教育发展的财政投入、减轻高职学生的经济负担,是提升职业教育培养质量的重要举措。

(三)改革教学,推动专业课程契合地方需要

潘懋元教授认为,独立学院转型后的专业与课程建设都不能再因循母体高校的模式,而应更加面向地方需要[2]。这既要进行专业与课程改革,也要进行人才培养模式的革新。在专业与课程上,要设置与地方行业发展所需的实用型专业,并保证专业培养环节中实践课程所占总课程中的比例在合理区间内;在人才培养模式上,重视推动独立学院的产学融合与校企合作,地方政府支持其与当地企业开展长期合作,进行"订单式"人才培养,企业的中高级专业技术人才也可在学校兼职指导学生实习实践活动。

(四)师资建设,打造"双师型"教师队伍

潘懋元教授认为,学校的一切工作最后均需落实到教师,独立学院转型定位发展的成功与否取决于师资队伍的建设[3]。以往"双师型"教师只是在中职、高职语境下提出,现在本科乃至未来的研究生职业教育中也应培养一批"双师型"教师,这类教师的培养可与校企合作结合起来,依托企业内的中高层管理人员及专

① 潘懋元.独立学院的转型定位和发展[J].西南交通大学学报(社会科学版),2014,15(5):1-6.

业技术人员的人力资源，以兼职形式扩充师资队伍，专任教师也应规定其具备一定年限的职业经历以及相应的资历证书。此外，对于教师的考评也应进行调整，不能单纯以学术论文发表作为评判依据，也应将专利发明、指导学生实习实训成果等纳入考评体系中，以符合职业教育人才培养的现实。

五、余论

潘懋元教授指出："翅膀硬了，羽翼丰了，独立飞翔是进化的规律。"[①]因此，当独立学院已然成长壮大的时候，就应该允许它在不造成国有资产流失的条件下，从母体高校彻底分离出去，成为完全自主办学的独立学院。独立学院发展至今，亟须有一个明确方向作为指引，它的转型发展对于中国职业教育的意义重大。在潘懋元教授明确提出独立学院要朝着高等职业教育体系之一环的应用技术大学方向转型发展的思想之前，学界对于独立学院的探讨仍仅围绕产权制度、民办属性等有限议题展开，未能与国家高等教育发展的整体趋势相联系，故而也就缺乏对独立学院定位的清晰判断与认知。因此，潘教授的独立学院转型发展思想具有显著的开创性与前瞻性，兼具理论价值与实践价值，意义重大。因循潘教授的思想内涵，在思想上鼓励其转型，在行动上帮助其转型，以转型促发展，以发展求生存，应是新时期下独立学院继续成长的必经之路。

On the Theoretical Significance and Path of Professor Pan Maoyuan's Thought of Transformation and Development of Independent Colleges

Chen Zeguang

(Graduate Institute for Taiwan Studies, Xiamen University, Xiamen 361005, China)

Abstract: As an important part of private education in China and a beneficial supplementary form to expand the resource of higher education, Independent Colleges are facing an increasingly urgent problem of transformation and development after nearly 20 years of prosperity and

① 潘懋元，吴玫.独立学院的兴起及前景探析[J].中国高等教育，2004(13):30-31.

development. While the academic circle is still discussing the property right and private property in the transformation of Independent Colleges, Professor Pan Maoyuan's thought on the transformation and development of Independent Colleges into universities of applied technology highlights the profound theoretical significance and practical guiding value. He pointed out that the Independent Colleges with national policy support, undergraduate cultivation mature experience, agree with the advantages of the local development actual, should be to completely private and independent universities of applied technology, which is to meet the strategic needs of development of higher vocational education, strengthen the high quality technical talent base of industry development. It is Professor Pan Maoyuan's action strategy to transform Independent Colleges into undergraduate level training units of higher vocational education in China to transform thoughts, invest funds, reform teaching and teacher construction.

Key words: Independent Colleges, transformation and development, Pan Maoyuan

《中国高等教育评论》联系方式

通信地址：福建厦门思明区思明南路422号厦门大学教育研究院《中国高等教育评论》编辑部

投稿邮箱：gjpl@xmu.edu.cn

邮政编码：361005

编辑部电话：0592-2188630

微信公众号：